KB204056

文 受 創
문화의 수용과 창조

文受創
문화의 수용과 창조

2013년 9월 10일 초판 1쇄 발행
2016년 12월 25일 초판 2쇄 발행

지은이 | 김덕삼
펴낸이 | 이찬규
펴낸곳 | 북코리아
등록번호 | 제03-01240호
주소 | 462-807 경기도 성남시 중원구 상대원동 146-8
        우림2차 A동 1007호
전화 | 02-704-7840
팩스 | 02-704-7848
이메일 | sunhaksa@korea.com
홈페이지 | www.bookorea.co.kr
ISBN | 978-89-6324-329-0 (03300)

값 16,000원

文受創

문화의 수용과 창조

김덕삼 지음

북코리아

백범 김구:

문화의 힘은 우리 자신을 행복하게 하고
나아가서 남에게 행복을 주기 때문입니다.

- 〈나의 소원〉 중에서

추천의 글: 아름다운 문화를 바라본다

내가 아끼고 존경하는 김덕삼 교수의 열세 번째 책,《文受創: 문화의 수용과 창조》를 기쁜 마음으로 기다린다.

그는 늘 독서를 많이 하고 사색하는 사람이다.

그는, 바로 지금 이 땅의 우리가 좀 더 아름다운 세상을 이루는 데 조금이라도 기여하는 방법을 늘 궁리하고, 그 궁리의 결과를 글로 쓰는 사람이다.

그는 또 그런 궁리의 결과를 스스로 실천하고, 다른 이에게도 전하기 위해 애쓰는 사람이다.

《文受創》은 바로 그러한 그의 노력의 소산이며, 과정이다.

그가 가르치는 대학교의 제자들에게 뜨거운 목소리로 강의했던 수업의 원고이기도 하다.

이 책은 문화란 무엇인지, 다른 문화를 어떻게 받아들일 것인지, 어떻게 새로운 문화를 창조할 것인지를 알기 쉽게, 또한 그가 많은 독서에서 얻은 지식을 바탕으로 자세히 풀어 밝혀 준다. 대학생뿐만 아니라 일반인에게도 유용한 책이 되리라.

문화는 때로 — 특히 요즘에는 — 상품이 되어, 문화 산업이 엄청난 돈이 되기도 한다.

문화는 인생을 더욱 아름답고 의미 있게 만들어 준다.
문화는 힘들고 지친 사람에게 기운을 불어넣어 주는 활력소가 되기도
하고, 우울한 사람에게 밝은 미소를 되돌려 줄 수도 있다.
문화는 많은 사람에게 감동을 주고 행복하게 만들 수 있다.

그는 철학자인 동시에 문화학자다.
그는 젊은 학자로서 끊임없이 연구하고 성실히 가르친다.
그는 늘 자신을 바꾸고, 열정으로 제자들을 바꾸고, 세상을 조금씩 아
름답게 바꿔 나간다.
그는 그의 말대로 바로 지금, 여기에 사는, 우리에게 새로운 문화 창조
를 통해 좀 더 아름다운 나라를 만들자고 외치고 있다.
그 자신이 바로 하나의 아름다운 문화가 아닌가?

이래덕

이 시대의 '문화 사용 설명서'를 읽으며

오늘날 한국의 젊은이에게 문화는 기회의 땅이자 위험의 늪이다. 90년대 이후 사회의 주요 이슈가 경제와 정치에서 문화로 전환된 지 20여 년이 경과하였다. 그러나 문화는 경제나 정치와 달리 포근하지만 명확한 방향을 제시해 주지 않아 도무지 종잡을 수 없는 대상으로 존재하고 있다. 90년대 초반 욕망의 해방구로 여겨지던 문화는 산업이 되어 이제 역으로 세련된 억압기제로 작용하고 있다. 억압에 대해서는 저항을 하면 되지만 이미 문화 이슈의 시대가 된 이후에는 과거와 같이 경제와 정치 이슈로 저항하면 역으로 오해를 받는다. 오늘날 문화는 모든 것을 허용하며 또한 제한하는 이중 구속으로 작용한다.

이 책은 오늘날 한국의 젊은이에게 황금알을 낳는 거위이지만 길들여지지 않은 야생마와 같은 '문화 사용 설명서'를 제시한다. 오늘날 이 땅의 젊은이들에게 가장 필요한 것은 문화 사용 설명서이다. 얼마 전 개봉한 〈남자 사용 설명서〉라는 영화는 여자와 다른 남자의 특성을 이해 못해 성공과 행복을 찾지 못하는 여자에게 '남자 사용 설명서'라는 비디오를 판매해 성공과 행복을 찾게 했다는 내용을 보여 주었다. 여자에게 남자는 성공과 행복의 원천이지만 사용방법을 모르면 불행과 화의 근원이 되듯 문화도 사용 설명이 필요하지만 아직 '문화 사용 설명서'가 미비하여 재앙이 되고 있는 실정이다. 남자도 많이 사용해 보아야 설명방법을 알듯 한국은 역사를 통하여 아직 자기 문화를 사용해 본 경험이 많지 않고 근대에서는 오늘날 거의 처음으로 문화 독립을 해야 하는 시기에 이르렀기 때문이다.

오늘날은 국가적으로도 개인적으로도 문화가 경쟁력이 된다. 이 글에도 나오듯 IMF 때 한중일 중 한국만이 고통당한 것은 한국만이 문화정체성이 없었기 때문이다. 한국은 아직도 세계 주식시장에서 한국 주식이라 하여 가치가 평가절하되는 코리아 디스카운트를 당하고 있다. 기술로 따라오는 중국에 한국은 이제 문화 독립이 없이는 세계에 설 자리가 없다. 문화 독립은 개인의 경우 더욱 절실하다. 문화 독립의 교육환경이 아닌 한국의 교육을 받은 젊은이들에게 사회는 문화 독립을 요구하기 때문이다. 문화 독립에 가장 필요한 것이 문화 사용설명서이다.

문화 독립이 힘들기는 하지만 황금알을 낳는 거위이다. 오늘날 동서양 문화 차이는 황금알을 낳는 거위가 되고 있다. 유럽을 이미 석권하고 2030년 내로 미국까지 석권한다는 중국 경제의 발전으로 동서양 문화 차이가 바야흐로 세계적 트렌드의 기준이 될 것 같다. 서양문화로 올인 하던 우리 문화는 이제 반대로 동양 문화에 올인 해야 될 시점이 다가와서 문화 현기증을 느끼게 한다. 시끄러운 동양문화에 비해 예절 바른 서양문화가 동양을 휩쓴 오늘날 동양인으로서 문득 생각나는 것은 이렇게 온순한 서양 사람들이 과거 어떻게 그토록 식민지 사람들에게 잔인했을까 하는 점이다. 또 얼마 전 EBS에서 방영된 〈동과 서〉라는 프로그램에 동양과 서양은 일부러 맞춘 듯이 반대로 행동하는데 과연 오늘날 동양이 자신과 반대인 서양문화를 따라 하는 것이 동양인에게 유익한 것일까 하는 의문이 든다. 이 책은 이러한 의문 속에 황금알을 낳는 거위가 있다고 한다.

이 책과 같은 책들은 많이 나왔다. 장점을 개발하라는 자기계발 서들, 블루오션을 찾으라는 기획이론들, 트리즈 같이 문제해결을 잘하 라는 문제해결 이론들, 미래는 문화에 있다는 문화 이론들. 그러나 이 책처럼 그러한 모든 시도들이 어디서 출발해야 하는가를 설명한 책은 없었다. 이 책은 모든 창의성의 출발점이 문화 사용에 있다고 한다. 이 책은 문화란 프레임을 바꿔 자신의 단점을 장점으로 바꾸고 결국은 장단점마저 초월하는 것이라고 한다. 마치 장자의 전략을 문화에 적용 한 것 같다. 자기의 장점은 몰라도 단점은 잘 안다. 자기의 단점을 활 용하라 하면 아무리 풀이 죽은 사람이라도 지금 당장 시작할 수 있다. 이 '문화 사용 설명서'를 읽으면 '남자 사용 설명서'를 보고 행복과 성 공을 찾은 영화 주인공처럼 될 수 있을지 누가 알겠는가.

최원혁

CONTENTS

CONTENTS

CONTENTS

1장 들어가는 말

1 변화

과거에도 빨랐지만, 내가 살고 있는 지금, 하루 하루의 변화가 더 빠르다.

본문에서 예로 든 것들은 이미 골동품이 되었다.

모든 것은 변한다. 삶의 패턴도 변하고, 심지어 정체성도 변한다.

시간이 흐르면 흐를수록 세상은 더 빨리 변할 것이다.

변화를 읽고 대비해야 한다. 그래야 나의 정체성도 내가 희망하는 방향으로 변할 수 있다.

과거, 시대의 변화를 못 읽어 국가를 도탄에 빠지게 한 것도 결국 위정자가 변화를 제대로 읽지 못했기 때문이다. 변화를 막을 수 없다면 적극적으로 즐기며 이용해야 한다.

얼마 전까지, 성공신화의 주 메뉴로 떠오르며 '즉시, 반드시, 될 때까지 한다'는 모토로 속도경영을 펼쳤던, 나가모리 사장의 '일본전산'도 어려움에 처했었다.

노키아도 이미 옛 신화가 되었고, 애플도 불안하다.

나는 변화 그 저변에 흐르는 원리를 발견하려 했다.

2 수고

각자 자신의 위치에서 철옹성을 쌓고 있다. 그 속에서 쌓은 전문성은 감히 넘보기 힘들다.

《文受創: 문화의 수용과 창조》는 문화를 소재로 삼았다. '문화'를 언급하기에 문화인류학이나 민속학 혹은 고고학 등의 분야에서 보면 다소 문제가 있을 수 있다.

그러나 문화는 우리의 삶 전체이고, 책에서는 우리의 삶[문화]에서 논의를 확장시켜 '수용과 창조'라는 메커니즘을 분석하고 싶었다.

그리고 그것을 어떤 원리로 정리해 보고 싶었다.

3 뻔뻔함

그동안 공부해 온 것을 기초로 다양한 것들을 담아 내고 싶었다.

그러나 글을 쓰거나 사람들 앞에서 강의할 때나, 한결같이 드는 생각은 "과연 나는 어떠한가?"에 대한 물음이다. 그리고 이내 밀려드는 것은 부끄러움, 오버(Over)쟁이인 나의 모습에 대한 자괴감이다.

과연 나는 지행합일(知行合一)을, 교행일치(敎行一致)를 하고 있는가? 물론 객관적으로 보면 형편없다. 나도 잘 안다. 그러나 그게 나의 한계, 털털 털고 웃으며, 다시 시작해야지. 뻔뻔하지만…….

4 막막함

젊은 시절의 시련은 나를 종교와 철학에 기웃거리게 했다.

그리고 철학 공부는 나의 몸을 중국으로 옮겨 놓았다.

중국 문화를 공부하며, 막강한 수적·양적 우위 속에서, 거대한 블랙홀이 우주의 별들을 거침없이 집어삼키는 공포를 느꼈다.

수적·양적 열세를 도저히 당해 낼 재간이 없다는 막막함.

5 재발견

그럼, 우리는 어떤 자세를 취해야 하는가?

다시 바라본 우리의 모습에서, 자신의 문화를 지키며 반만년 동안 존재했던 우리나라가 안쓰럽다 못해 대견스러워 보였다.

중국의 용광로 같은 힘, 우리의 끊이지 않는 불굴의 힘. 이런 것들은 어디서 나올까?

그리고 우리는 어떻게 존재해야 할까?

6.1 에피소드

전에 유엔으로부터 단일민족국가라는 말을 사용하지 말라고 권고조치를 받았단다.

한국의 대표 신문들은 앞다투어 이에 동조하는 기사를 실었다.

한국은 생물학적으로 단일민족국가가 아니란다. 과학적으로 분석했을 때 한국인의 DNA에는 이미 다양한 인종의 피가 섞여 있다는 것이다.

맞다.

과연 지구상의 어떤 민족이 순수할까?

이런 과학적 잣대를 들이밀 때, 단일민족국가가 있기는 할까?

현실적이지도 주체적이지도 못하다.

6.2 현실 속 발견

지구상에 반만년 동안 한 땅에서, 한 언어를 사용하며, 공동체를 만들어 살아온 민족과 국가가 얼마나 존재하나?

중국? 영국? 미국? 아니다.

대단하지 않은가? 그리고 그 힘이 궁금하지 않은가?

적어도 한국인이라면 그런 동인(動因)이 무엇인지 찾고 개발하고 싶지 않을까?

왜, 우리가 가진 소중한 것에 알맞지 않은 과학적 잣대를 들이밀어 스스로 난도질하는가?[1]

6.3 문제와 개선점

단일민족국가라고 하면서 갖게 되는 부정적인 점들이 있다. 폐쇄적이고 배타적이고…….

그런데, 부정적인 점들도 부정적이라 볼 수만은 없다.

만약 우리가 배타적이 아니었다면 중국과 소련과 같은 거대 강국의 틈바구니 속에 이렇게 존재할 수 있었을까?

아마 중국의 어느 성에 자치주를 차지하는 민족으로 전락하다가, 점차 한족의 문화에 동화되어 사라졌을 것이다.

---

1) 일반적으로 한국, 일본, 이스라엘, 터키, 몽골 등이 단일민족국가로 분류된다. 일부 학자는 한국인은 60%의 북방계와 40%의 남방계 등 여러 민족의 유전자가 섞여 있다고 주장한다. 그래서 생물학적으로 볼 때 단일민족국가가 아니란다. 엄밀한 과학적 잣대로 분석했을 때, 순수한 단일민족국가가 존재할 수 있을까? 그리고 그 기준은 무엇인가? 과학적 잣대를 엿가락 잣대로 오용한 것이다. 문제는 해방 후, 정치적 목적으로 단일민족 신화를 이용한 것과 학교 교육에서 오용되는 점이다. 이러한 것을 걷어냈을 때, 다문화 사회와 세계화를 올바로 맞이할 수 있을 것이다. 다른 것은 틀린 것이 아니다. 그러나 다른 것은 다른 것임을 알아야 한다. 그러면서 조화롭되 서로 다른 화이부동(和而不同)을 실천해야 할 것이다. 문제는 단일민족이란 말에 있는 것이 아니라 이를 악용하고 오용하는 것에 있다.

6.4 주체적 사관

달을 가리키면 달을 봐야지 왜 손가락에 집착하는가?

하얀 종이 위에 점을 찍어, 보이는 것이 뭐냐고 물었을 때, 점보다는 하얀 종이가 먼저 보인다고 말해야 정상 아닌가?

주체적 사관은 본질이 무엇인지, 중요한 것이 무엇인지, 제대로 파악하는 것이다.

세계화와 다문화 시대에 대한 준비도, 미래에 대한 준비도 이러한 맥락에서 이루어져야 한다.

7 맥락

중국과의 비교가 계기가 되어, 우리에 대한 돌아봄에서 시작했다.

우리나라가 강대국들의 틈바구니 속에서, 반만년 동안 '단일민족국가'로 존립할 수 있었던 이유를 생각해 보았다. 바로 우리의 '문화'에 집중되어 있었고, 중국의 용광로 같은 힘도 '문화'에 뿌리를 두고 있었다.

어느 중국 사람이 한국이 수천 년 동안 강대국들 틈바구니 속에서 오늘날까지 단일민족 독립국가로 존재할 수 있었던 힘이 무엇 때문이냐고 물었다.

국력? 경제력? 과연 그럴까? 나는 그 대답을 '문화'에 초점을 두어 말하고 싶다.

8.1 문화

문화는 정신세계와 물질세계를 통괄하며, 우리의 삶 구석구석까지 널리 퍼져 있다.

오늘날 개인이나 단체, 지역사회나 국가, 그 범위와 대상을 막론하고 문화가 바로 경쟁력이다.

물론 문화로 모든 것을 대변할 수는 없다. 그러나 '문화'의 힘을 배제하고, 한국 경제 발전의 원동력이나 '한류(韓流)' 같은 것을 생각할 수 있을까?[2]

문화는 자신이 가진 장점 외에 다른 어떤 권력이나 폭력과 비교할 수 없는 자신만의 독특한 특징과 매력을 가지고 있다.

그래서 백범 김구 선생은 〈나의 소원〉에서 우리나라가 세계에서 가장 부강한 나라가 아니라 가장 아름다운 나라가 되기를 원한다며, "오직 한없이 가지고 싶은 것은 높은 문화의 힘"이라고 말했다.

왜냐하면, "문화의 힘은 우리 자신을 행복하게 하고 나아가서 남에게 행복을 주기 때문"이다.

8.2 기원

문화는 인류가 뇌를 사용하고, 두 손을 자유롭게 사용하면서 시작되어, 다양한 문화를 수용하고 재창조하는 가운데

---

2) 물론 문화를 언급하면서 '발전'이라는 용어를 덧붙이는 것이 개운하지는 않다. 특히, 문화상대주의자들에게는 매우 못마땅한 처신으로 보일 것이다. 하지만 발전에 있어서 문화가 중요하다는 것은 부인할 수 없는 사실이다. 모든 문화적 다양성은 인정하면서 문화의 기준으로 '발전' 목표와 가치를 남용하지 말아야 할 것이다.

내려왔다.

문화의 기원은 오래되었다. 동양과 서양의 어원에 따르면, 문화는 어떤 대상을 개선된 상태로 변화시킨다는 의미를 내포하고 있다.

9.1 주체적 수용

결국 주체적 수용은 문화를 받아들이는 주체에게 돌아간다.

안타깝지만, 우리는 세상의 모든 것을 다 경험할 수 없다. 앤드루 마벌 (Andrew Marvell)의 시에 나오는 것처럼 "우리에게 세상과 시간이 담뿍 있다면" 우리는 이것저것 다 경험하면서 살아도 될 것이다. 하지만…….

먼저 자신을 올바로 파악하는 것이 필요하다. 《손자병법(孫子兵法)》모공(謀功)편에 보면 "상대를 알고 나를 알면 백번 싸워도 위태롭지 않다(知彼知己百戰不殆)"는 말이 있다. 상대뿐만 아니라 내 자신에 대한 이해도 중요하다.

수용 주체의 관점과 시각에 근거하여, 대상을 선택하고 개발하고 창조해야 한다.

9.2 사례

1 많은 한국인은 북경(北京)에 있는 자금성(紫禁城)을 관광하면서, 그 크기와 규모에 놀라움을 금치 못했다. 그러면서 우리의 경복궁을 떠올리고는, 이내 그 크기를 화장실에 비교하며 자조했다. 사실 자금성은 크다. 그리고 중국도 크다. 국토는 남한의 96배, 사

람 수는 약 27배. 우리는 이런 수적 열세에 밀려 크고 많은 것이 아름답다는 논리에 쉽게 동화되고, 급기야 작고 적은 것을 화장실에 비교하며 자조한다.

2 2001년 3월 29일 동북아시아 허브(Hub)공항의 꿈을 안고 개항한 인천 국제공항. 동북아시아의 컨테이너 항만으로 선두 탈환을 노리는 부산항. 그러면서 우리의 구호는 늘 타도 중국이었다. 중국은 참 만만한 대상이었다. 그러나 결과는 어떠한가?

십이지(十二支)에 얽힌 고사가 있다. 쥐보다 수십 수백 배 큰 소, 쥐는 결코 소를 만만하게 여기거나 타도하려고 하지 않았다. 소를 이용하여 1등이 되었고, 십이지의 첫 번째 자리를 차지했다. 쥐의 슬기가 필요한 때다.

3 과거 중국의 영토는 한족(漢族) '중원(中原)' 왕조의 직접지배가 미치는 지역이었다. 그리고 청(淸)의 위원(魏源)이나 장병린(章炳麟) 같은 한족 학자는 청나라를 부정했고, 많은 고대문헌에서는 만주족의 지배를 받았던 청조의 '번부(藩部)'가 '중국'은 아니라고 말했던 것처럼 청 제국이 중국은 아니다.

엄격히 말해 청 왕조는 중국을 그 일부로 포함하는 다원적 체제의 왕조였다. 현대 중국은 청 왕조 말기에 — 비록 불평등 조약이었지만 — 영국 등과 조약을 체결한 덕분에 청 제국 영토 전부를 아무 저항 없이 그대로 물려받아 차지할 수 있었다. 청말 서구 열강의 침입으로 중국이 많은 영토를 상실했다는 것은 청 제국의 입장에서는 맞는 말이지만, 현대 중국의 입장에서는 청대의 많은 한족 학자와 고대 문헌에서의 주장을 부인하는 자기모순의 논리에 빠지게 되는 주장이다.

4 우리는 중국사를 보면서, 중국이 우리나라뿐만 아니라 이민족을 많이 침략했다고 생각한다. 그러나 이것은 중국과 중국을 지배하고 통치했던 이민족의 역사를 함께 생각한 비주체적 역사관의 소치에서 비롯된 착각이다. 70여 년간 중국을 침략했던 거란족, 금을 세운 여진족, 원을 세운 몽고족, 청을 세운 만주족, 그 외에도 수많은 민족들에게 중국은 외침과 정복을 당해 왔다. 오히려 우리나라는 이민족과 중국으로부터 침략을 덜 받았다.

사례 **1**을 보면 우리는 사실판단을 가치판단으로 전이시켜 자조하는 자세를 취하고 있다. 사례 **2**에서는 자신의 상황을 제대로 파악하지 못한 채 구호와 감정만 앞세우는 모습을 엿볼 수 있다. 사례 **3**에서는 중국의 역사뿐만 아니라 자신의 역사조차도 주체적 관점으로 파악하지 못하고 있다. 사례 **4**에서는 자학적이고 사대적인 역사관이 발견된다. 자신을 제대로 파악하여 자신에 맞는 목표를 세우고, 자신의 논리를 만들며, 이에 기반하여 주체적으로 외래문화를 수용하고 판단해야 한다.

9.3 **자세**

작고 적은 것들은 가라, 만인(萬人)은 일인(一人)을 위해 희생하라는 '천하통일(天下統一)'의 메시지를 강하게 전달한 〈영웅〉이란 영화로 다가온 중국에 대해서도, 신적 존재로 모든 것을 판단하고 해결하는 〈슈퍼맨〉으로 다가온 미국에 대해서도 우리는 우리의 논리를 갖고 수용해야 한다.

한국의 텔레비전 프로그램에 사극이 주류가 된 때가 있었다. 물론 이러한 것은 사람들에게 한국 고대사에 대한 관심과 동기를 불러일으키는 순기능을 하였다.

그러나 감정에 의거한 왜곡이나 선동적 곡해는 부작용을 일으키게 될 소지가 많다.

따라서 왜곡된 시각에서 벗어나기 위해 '나와 여기와 지금'을 파악하고 과학적 · 객관적 · 합리적인 자세로 우리를 살펴보아야 한다.

그래서 외래문화를 주체적으로 수용하고, 더 나아가 인류사회에 기여할 문화도 창조해야 한다.

10.1 창조

강대국들 틈에서, 양으로 밀리는 우리가 택할 최선의 방법은 무엇일까?

In Put은 주체적으로 하고, Out Put은 창조적으로 하자.

창조적 Out Put은 어떻게 해야 하나?

인식 훈련을 통해 사고의 폭을 넓히고,

정신적 · 물질적 · 시간적인 여유를 유지하면서,

다양한 문화의 적극적 수용을 위한 개방적 사고를 지니고,

고급정보를 파악하고, 배우고 익혀야 한다.

여기에 집중력과 논리 훈련을 더한다면

창조가 보다 수월하게 일어날 것이다.

10.2 적극적 수용

이왕 받아들일 문화라면 적극적으로 수용하고, 더하여 실질적인 연구와 개발로 더 멋진 문화를 창조해 보자.

원조(元祖)는 중요하지 않다. 원조를 앞세운 논리는 문화를 만들어 낼 능력이 있던 국가들의 논리다.

이런 국가들은 대게 국토가 크고, 인구가 많고, 역사가 유구했다. 문화 면에서나 국력 면에서나 약자보다는 강자들의 논리였다.[3] 지금까지 문화는 이러한 강자들의 주도로 흘러왔다.

그렇기 때문에 이 문화가 원래 어디 것이냐는 것이 더 중요하게 부각되었다.

과연 그럴까? 그렇지 않다. 문화의 가치를 높여 사용하는 것이 더 중요하다.

무역 분야에서 가공무역으로 세계 경제에 우뚝 선 것처럼, 문화에서도 우리 전통문화를 계승하고, 남보다 먼저 우리의 논리를 세워 적극적으로 외부 문화를 수용하며 새로운 문화를 창조해 나가야 한다.

11 마무리

장점과 단점은 손바닥의 안과 밖이다. 영원한 단점도 장점도 없다. 장점을 가지고 그 가치를 더욱 빛나게 만들어 사용하는 슬기가 필요하다.

---

3) 그 예로 한국과 중국의 단오 원조 논란과, 한국과 일본의 김치 원조 논란이 있다. 우리가 중국과의 단오 문제를 대하는 태도와 일본과의 김치 명칭 문제를 대하는 태도가 서로 달라 보인다. 일본보다는 한국이, 한국보다는 중국이 '원조' 논쟁에서 더 강하다.

상상력이 생산력인 시대다. 문화도 제조업처럼 생각하고 준비하자. 편견으로부터 벗어나 자유롭게 상상하면서, 창조적 사고와 자세로 국내는 물론 외국의 다양한 문화 원자재를 찾아 우리 것으로 만들어 보자.

원조론(元祖論)에서 벗어나 새로운 문화를 창조해 아름다운 나라를 만들자. 먼저 만들었다고 자랑하는 유아기적 원조 논쟁에서 벗어나 새로운 문화를 창조하고 선도해 나가는 창조 논쟁으로 우리 자신을 변화시키자. 루아르(Loire) 강변의 성들도 프랑스 사람이 아니라, 이탈리아 건축가들의 기술에 의해 만들어지지 않았는가?

중국에서 건너온 불교, 유교, 도자기, 인쇄술 등은 우리가 수용해서 새롭게 창조하여 인류에 기여한 것들이다. 단순하게 발원지만 중시하던 시대는 지났다.

이젠, 문화를 누가 얼마나 잘 이용하는가, 즉 문화의 올바른 주체적 수용과 창조적 개발이 더 중요한 시대다.

고로, 이 책에서 말하고자 하는 것은 자명하다.

문화가 중요하고, 수용은 주체적으로 하여야 하며, 그것은 다시 새로운 문화 창조로 이어져야 한다는 것이다.

12 이제

버나드 쇼(George Bernard Shaw)의 묘비명처럼,

"정말 오래 버티면 이런 일 생길 줄 알았지!(I knew if I stayed around long enough, something like this would happen)"라며[4] 후회하기 전에, 아쉽고 부족하지만, 지금까지 얘기한 것을 하나둘 풀어 보겠다.

---

4) "우물쭈물 하다 내 이렇게 될 줄 알았다"라는 번역으로 더 잘 알려져 있다.

2장 문화

1. 문화의 힘

문화, 추억 속의 노래

문화란 무엇인가? 어렵게 생각하지 말고, 어렸을 적 추억처럼 생각해 보자. 그런 의미에서 어린 시절을 회상해 보면, 노란색 등불 아래에서 바느질하시는 어머니가 떠오른다. 그리고 이내 어머니의 무릎을 베고 누워, 라디오에서 들려 오는 노래와 이야기에 귀 기울이던 모습이 오버랩(Overlap) 된다. 그리고 지금 그 노래를 생각해 보면, 중국의 등려군(鄧麗君)이 부른 야래향(夜來香) 같은 노래가 아니었을까?[1]

당시의 일들을 함께 떠오르게 하는 노래는 소리 이상으로 그 무

---

1) 물론, 아니다. 등려군의 노래가 나온 것보다 오래 전 일이니까. 그런데 당시 노래의 경향이 비슷했을 것이다. 중국이 개혁개방을 실시하고 있던 1980년대 초 무렵에 "낮에는 늙은 등씨(등소평)가 지배하고, 밤에는 젊은 등씨(등려군)가 지배한다"는 말이 있었다고 한다. 당시 중국과 화교문화권에서 등려군은 유명한 가수였다. 영화〈첨밀밀(甛密密)〉에서 그녀의 노래가 멋진 배경으로 그려진다. 첨밀밀, 야래향(夜來香), 월량대표아적심(月亮代表我的心) 등의 노래가 있다.

엇을 지금까지 전해주고 있다. 그런데 바로 이러한 것이 문화의 힘이 아닐까? 그리고 이런 문화에는 지친 우리의 삶을 일으켜 세워 주는 힘, 이웃과의 다툼을 누그러뜨리는 힘, 물질적으로는 가난할지언정 정신적으로는 풍요를 안겨 주는 힘, 그런 힘이 있다.

문화, 어두움에 빛을

지저분하고 우중충한 건물에 예쁜 그림을 그린다면, 쓰레기를 버리는 곳에 아름다운 화단을 만든다면 보는 이의 마음을 좀 더 여유롭고 평화롭게 해줄 수 있다. 아니면 아래 사진처럼 담장을 꽃으로 가꾼다면 밋밋한 거리뿐만 아니라 보는 이의 마음까지도 풍성하게 해줄 것이다.

미국 뉴욕 시 맨해튼 동북쪽에 자리 잡은 할렘(Harlem)은 주민 대부분이 가난하다. 그리고 이곳에서는 항상 범죄가 들끓었다. 그러나 변화가 일어났다. 다양한 흑인문화를 만날 수 있는 문화 지구로, 여행객들이 방문하고 싶은 곳으로 바뀐 것이다. 물론 차이나타운도 화려한 5번가나 소호와 더불어 뉴욕을 이해하는 데 도움을 주는 문화 특구다. 그러나 할렘의 변화는 어두운 곳에 희망을 주었고, 그것은 변화를 넘어 기적과도 같은, 멋진 사건이었다.[2]

위험요소와 부정적 이미지를 걷어내고 새로운 문화를 심는 것. 언제나 변신은 가능하다. 그리고 단점과 장점은 손바닥 뒤집기처럼 간단한 일인지도 모른다. 올바로 마음먹고 시행하기만 한다면.[3]

---

2) 뉴욕은 스위스처럼 빼어난 자연 경관을 가진 것도, 로마나 파리처럼 역사적 유물이 많은 것도 아니다. 그런데 한 해 4천만 명의 내국인과 1천만 명의 외국인이 방문하는 도시다. 여기서 파생된 관광산업은 315억 달러의 수입과 31만 명의 신규 고용을 창출하고 있다. 특히, 뉴욕경찰청장으로 1994년 1월에 임명된 윌리엄 브래튼은 노상 음주, 낙서, 무임승차 등을 단속했다. 바로 '삶의 질 향상' 정책을 시행한 것이다. 여기에는 문제의 원인을 밝혀 초기에 강력 대응해야 한다는 '깨진 유리창(Broken Windows)' 이론이 뒷받침되었다. 불량배가 장난으로 깨뜨린 유리창을 방치하면, 그 집의 다른 유리창이 깨지고 이어 다른 집 유리창도 깨지게 된다. 그래서 사람들이 이사 가면, 동네 집값은 떨어지고 슬럼화된다는 것이다. 결국 기초질서를 확립하려 했던 뉴욕 경찰의 노력으로 뉴욕은 달라졌다.
   2012년 한국을 방문한 외국인 관광객 수가 1천만 명을 넘어섰다. 그러나 갈 길은 멀다. 현재 GDP의 5.2%에 불과한 한국의 관광 산업 비중을 세계 평균인 9.1% 수준으로 끌어올리기 위한 묘책을 마련해야 할 것이다.

3) 우리나라에도 이러한 곳이 조금씩 늘고 있다. 대표적인 것이 국제 명소로 탈바꿈한 달동네, 부산 사하구 '감천문화마을'이다. 동네가 가진 특색에 문화를 입혀, 관광객이 거주민의 10배가 이르는 명소가 되었다. 그리고 이러한 변화는 산동네 주민들의 암울한 미래에 새로운 희망을 선사했다.

문화, 이웃에 사랑을

아래 사진은 일본 교토(京都)에 있는 기요미즈데라(淸水寺)의 풍광이다. 청수사(淸水寺)는 일본에서 가장 유명한 사찰로서 늘 관광객으로 붐빈다. 어느 날씨 좋은 봄날 이곳에 다녀오게 되었는데, 사진에도 나와 있지만, 건물 밑부분을 보면 나무 기둥이 오밀조밀하게 세워져 있는 것을 발견할 수 있다. 이것은 백제 사람들이 만든 것이라고 한다.[4] 당시 일본의 기술로는 할 수 없었기에 백제 건축가들의 손을 빌려 이 아름다운 절을 완공했다고 한다.

문화라는 것은 추한 것을 아름답게 만들어 주기도 하지만, 이웃나라에 가서 부족한 부분을 보완해 주기도 한다. 그러면서 우리와 인류

---

4) 청수사는 780년 나라(奈良) 출신의 '엔친' 스님이 건립했다고도 하고, 백제 출신의 다무라마 장군이 건립했다고도 한다. 780년은 교토가 일본의 수도가 되기 직전 시기로, 일본의 수도는 나라에서 교토로 794년에 옮겨졌다. 그 후 교토는 1868년 도쿄(東京)로 수도가 옮겨지기까지 1천 년 정도 일본의 수도로 존재했었다.

의 삶을 더 편안하고, 향상시켜 주는 힘이 있다. 나누면 나눌수록 커지는 것, 그 무엇에 비할 수 없는 아름다운 힘, 바로 문화의 힘. 그것이다.

문화,
가난한 곳에 희망을

문화의 중요성과 관련하여, 문화에는 무력(武力)이나 물질의 힘과 다른 또 다른 힘이 있다는 것을 많은 사람들이 강조해 왔다.

프랑스의 기 소르망(Guy Sorman)은 한국에서 발생한 IMF의 원인을 한국의 문화적 이미지가 허약했기 때문이라고 평하면서 문화의 중요성을 강조했다. 새뮤얼 헌팅턴(Samuel P. Huntington)은 그의 논문 〈문화가 중요하다〉란 글을 통해 문화의 중요성을 강조한 바 있다. 특히, 한국과 가나를 비교하면서 문화가 왜 중요한지를 강조하는 그의 주장은 대중에게 문화의 중요성을 현실적으로 전달하고 있다. 그의 글을 보면,

1990년대 초 가나와 한국의 1960년대 초반 경제 자료를 검토하게 되었는데, 60년대 당시 두 나라의 경제 상황이 아주 비슷했다. 무엇보다 양국의 1인당 GNP 수준이 비슷했으며 1차 제품(농산품), 2차 제품(공산품), 서비스의 경제 점유 분포도 비슷했다. 특히 농산품의 경제 점유율이 별로 없었다. 게다가 양국은 상당한 경제 원조를 받고 있었다. 30년 뒤 한국은 세계 14위의 경제 규모를 가진 산업 강국으로 발전했다.

반면 이런 비약적인 발전은 가나에서 이루어지지 않았다. 가나의 1인당 GNP는 한국의 15분의 1 수준이다. 이런 엄청난 발전의 차이를

어떻게 설명할 수 있을까? 물론 여러 가지 요인이 작용했겠지만, 내가 볼 때 '문화'가 결정적 요인이라고 생각한다. 한국인들은 검약, 투자, 근면, 교육, 조직, 기강, 극기정신 등을 하나의 가치로 생각한다. 가나 국민들은 다른 가치관을 갖고 있다. 그러니 간단히 말해서 문화가 결정적으로 중요하다고 생각한다.[5]

40년 전(1960년대)의 가나와 한국의 경제 수준은 거의 같았다. 1960년대 두 나라의 경제 상황은 1인당 GNP, 1차 · 2차 제품, 서비스 분포도 거의 비슷했다. 그리고 농산품의 경제 점유율도 별로 없었다.

이렇게 비슷한 수준을 유지하던 두 나라가 30년 뒤인 1990년대에는 서로 다른 결과를 맞이하게 되었다. 한국은 경제적으로 세계 14위가 되는 등 비약적 발전을 이루었고, 가나는 여전히 그대로 정체되어 1인당 GNP가 한국의 15분의 1에 불과했다. 이 엄청난 차이를 헌팅턴은 바로 문화에서 찾았고, 그래서 그는 바로 문화가 결정적 요인이라고 단정하여 주장했다.[6]

---

5) 《문화가 중요하다(Culture Matters)》, 새뮤얼 헌팅턴(Samuel P. Huntington) 외, 김영사, 2003.

6) 헌팅턴은 문화가 중요하다고 주장했다. 물론 문화가 중요하다. 그러나 헌팅턴의 주장에 대한 반론도 존재한다. 그의 주장 배후에는 문화로 포장된 경제 논리가 깔려 있다는 것이다. 엄밀히 얘기해서 가나와 한국과의 비교에서 문화가 경제 발전에 이바지하기에 문화가 중요하다면, 여기서 중요한 것은 문화가 아니라 경제라는 것이다. 또한 대니얼 벨은 헌팅턴의 이러한 관점을 문화를 정치로 착각한 데에서 온 오류라고 보았다. 그 밖에 제국주의적 오리엔탈리즘이라고 비판하거나 중국과의 문명 충돌을 합리화하기 위한 것으로, 중국에 대한 견제라는 비판이 있다.

한국적 가치

한국인은 검약, 투자, 근면, 교육, 기강, 조직, 극기정신 등을 어떤 하나의 가치로 생각하고 있어서, 이런 가치들이 국가 경제를 일으켜 발전시켰다고 헌팅턴은 생각한 것이다.

돌이켜 생각해 보면, 초등학교 교실 칠판 위에 태극기가 걸려 있고, 좌우로 이러한 가치들이 적힌 교훈(校訓)과 급훈(級訓)이 있었다. 우리는 부지불식중에 이러한 가치들을 마음에 되새기며 절대적인 것인 양 믿고 실천하며 성장하였다. 그리고 집에는 가훈(家訓)이 있어 우리의 풀어진 마음을 잡아 주었다. 가훈, 급훈, 교훈의 단골 소재는 근면, 성실, 노력이었다. 그리고 사회와 군대에서는 안 되면 될 때까지, 무(無)에서 유(有)를 창조하라며 쉼 없이 우리의 정신을 무장시켰다.

한국의 가난

사실 헌팅턴이 비교한 우리의 가난은 일제의 침탈과 한국전쟁으로 폐허가 된 직후의 가난으로, 가나와는 가난의 근원이 다르다. 부자는 아니었지만, 그럭저럭 행복하게 살아가던 집안이 날강도를 만나 풍비박산(風飛雹散)이 되고, 형제끼리 난리를 치른 뒤의 가난이었다.

다른 한편으로 한국에서는 자신을 일깨우자는 주장이 곳곳에서 강조되었던 반면, 가나에서는 이런 주장이 적었다.

헌팅턴은 두 나라의 이러한 차이점을 보았다. 헌팅턴의 논문에서 말한 가나와 한국의 경제 발전의 차이, 그 배경에 문화가 있다는 말은 그래서 일리가 있다. 그래서 헌팅턴의 문화라는 말을 양국 국민의 정체성 또는 양 국민의 가치관으로 풀이하면 이해하기 좀 더 쉬울 것이다.

경쟁

한국에서는 정말 열심히 살라고 말하고, 안 되면 될 때까지 최선을 다하라고 강조하며, 성실하고 부지런하라고 교육받아 왔다. 이것은 부족한 자원 속에 많은 인구가 한데 어울려 살면서 취할 수밖에 없었던 자구책이다. 그런데 이를 위해 지나치게 강조된 '경쟁'은 우리 사회에 '결과 중심', '인간 경시', '물질 위주'라는 어두운 그림자를 드리웠다. 해결책은 경쟁만을 강조하는 생각에서 벗어나는 것이다. 시야를 단순히 눈에 보이는 것에만 두지 말고, 추구하는 가치를 바로 눈앞의 것에만 두지 말고, 공간적으로는 보다 멀고 넓게, 시간적으로는 길고 멀게, 사상적으로는 깊고 따뜻한 이성의 시각으로 보아야 한다. 왜 그래야 하냐고 묻는다면, 나와 당신은 영원히 살 수 없기 때문이다. 우리가 영원히 산다면 자신의 목적과 이익을 위해 싸워야 하지만, 생명은 유한하다. 그래서 공생의 길을 찾아야 한다. 이처럼 문화는 사회와 그 속에 살고 있는 인간과 깊은 관련을 맺고 있다.

문화와 사회와 인간

문화 · 사회 · 인간은 서로 밀접한 관련을 맺고 있기에 분리하기 어렵다. 문화는 우리가 생활하며 살고 있는 사회의 영혼이다. 문화가 내용이라면 사회는 이를 담고 있는 형식이다. 문화가 없다면 사회도 없다. 사회는 동일한 문화를 공유하는 사람들로 구성된다. 사회 구성원인 사람들은 문화에 활력을 부여하고 문화를 창조하기도 한다. 인간은 새로운 문화를 창조하기도 하며, 거꾸로 문화의 영향을 받아 성장하는 존재이기도 하다.

이렇게 각자의 삶 속에서 풍요로운 삶을 만들게 하고, 우리의 사회를 좀 더 나은 방향으로 유도하는 것을 우리가 희망하는 문화라고 생각하면 어떨까? 그리고 이러한 문화 속에서 좀 더 적극적이고 주체적으로 참여하여 즐기면서 나와 우리 사회를 변화시키려 한다면, 나와 우리는 문화로 인하여 더욱 행복해질 수 있을 것이다.

문화, 또 다른 그늘

많은 사람들이 모를 수 있다. "세계은행 본부는 미국 워싱턴에 있는데, 아시아개발은행(ADB) 본부는 어디에 있을까?" 의아하게 생각하는 사람이 많겠지만, ADB 본부는 필리핀 마닐라에 있다.

ADB가 마닐라에 유치된 게 1965년이었는데, 당시 필리핀의 경제력은 지금과 달랐다. 박정희 대통령도 한때 필리핀을 부러워했었다. 70년대 초반까지만 해도 한국의 호남정유가 필리핀의 앞선 기술을 배우러 연수를 갔을 정도였으니까.

그런데 지금은 사정이 바뀌었다. 몇 년 전 영국의 이코노미스트는 "현재 필리핀의 주된 수출품은 사람"이라고 했다. 그 이유는 전 인구의 10%가 넘는 800만 명 이상의 필리핀 사람이 해외에서 고생하며 고국으로 돈을 송금하고 있기 때문이다.

사정이 바뀌어도 많이 바뀌었다. 정치적 · 경제적 이유가 가장 크지만, 그 기저에는 사회 전반에 자리하고 있는 문화도 어느 정도 작용을 했다.

문화의 힘은 강하고 아름답다. 그러나 이를 악용하면 그 힘은 강하면서도 비참하게 진행될 수 있다. 1966년부터 1976년까지 문화라는 이름으로 포장되어 중국에서 자행되었던 문화대혁명(文化大革命)은 모택동(毛澤東)에 의해 주도된 극좌 사회주의 운동이자 이를 빌미로 반대파를 제거하기 위한 권력 투쟁의 산물이었다. 사회주의 문화만을 주장했지만 결국 '문화'라는 이름을 걸고 행한 '대혁명'은 반대파를 숙청하고, 많은 전통문화를 파괴하였다.

그 밖에 영국 정부가 테즈메이니아인의 혈통을 완전히 끊어버리고 종족을 말살한 것이나, 역사상 최대의 홀로코스트라고 할 수 있는 500년간 자행된 아메리카 원주민 대학살 등, 셀 수 없이 많은 잔인한 일들이 문화라는 그늘 속에서 자행되었다.

지금도 아르헨티나가 영국에게 180년 전 빼앗긴 포클랜드를 돌려달라고 하지만, 영국은 포클랜드 주민들이 영국령을 원한다는 이유로 거부하고 있다. 180년 동안 포클랜드가 영국 문화의 맛을 보았고, 이는 '자원적(自願的)'인 거부로 나타났다. 조작된 출발이 의도한 결과를 초래하였다.[7] 앞으로는 정보화와 세계화에서 비롯된 변화가 우리에게 또 다른 형태로, 다양하고 광범위하게 문화의 힘을 경험하게 할 것이다.

---

7) 이 책의 '3장 수용'의 '1. 주체적 수용의 필요성'에 제시된 다른 사례들도 참조하기 바란다.

나의 소원,
문화가 강한 나라

이러한 것을 미리 간파했기 때문일까? 백범 김구 선생은 《백범 일지》에 실린 〈나의 소원〉에서 문화의 힘, 그것도 높은 문화의 힘은 우리 자신을 행복하게 하고 나아가서 남에게 행복을 준다고 했다. 그렇기 때문에 경제력·군사력보다 문화의 힘이 더 중요하고 가치 있다고 설파했다. 당시로서는 파격적인 사상이자 발언이었다.

내가 원하는 우리 민족의 사업은 결코 세계를 무력(武力)으로 정복(征服)하거나 경제력(經濟力)으로 지배(支配)하려는 것이 아니다. 오직 사랑의 문화, 평화의 문화로 우리 스스로 잘살고 인류 전체가 의좋게, 즐겁게 살도록 하는 일을 하자는 것이다.

어느 민족도 일찍이 그러한 일을 한 이가 없으니 그것은 공상(空想)이라고 하지 마라. 일찍이 아무도 한 자가 없기에 우리가 하자는 것이다. 이 큰 일은 하늘이 우리를 위하여 남겨 놓으신 것임을 깨달을 때에 우리 민족은 비로소 제 길을 찾고 제 일을 알아본 것이다.

나는 우리나라의 청년남녀(青年男女)가 모두 과거의 조그맣고 좁다란 생각을 버리고, 우리 민족의 큰 사명(使命)에 눈을 떠서, 제 마음을 닦고 제 힘을 기르기로 낙(樂)을 삼기를 바란다. 젊은 사람들이 모두 이 정신을 가지고 이 방향으로 힘을 쓸진댄, 30년이 못 하여 우리 민족은 괄목상대(刮目相對)하게 될 것을 확신(確信)하는 바이다.

지금 생각해 보면, 김구 선생이 글을 쓸 당시 우리나라는 여러 가지로 상황이 좋지 못했다. 정확히 말하자면 〈나의 소원〉은 1947년 12월 15일 《백범 일지》 국사원판 간행본을 만들 때 그 끝에 더한 글이기에, 적어도 1947년 이전에 쓰인 글이다. 당시 사람들은 일제 침략으로 갖은 고초를 겪었기에 강한 무력과 힘이 한없이 그리웠을 것이다. 그런데 참으로 뚱딴지같은 소리를 세상에 전했다.

특히 마지막 부분의 '내가 원하는 우리나라'에서는 무력이나 경제력이 아니라 문화로 부강한 나라가 되기를 염원하고 있다. 그리고 아름다운 우리나라를 만들기 위해, 백범 선생은 우리의 철학을 찾고, 세우고, 주장하여야 하며, 이러할 때 비로소 진정한 독립정신을 가질 수 있다고 말했다.

> 나는 우리나라가 세계에서 가장 아름다운 나라가 되기를 원한다. 가장 부강한 나라가 되기를 원하는 것은 아니다. 내가 남의 침략에 가슴이 아팠으니 내 나라가 남을 침략하는 것을 원치 아니한다. 우리의 부력(富力)은 우리의 생활을 풍족히 할 만하고, 우리의 강력(强力)은 남의 침략을 막을 만하면 족하다. 오직 한없이 가지고 싶은 것은 높은 문화의 힘이다. 문화의 힘은 우리 자신을 행복하게 하고 나아가서 남에게 행복을 주겠기 때문이다.
>
> 지금, 인류에게 부족한 것은 무력도 아니요, 경제력도 아니다. 자연과학의 힘은 아무리 많아도 좋으나 인류 전체로 보면 현재의 자연과학만 가지고도 편안히 살아가기에 넉넉하다. 인류가 현재에 불행한 근본 이유는 인의가 부족하고 자비가 부족하고 사랑이 부족한 때문이다. 이 마음만 발달이 되면 현재의 물질력으로 20억이 다 편안히 살아갈 수 있을 것이다. 인류의 이 정신을 배양하는 것은 오직 문화이다.

나라를 빼앗겼던 상황에서 국가 부흥을 위한 경제력과 군사력 외에는 그 어떤 것도 논의의 대상이 되지 못했을 텐데, 김구 선생은 "현재의 자연과학만 가지고도 편안히 살아가기에 넉넉하다"고 말하였다. 그리고 이것을 운영하는 사람들의 마음이 더 중요하다고 했다. 즉, 사람들의 인의와 자비와 사랑의 마음이 중요하다는 것이고 이 정신을 배양하는 것은 오직 문화라고 강조하고 있다. 그래서 과학을 운영하는 사람의 마음이 제대로 되지 못할 때 과학은 원자폭탄처럼 더 무서운 무기가 될 수 있고, 군사력도 서로 해악만 끼칠 수 있다고 엄중히 경고하고 있다.

지금 생각해 보아도, 백범 김구 선생의 주장은 선진적이고 선구자적인 사상이었다. 그래서인지 육십갑자(六十甲子)를 껑충 뛰어넘는 시간이 흘렀음에도 지금 우리와 세계에 많은 울림으로 다가온다.

이처럼 문화라는 것은 나누면 나눌수록 즐겁다. 나도 즐거울 뿐만 아니라 남도 함께 즐겁다. 그래서 문화, 그 한없이 아름다운 힘을 키우고, 문화가 강한 나라가 되길 소망하는 것이다.

2. 문화의 정의

동양에서의 문화

사실 문화라는 분야처럼 정의하기 어려운 것도 많지 않고, 문화처럼 연구 동기와 관심에 따라 여러 분야와 방법론을 넘나드는 것도 별로 없다.

동양에서 사용된 문화라는 말의 기원은 아주 오래되었다. 먼저 문화라는 말이 처음 언급된 기록을 보면,《주역(周易)》분괘(賁卦)편에서 발견된다. 책에는 "천문을 보고 때의 변화를 살피며, 인문을 보고 천하를 변화시킨다(觀乎天文, 以察時變, 觀乎人文, 以化成天下)"고 하면서 문(文)과 화(化)를 호응시켜 사용하였다.

그리고 그 이후 한(漢)나라 유향(劉向)의《설원(說苑)》지무(指武)편에 이르러, 문과 화가 함께 쓰이며 사용되었다. 여기에는 "무릇 무력이 흥하는 것은 복종하지 않기 때문이다. 문치와 교화로 바뀌지 않은 다음에야 주벌이 더해진다(凡武之興, 爲不服也. 文化不改, 然後加誅)"라고 기록되어 문화는 일종의 무(武)에 대응하는 개념으로 사용되었다.

한자의 어원을 밝힌 허신(許愼)의 《설문해자(說文解字)》를 살펴보면, '문(文)'은 "섞어 그리는 것이며, 무늬가 섞여 있는 것(錯畵也, 象交文)"으로 여러 색이 조화를 이루면서 아름다운 문양을 만들어 내는 것을 뜻하고, '화(化)'는 "가르침을 행하는 것(敎行也)"이라고 설명하고 있다.

중국에서는 1900년대 초반에 활동했던 양계초(梁啓超)가 《중국문화사(中國文化史)》라는 글을 쓰면서 문화에 대한 본격적 논의가 시작되었다. 그가 말하는 문화의 범주 속에는 사회 전 분야가 모두 포함되어 있다.

기존의 설명을 근거로 정리해 본다면, 문화의 의미는 결국 가꾸고 더하고 배워서 행하는 것, 다시 말해 어떤 대상을 개선된 상태로 변화시키는 것으로 좁혀진다.

아래 사진은 우리의 전통 한옥에서 쉽게 발견할 수 있는 단청(丹青)이다. 청색, 적색, 황색, 백색, 흑색의 다섯 가지 색을 사용하여 나무

를 오래 보존하거나, 나무 재질의 조악(粗惡)함을 살짝 숨기거나 혹은 대상물의 특수성이나 위계(位階)를 강조하면서 통일성과 다양성을 살리려 했다.

무늬와 그림을 더하여 건축물에 장식을 그렸다. 밋밋하거나 조악한 모습에 오색 물감을 더해 그 가치를 한층 끌어올렸던 단청은 동양에서 말하는 문화의 의미와 통한다. 좀 더 아름답게 만드는 것, 가꾸고 더하고 배워서 행하는 것, 어떤 대상을 좀 더 개선된 상태로 변화시키는 것으로서, 바로 동양에서 말하는 문화와 상통(相通)하는 것이다. 이러한 의미는 서양에서 바라본 문화와 문화의 어원을 살펴보아도 크게 다르지 않다.

서양에서의 문화

서양의 문화 즉 'Culture'라는 말의 어원은 '경작'이나 '재배'를 뜻한다. 이것이 차츰 변형되어 교양과 예술의 의미로 확대되었다.[8]

지금의 관점에서 보면 농사를 짓는 재배에 무슨 문화의 DNA가 있을까 의심되지만 아주 오래전 수렵 시기를 지나, 정착하여 농사를

---

8) 문화와 연관된 'cultura, cultus, colo' 같은 단어는 이미 일찍부터 키케로(Cicero)나 호라티우스(Horatius)에 의해 인간의 영역에 전용되어 은유적 의미로 사용되었다. 예를 들자면 "인간의 정신적 능력의 경작"을 뜻하는 "cultura animi"란 표현은 인간의 정신이나 이성을 돌보고 계발한다는 의미를 나타내게 되었다. 이러한 맥락에서 문화라는 단어의 어원은 "자연적 상태에서 가치를 창출한다"는 해석을 가능하게 하고 있다. 그리하여 오늘날 우리에게 일반적으로 통용되고 있는 문화의 개념, 즉 조야한 자연의 상태에 대비되어 숭고한 문화의 상태를 뜻하는 문화 개념은 17세기부터 사용되기 시작하였다. 이제 문화는 자연적인 것을 가공한다는 의미를 뛰어넘어 "인간의 행위를 가꾸어 낸다"는 의미를 지니게 된 것이다(〈문화와 교육에 대한 교육철학적 고찰〉, 정영근,《교육철학》제33집, 2005, 160쪽).

짓기 시작한 때를 생각해 보면, 재배라는 것도 결국 각자의 삶을 좀 더 개선된 방향으로 만들기 위한 노력의 주요한 방편이었다.

예를 들어 오른쪽 사진은 뼈로 만든 중국의 오래된 농기구[9]인데, 이렇게 뼈를 이용하여 농사를 짓던 사람이 청동기를 사용하는 문화를 접하고 배워서, 청동기로 농사를 지어 보니 수확량이 전과 비교할 수 없을 정도로 늘고, 노동의 효율이 높아졌을 것이다. 다시 오랜 시간이 지난 뒤, 철기 문화를 접하고 배워 철기를 사용해 농사를 지었다면 수확량은 더 늘고 효율은 높아졌을 것이다.

이 의미는 청동기 시대에 철기를 사용하는 것을 보고 그것을 받아들여 좀 더 개선된 방향으로 만들거나, 사람이 직접 농사를 짓던 것에서 벗어나 우경(牛耕, 소로 밭을 가는 것)으로 농사짓는 것을 받아들이면서, 자신의 삶을 좀 더 개선된 방향으로 만들었다면, 바로 경작이나 재배라는 서양적 의미의 문화는 동양에서 사용되었던 '어떤 점을 개선하는' 의미와 같은 선상에 있는 것이다.

문화(culture)는 어원적으로 재배라는 의미를 가지고 있지만, 궁극적으로 각자의 삶을 좀 더 개선된 방향으로 만들기 위한 노력이라는 것과 일맥상통한다. 결론적으로 동양이나 서양 모두 문화의 의미는 각자의 삶을 좀 더 개선된 방향으로 만들어 나가는 것으로 볼 수 있다.

---

9) 중국 신석기 시대의 문화인 용산문화(龍山文化)는 1928년 오금정(吳金鼎)이 발견됨으로써 세상에 알려졌다. 당시에 유물로 알려진 녹각(鹿角)으로 만든 길이 25cm의 호미다.

현대적 의미

　　현대에 들어서 많은 사람들이 문화에 대하여 언급하고 있는데, 문화 연구의 효시라고 할 수 있는 1800년대에 활동했던 영국의 인류학자 타일러(Tylor)는 《원시 문화(*Primitive Cultures*)》에서 문화를 "인간이 사회의 일원으로서 습득한 지식, 믿음, 예술, 도덕, 법률, 풍습 그리고 다른 능력들과 습관을 포괄하는 복합체"라고 정의했다. 그리고 프린스턴 대학의 클리퍼드 기어츠(Clifford Geertz)는 "우리가 우리 자신에 대해 말하는 이야기들의 총체"라고 정의했다. 앞서 언급한 것처럼 문화에 대한 정의는 다양하다. 학자들의 문화에 대한 다양한 정의를 정리해 보면 오른쪽 표와 같다.

　　보통 문화의 의미를 "인류의 지식 · 신념 · 행위의 총체"라고 규정하고 있다. 유네스코(UNESCO)에서는 '문화'를 "한 사회와 집단의 성격을 나타내는 정신적, 물질적, 지적, 감성적 특성의 총체이며, 또 예술이나 문자의 형식뿐만 아니라 함께 사는 방법으로서의 생활양식, 인간의 기본권, 가치, 전통과 신앙 등을 포함하는 포괄적 개념"으로 정의했다.

　　결국 문화란 인간의 의식적인 행동으로서, 본능적 차원에서 나타나는 행동과는 다른 어떤 의도나 목적을 가지고 행한 것으로 볼 수 있다. 문화는 인류에서만 볼 수 있는 사유(思惟), 행동의 양식 중에서 유전(생물학적 유전)에 의한 것이 아니라, 학습에 의해서 소속한 사회로부터 습득하고 전달받은 것 전체를 포괄하는 총칭이라고 말할 수 있다.

　　물론 문화가 모든 것을 대변할 수는 없다. 그러나 헌팅턴의 지적처럼 '문화'의 영향을 배제하고 한국 경제의 발전을 생각할 수 없다면, 그것은 가꾸고 더하고 배워서 행하는, 다시 말해 어떤 대상을 개선된 상태로 변화시키는 힘을 문화가 가지고 있기 때문이다. 그러므로 문화

〈학자들의 문화에 대한 정의〉[10]

학문 분야	학자명	문화 개념의 정의
인류학 분야	E.B. Tylor	지식, 신앙, 예술, 법률, 도덕, 풍속 등 사회의 일원으로서 인간이 획득한 능력들과 습관들의 총체
	F. Boas	어떤 공동체의 사회적 관습의 모든 표현들
	R.S. Lynd	동일한 지역에 사는 사람들의 공동체가 하는 일, 행동방식, 사고방식, 감정, 사용하는 도구, 가치, 상지의 총체
	M.J. Herskovits	본질적으로 사람들의 생활방식을 표시하는 신념, 태도, 지식, 금기, 가치, 목표의 총체를 기술하는 구성물
	E.T. Hall	인간의 매체
	C. Geertz	구체적인 행동양식의 복합체가 아니라, 행동을 지배하는 일단의 제어 기제들
	R. Benedict	개인이 생활을 영위하는 데 필요한 원자재로 제공되는 것
문화사회학 분야	R. Bocock	첫째, 토지·곡식·가축의 경작의 의미, 둘째 정신·예술·문명의 배양이라는 의미, 셋째 사회 발전의 일반적 과정의 의미, 넷째 보편적 과정이라는 의미, 다섯째 의미를 생산하는 실천, 의미화하는 실천
	R. Peterson	집단적 활동을 통해 생성된 상징적 산물들
	R. Wuthnow & M. Witten	사회적 형태로 산출된 상징적 사물이나 상품
	E.W. Said	여러 가지 정치적·이념적 명분들이 뒤섞이는 일종의 극장

가 모든 것을 대변하지는 못해도 문화는 일류 발전에 있어 매우 중요한 요소라고 말할 수 있다.

---

10) 《철학으로 보는 문화》, 신응철, 살림, 2005.

문화의 일상적 의미

우리 주변에서 사용되는 문화라는 말을 알아보면, 정부 부처에는 문화라는 이름을 사용한 문화체육관광부가 존재한다. 그리고 방송국, 신문사 등 세상의 여론을 선도하는 기관 중에도 문화라는 단어를 더하여 그들 회사의 이름으로 삼고 있는 경우가 있다.

문화산업진흥법에 보면 문화상품은 영화, 음반, 비디오물, 게임물, 출판, 인쇄물, 정기간행물, 방송 프로그램, 문화재, 캐릭터, 애니메이션, 디자인, 광고, 공연, 미술품, 전통공예품, 멀티미디어 콘텐츠, 전통의상, 전통식품 등을 말한다. 그리고 문화산업이란 문화상품의 생산, 유통, 소비와 관련된 산업이라고 되어 있으며, 문화예술 진흥법에서는 문화예술이란 문학, 미술, 음악, 무용, 연극, 영화, 연예, 국악, 사진, 건축, 어문, 출판 및 만화를 의미하는 것으로 되어 있다.

우리가 일상생활에서 자주 언급하는 문화라는 단어를 구분해 보면, 먼저 문화생활이나 문화주택의 의미로 사용되는 경우가 있다. 여기에서는 서구적 요소나 현대적인 편리성의 의미로 사용된다. 다음으로는 문화재라든지 문화국가 등으로 사용되는 경우다. 여기에서는 우아함, 예술적 요소, 세련된 생활, 수준 높은 교양이나 지식을 구비하고 있다는 의미로 사용된다. 우리 일상에서는 주로 후자의 의미로 많이 사용한다. 그 외에 철학이나 종교와 같은 가치적 소산으로서의 문화를 들 수 있다.

현재의 문화는 다양한 문화를 수용하고 재창조하는 가운데 전해진 것이다. 특히 세계화 · 민주화 · 정보화로 빠르게 변해가는 현대사회에서는 문화를 어떻게 수용하고 창조할 것인가에 대한 문제가 매우 중요한 화두가 되었다.

오른쪽 사진은 고대 악기 편종(編鐘)이다.
공자(孔子)는 '악(樂)'을 중시하였다. '악'은
보통 조화(調和)를 상징한다. "연주를 시작
할 때는 여러 소리가 합하여 나오지만, 연
주가 진행됨에 따라 조화로운 소리가 나
오고 동시에 각 소리가 분명해지고 이렇
게 이어져 완성된다(始作翕如也. 從之純如也. 皦如
也. 繹如也. 以成)."[11] 그래서 "시에서 감흥을 일
으키고, 예에서 자신을 확립하며, 음악에서 완성한다(興於詩, 立於禮, 成於
樂)."[12]고 말하면서 예와 악을 강조했다. 음악은 단순한 소리가 아니다.
유전(생물학적 유전)에 의한 것이 아니라, 문화처럼 학습에 의해서 소속한
사회로부터 습득하고 전달받은 것으로서, 사회와 인간 자신을 아름답
고 행복하게 만들어 주는 것이다. 음악은 궁극적으로 서로 다른 소리
들이 조화를 이루어야 한다는 가르침을 우리의 귀를 통해 우리와 사
회에 전하고 있다.

음악을 포괄하는 문화는 단순히 입고, 먹고, 배설하는 본능적 행
위가 아니라 어떤 의도와 목적이 있는 것이다. 문화는 유전자(遺傳子)에
의해 전달되는 것이 아니라, 학습에 의해 소속 집단으로부터 직간접
적으로 배워 유전(流轉)되는 것이 더하여져서 객관적인 기호로 공유와
인식이 가능한 것이다.

---

11) 《논어(論語)》 팔일(八佾)편.

12) 《논어》 태백(泰伯)편.

문화의 의미와 가치

현재의 사회과학, 특히 문화인류학에서는 미개
(未開)와 문명(文明: 高文化)을 가리지 않고, 모든 인류가 문화를 소유하며
인류만이 문화를 가진다고 생각한다. 그러면서 문화 연구의 대상도 넓
어져 '우리의 삶' 그 자체가 되었다.

그러나 문화가 우리 삶 자체라 해도, 우리의 삶을 모두 문화라 할
수는 없다. 여기서 나름대로 구별할 잣대가 되는 것이 바로 인간의 의
식적인 행동이다. 즉, 본능적 차원에서 나타나는 행동과는 다른 어떤
의도나 목적을 가지고 행한 것을 문화라 볼 수 있다.

그리고 문화란 인류에서만 볼 수 있는 사유(思惟), 행동의 양식(생활
방식) 중에서 유전에 의한 것이 아니라 학습에 의해서 소속한 사회(협동
을 학습한 사람들의 집단)로부터 습득하고 전달받은 것 전체를 포괄하는 총
칭이다.

그러면서 문화는 사회와 정치에서 떨어져 나온 것이 아니기 때문
에, 우리는 복합적인 형태 속에서 문화를 이해하고 역으로 그 복합적
인 범위 내에서 사회적 · 정치적 맥락을 분석해야 한다.

인간은 섬이 아니라고 했던 어느 영화 속 대사처럼, 인간은 혼자
서 고립되어 살아갈 수 없다. 그래서 혼자만 가지고 있는 것을 문화라
할 수 없다. 적어도 사람들에게 객관적인 기호로 공유할 수 있고 인식
될 수 있어야만 우리는 이를 일러 문화라고 말할 수 있다.

예를 들어 '일본 문화란 무엇인가'라는 질문에 대하여 "그것은 기
본적으로는 주체인 일본 민족이 일본 열도에서 행해 온 모든 활동과
그 소산이라 할 수 있다. 즉, 일본 민족의 삶의 산물이고 사람 그 자체

라는 것이다."[13]라고 말할 수도 있다.

　그러나 단순히 추위를 막기 위해서 옷을 입고, 배고픔을 잊기 위해서 음식을 먹는 것처럼, 본능에 따라 행하는 행위를 문화라 말할 수 없다. 문화란 단순히 입고, 먹고, 배설하는 본능적 행위나 유전에 의한 것이 아니다. 어떤 의도와 목적이 있고, 학습에 의해 소속 집단으로부터 직간접적으로 배운 것이 더하여져서 객관적인 기호로 공유할 수 있고 인식될 수 있는 것이라야 비로소 문화라 부를 수 있는 것이다.

　그렇다면 사회에서 문화의 의미와 가치는 결국 다음과 같이 정리된다. 문화는 포괄적이면서도 부분적으로는 복합적인 정신적 행위 영역을 의미하면서 자연이나 자연적인 것의 일부분이 부분적으로 비자연화된 상태를 의미한다.[14] 전자의 경우로는 대안문화, 정치문화, 예술문화 등이 있고, 후자의 경우로는 토양문화, 식물문화, 육체문화 등이 있다.

　그 외에도 다른 것들을 포함하는 인간의 모든 정신활동이 문화에 포함되며, 모든 인간 행위가 문화에 종속될 수 있을 정도로 문화의 개념은 포괄적이다. 그래서 문화는 한 사회를 만들고 유지시키는 보이지 않는 힘이고 그 사회를 반영하는 거울이자 우리 스스로 만들어 가는 작품과도 같은 것이다.

---

13) 《일본 문화의 이해》, 최관, 학문사, 1999, 22쪽.

14) 인간이 자연을 가공하는 사회적 존재로서 산다는 것은 문화의 가능조건 아래에서 산다는 것을 말한다. 문화이론적으로 보자면, 자연은 우리가 가공할 '어떤 것'이 존재한다는 것을 나타내는 한계 개념이다. 반대로 '자연 자체'를 재현하는 문화 형식이란 존재하지 않는다. 수렵·채취에서 하이테크 사회에 이르기까지 알려진 모든 문화들은 오로지 조직된 자연과의 물질대사를 통해서만 문화로 형성될 수 있다. 《문화학이란 무엇인가》, 하르트무트 뵈메 외, 성균관대학교 출판부, 2004, 166-182쪽.

문화의 구분

문화는 물질문화, 제도문화, 관념문화 등으로 구분할 수 있다. 물질문화는 인간이 만들고 사용하는 모든 물질적인 것을 말한다. 제도문화는 규범문화라고도 말하며 구성원들의 행위를 규제하는 규범이나 원리들을 말한다. 이들은 사회질서 유지와 운영을 책임진다. 마지막으로 관념문화는 물질문화와 반대 성격을 지녔다. 인간의 정신적 삶을 풍요롭게 하며 삶의 방향을 제시하는 것이 관념문화다.

또한 계층적, 역사적, 민족적, 정치적 관점으로 구분하여 볼 수 있다. 예를 들어 지역이나 민족으로 구분하여, 한국 문화, 중국 문화, 미국 문화로 구분할 수도 있다. 또한 시대적 특징과 관련하여 전통문화와 현대문화로 구분할 수도 있고, 이념이나 사상에 근거하여 지배문화나 저항문화 등으로 구분 가능하며, 문화 현상 자체와 관련하여 고급문화와 대중문화로 구분할 수도 있다.[15] 그 외에도 우리 사회에서는 사회 현상이나 특정한 계층의 특성 등을 반영하여 문화를 다양하게 구분하고 있다.

문화의 특징

오늘날 심각한 아노미 현상을 겪고 있다. 우리가 우리의 삶 속에서 자주 보듯, 어떤 공통된 원칙이나 가치관의 부재

---

15) 고급문화와 대중문화, 원시문화와 문명, 정신문화와 물질문화 등으로 구분하는 것은 현대에 들어 배제되고 있다. 그러나 만약 고급문화와 대중문화를 구분한다면, 전자는 삶의 의미와 가치를 표현하는 것으로, 후자는 소비적이고 쾌락적인 오락문화라는 의미에서 사용된 것이다.

는 극단적 개인주의와 맞물려 '나는 이유 있고 다른 사람은 어떠한 이유도 용납되지 않는' 판단 근거를 만들고 있다. 더군다나, 원칙과 원리의 부재는 타인을 간단하게 평가하면서, 물질(그중에서도 금전)이 거의 절대적인 평가 기준이 되고 있다.

가볍고, 빠르고, 비교적 정확하고, 나름의 객관적 검증 과정을 거친, 그리고 이 세상 어느 누구도 이왕이면 다홍치마라는 생각으로 거부하지 않는 학벌도 그렇다. 그러나 이것은 세상 표면을 감싸고도는 흐름이다. 우리는 이것을 완전히 틀렸다고 부인할 수 없다. 그러나 인스턴트식 사고와 판단은 허기를 간단히 때울 수는 있겠지만, 우리의 주식이 되기에는 부족하다.

각 시대의 문화는 각 시대의 상황을 반영한다. 그래서 문화를 사회의 구조, 이념, 가치관 등의 관점에서 비판적으로 파악해야 한다. 이러한 문화는 인류 사회를 구성하는 중요한 요소로서 다음과 같은 특징을 갖는다.

첫째, 문화는 생리적이고 개인적인 한계를 넘어서는 것으로, 사람들이 후천적으로 배워 창조하는 것으로 유전되어 전달될 수 없다.

둘째, 문화는 복합적 성격을 갖는다. 어떠한 문화 현상도 고립되어 존재하는 것이 아닐 뿐더러, 다양한 문화요소를 복합적으로 받아들여 만들어진 것이다.

셋째, 문화는 상징성을 갖는다. 문화는 문화 현상이 직접적으로 표현하는 협소한 범주를 넘어서서 더욱 광범위한 의의를 구비한다.

넷째, 문화는 전파되는 성질을 가진다. 문화가 생산되고 난 뒤에 이 문화는 다른 사람들의 모방과 이용을 통해 전파된다.

다섯째, 문화는 변천한다. 자연 조건의 변화, 서로 다른 문화 간의 접촉과 교류, 기술의 발전과 발명 및 창조와 발견에 의해 문화는 끊임 없이 변천한다.

문화는 인간이 부여하는 가치의 구현체다. 즉, 문화란 인간에 의해 가치 부여된 모든 형성물이라고 정의할 수 있다. 가치라는 의미는 경제학에서 먼저 사용되어, 실용적 가치와 교환 가치에 기초를 두고 있다. 가치에 대하여 마르크스는 어떤 상품의 유용함을 기준으로 '사용가치', 교환의 가능 유무(有無)를 기준으로 '교환가치'로 구분했다. 그런데 어떤 상품의 가치는 사회적 관계의 결과임에도 불구하고, 사람들은 상품 그 자체에 가치가 있는 (상품 자체의 실체적이고 자연적 성질에 기반한) 것처럼 혼동하곤 한다. 이것이 바로 마르크스가 말한 '물신화(物神化)'다.

명품이, 유명 상표가 유행처럼 번지는 우리 사회의 모습도 바로 이러한 지적의 연장선상에 있다. 그의《자본론》도 결국 이러한 물신화를 꼬집어 말한 것이다. 그런데 이러한 문제는 개인 의식의 문제가 아니다. 이 문제는 물신화를 만드는 사회관계를 분석하지 않으면 피할 수 없다.

문화에서 말하는 가치의 공통된 특징은 지향적이라는 뜻을 내포한다. 그것은 인간의 삶과 행위, 문화와 나아갈 방향성을 가리키고 있다. 집단마다 가치의 현실적 내용은 다르더라도 인간이 추구하는 가치 유형은 예나 지금이나, 어떤 사회나 어떤 집단에서도 동일하다.

문화는 가치를 담고 있는 유·무형의 대상으로 볼 수 있는데, 가치는 현실적인 우리의 삶의 세계에서 구체적인 성질을 지니고서만 우리에게 다가온다. 우리의 삶 속에 나타나는 것들은 대부분은 가치의 질서에 의해 규정되는데, 가령 셸러(M. Scheler)의 경우는 가치의 높고 낮음을 다음과 같이 구분했다. 첫째, 가치는 지속적일수록 높은 가치이다. 둘째, 분할성이 적은 가치일수록 높은 가치이다. 셋째, 다른 가치에 토대를 주는 가치일수록 높은 가치이다. 넷째, 가치를 느끼는 자에게 만족이 깊을수록 높은 가치이다. 다섯째, 상대적 가치일수록 낮은 가치이다. 가치에 근거해서 보았을 때, 문화는 보다 높은 가치의 양상을 가졌을 때 인간의 삶을 보다 풍요롭고 아름다운 세계로 인도한다.[16]

---

16) M. Scheler, *Der Formalismus in Ethik und die materiale Wertethik*, Bern, 1980, 108-117쪽;《문화 이론과 문화읽기》, 원승룡 · 김종헌, 서광사, 2002, 63-67쪽 재인용.

3. 문화와 일상

일상으로의 회귀

현대사회에 들어와서 물질적으로 정신적으로 여유로워지자, 사람들은 문화에 관심을 더 기울인다. 그리고 이러한 관심은 우리의 삶, 바로 우리가 살아 숨 쉬는 일상문화에서 빛을 발한다. 미셸 마페졸리(M. Maffesoli)가《현대를 생각한다》라는 책에서 언급했던 것처럼, "'거창한 이데올로기적 주장(냉전시대)들이 좌초'된 오늘, 사회학적 연구는 '평범한 삶의 필수적인 문제들'로 되돌아가야" 했기 때문인지도 모른다.[17]

이제 문화 연구도 일상문화 연구를 통해 사람들의 '마음의 습속'을 밝혀내고 우리가 살고 있는 '사회의 성격'을 밝혀야 한다. 사실 '문화 연구'라는 이름이 시작되던 1960년대 무렵에는 문화 연구가 문화가 어떻게 행해지고, 문화적 관례가 어떻게 서로 다른 집단 계급들에

---

17)《현대를 생각한다》, 미셸 마페졸리, 박재환 역, 문예출판사, 1997.

게 문화적 지배력을 얻기 위해 투쟁하도록 하는가에 집중되었다.[18] 그러던 것이 우리의 삶에 문화가 더욱 가까이 다가오게 되면서 전방위적으로 우리의 일상 모든 것을 연구하게 되었다.

위 사진은 북경 조양구(朝陽區) 대산자(大山子) 지역에 있는 798예술구에서 찍은 것이다. 원래 이곳에는 중화인민공화국의 공업화에 이바지하였던 국영 798공장을 비롯하여, 구소련의 지원을 받아 무기를 만들던 공장들이 빽빽이 들어차 있었다.

냉전이 종식된 후, 기존에 있던 무기 공장들이 조금씩 다른 곳으로 이전하였고, 중국 정부는 이곳에 새로운 전자타운을 조성할 계획을 가지고 있었다. 그러던 가운데 2001년부터 예술가들이 하나둘씩 이곳

---

18) 사실 '문화 연구(Cultural Studies)'라는 말이 유래한 것은 1964년 영국의 버밍엄(Birmingham) 대학에 설립된 현대문화연구소(CCCS: Center for Contemporary Cultural Studies)에서부터다. 영국 마르크스주의의 전후 역사를 배후로 하면서 연구 대상으로 삼은 '대중문화'를 기획적으로 재평가하고 교조적인 '종파 마르크스주의'로부터 결별한다.

에 몰려와 예술 활동을 시작하게 되었다. 그리고 지금 12만 평의 공간에 400여 개의 갤러리와 작업실을 갖추었고 대내외적으로 주목받는 문화 중심지로 성장했다. 전쟁과 폭력의 상징인 무기 공장의 터전 위에 평화와 나눔과 사랑의 문화 꽃이 활짝 피어났고, 이는 이곳과 주변의 많은 것들을 변화시켰다.

세계대전과 냉전시대 이데올로기의 대립에 가려진 개인과 일상의 삶이 이제 제자리로 돌아오게 된 것이다. 이처럼 문화 연구도 일상 문화 연구를 통해 사람들의 '마음의 습속'을 밝혀내고 우리가 살고 있는 '사회의 성격'을 밝히는 방향으로 우리 곁으로 한층 다가왔다. 어쩌면 지금처럼 좀 더 살기 좋고, 좀 더 개선된 방향으로 만들어 가려는 우리의 일상에 연구와 관심이 집중되는 것은 문화 연구의 당연한 귀결인지도 모른다.

현대사회의 변화

오늘의 우리 문화는 90년대 이후 진행된 인터넷의 급작스러운 보급과 함께 시작되어, 인류 역사상 제2의 르네상스를 맞고 있다. 불과 얼마 전까지도 대부분의 사람들은 지금 우리 사회의 '스마트폰 열풍'과 '인터넷 환각증'까지 예상하지는 못했다. 젊은이들을 비롯하여 많은 사람들은 단방향 데이터 전송인 텔레비전보다 쌍방향 소통이 가능한 인터넷을 즐긴다. 그리고 현실세계 못지않게 사이버 공간을 중시하며 막대한 정보를 쉽게 손에 넣을 수 있는 N세대도 탄생한지 이미 오래다. 이런 변화로 인해 우리는 새로운 것을 얻은 반면에 책을 읽거나 사색을 즐기며 얻게 되는 장점을 잃고 있다는 것 또한 사실이다. 이제 문화 연구가 일상으로 그 연구 대상이 넓어진 반면, 사회 변화의 속도가 빨라짐으로 인해 연구하는 사람들은 무척 바빠졌다.

　이러한 정보통신의 발달은 우리 문화 곳곳을 변화시켰고, 급기야 철옹성을 이루며 굳게 닫혀 있던 특수 계층의 문화(예를 들면 정치, 군사)에까지 커다란 영향을 미쳤다. 과거 우리 삶 속의 문화 전파는 수동적으로 이루어졌다. 그러나 인터넷과 이동통신의 발달로 수동적인 문화 전파가 이제는 능동적으로 광범위하게 이루어졌다. 정보통신의 발달로 우리는 특수 계층에 의해서가 아니라 일반 대중들에 의해, 많은 점조직을 만들어 내었고, 이러한 점조직이 또 다른 점조직을 만들면서 능동적이고 적극적이고 참여적이며 즉시적인 문화 성향을 창출했다.

　과거, 점조직 가운데 한 형태인 가상공동체는 '붉은 악마'라는 한국 축구 후원 모임으로 현실화되었고, 대통령 선거, 탄핵안 반대 시위, 미국산 쇠고기 수입 반대 시위 등에서는 개인용 정보통신기기를 이용하여 새로운 문화를 만들어 냈다. 새로운 온라인 민주주의를 구현하고 있다. 즉, 백성(民)을 주인(主)되게 만드는 새로운 민주주의를 실현하고 있는 중이다.

　그러나 우리가 몰래카메라나 인터넷을 통한 악성 루머의 전파 혹은 인터넷을 이용한 여론몰이 등의 성숙하지 못한, 아니 아직 익숙하지 못한 문화가 생활 전반을 지배할 경우 푸코가 말한 원형감옥처럼 군중 스스로가 스스로를 감시하는 집단적 감시자가 될 수 있다.

　이러한 변화를 이끌어 온 중심에는 과학이 있다. 과학은 이성을 존중하지만, 윤리 정서를 무시하는 경향이 있다. 기술이란 것은 목적을 위해 사용하는 도구임을 간과해서는 안 된다. 또한 디지털을 통한 휴머니즘을 생각하면 기술이 오히려 휴머니즘에 장애가 될 수 있다는 반성도 한 번쯤은 해봐야 한다. 이처럼 과학이 발달한 지금 이곳에 우리에게 필요한 것은 바로 인간적인 미학이다. 그리하여 문화의 전파가 빨라지고 그 여파가 과거 어느 때보다 강력하게 된 이때, 잘못한 일에 대하여 그 정확한 경위와 동시에 왜 잘못했나를 깊이 생각해야 한다.

일상 속으로,
햄버거의 의미

문화는 우리 삶 곳곳에 살아 움직이고 있다. 심지어 우리가 흔히 접하는 햄버거에도 그 문화적 의미가 내재되어 있다. 토머스 프리드먼(Thomas Lauren Friedman)은 《렉서스와 올리브 나무(The Lexus and the Olive Tree)》라는 책에서 "맥도날드 햄버거를 먹는 사람은 서로 싸우지 않는다."고 언급했다.[19] 그는 예를 들어 이스라엘과 이집트, 요르단, 사우디아라비아의 경우 맥도날드 햄버거를 먹고 난 뒤 서로 싸우지 않았다고 했다. 반면 맥도날드가 없는 시리아나 이란, 이라크의 경우는 미국 혹은 이스라엘과 전쟁을 하고 있다고 말했다. 포클랜드와 영국, 인도와 파키스탄의 경우도 이와 같았다.

사실 맥도날드 햄버거는 단순히 햄버거만을 의미하는 것이 아니라, 미국 문화를 대표하고 있다. 이렇게 미국 문화를 받아들였다는 것은 세계화(혹은 미국화)가 되었다는 의미로도 볼 수 있다. 그래서 맥도날드 햄버거를 먹는 사람들은 서로 싸우지 않는다는 의미는 미국의 영향권 안에 있으면 서로 싸우지 않게 된다는 것을 말한다. 또한 맥도날드 햄버거를 먹을 수 있다는 것은 경제력이 어느 정도 된다는 것을 의

---

19) 《렉서스와 올리브 나무》, 토머스 프리드먼, 신동욱 역, 창해, 2003.

미하는 것으로, 경제력이 어느 정도 되는 사람들이라면 굳이 불안, 동요, 소요보다는 안정된 사회를 원하여, 싸움보다는 평화를 원한다는 의미가 된다.

일상 속으로, 서점

　　　　그럼, 우리 주변의 일상문화를 좀 더 자세히 살펴보기로 하자. 우리 자신의 일상문화를 보는 방법으로는 먼저 우리의 문화를 다른 것과 비교하며 보는 방법이 있고, 우리의 문화를 제3자의 눈으로 관찰하는 방법이 있다. 이를 통해, 우리 자신을 더욱 객관적으로 생각할 수 있을 것이다. 그러면서, 왜? 그리고 어떻게? 할 것인가라는 질문과 대답을 해보자.

　　아래 사진은 북경대학(北京大學) 앞에 있는 서점의 풍경이다. 아직

도 북경대 학생들 대부분은 가난하다. 그러나 꿈까지 가난한 것은 아니다. 그래서인지 서점에서 자기가 보고 싶은 책을 정독하는 학생들을 많이 보게 된다.

우리도 그랬지만, 경제적으로 형편이 어려워 책을 사지 못하더라도, 자기가 읽고 싶은 책을 서점에서는 얼마든지 읽을 수 있다. 비록 지금은 가난하지만 꿈만큼은 누구보다 큰 미래의 부자들이 이곳에서 멋진 미래를 준비하고 있다. 가난을 탓하며 멋진 꿈을 포기할 수는 없는 일이다.

《해리포터(Harry Potter)》를 쓴 조앤 롤링(Joanne K.Rowling)을 생각해 보면, 그녀는 일자리도 없고, 아기도 혼자 키워야 하는 상황에서 정부 보조금에 의지하며 《해리포터》를 쓰기 시작했단다. 그리고 1997년부터 2006년까지 올린 매출액은 소설, 영화, 관련 캐릭터 판매액을 포함하여 약 308조 원에 이르렀다.

정말, 가난만 탓할 게 아니다. 그리고 탓한다고 해결될 문제도 아니다. 비록 경제적으로 여유롭지 않다 하여도 우리는 얼마든지 꿈을 꿀 수 있고, 이것이 때로는 행운을 가져다 줄 수도 있을 것이다. 우리의 삶을 더 즐겁게 해주는 것은 물질 말고 얼마든지 많다.

일상 속으로,
거리의 악사

다음 사진은 일본 교토[京都]에 갔을 때 찍었던 것이다. 봄날 밤의 정취도 좋고, 한적한 거리도 걷고 싶어 여기저기 서성이고 있는데, 육교 위와 아래에서 행인의 관심과는 상관없이 자신들

의 음악을 연주하는 거리의 악사를 보았다.

비록 많은 사람은 아니라도 함께 즐길 수 있을 때 더 많은 기쁨을 전파할 수 있을 것이다. 그리고 그러할 때, 우리는 좀 더 윤택하고 즐겁고 풍요롭고 멋진 삶을 누릴 수 있게 되지 않을까 생각한다. 문화는 우리가 향수하며 즐길 수 있는 것이면서, 우리 스스로 주체가 되어 개선하고 발전시킬 수도 있다.

일상 속으로, 꽃무늬

다음 사진은 중국의 어느 남자 화장실인데, 소변 보는 곳을 꽃 모양으로 장식했다. 꽃이 장식된 벽을 향해 용무를 본다. 그리고 위에서는 계속 물이 흘러내려 온다.

한국에서는 꽃 모양 디자인이 70년대와 80년대 가전제품에서 주류를 이루었다. 한마디로 당시 한국의 가전 시장은 '꽃밭'이었다. 그리고 이것은 한국만의 특징이기도 했다. 부엌에서 일하는 사람에게 마치 꽃밭에서 일하는 것 같은 느낌을 전달하고 가전제품의 전파에 대한 이질적인 느낌을 완화하며, 주부들의 가사 노동을 가족에게 사랑을 전하는 아름다운 행위로 승화시키면서, 부엌을 주부들의 안식처로 생각할 수 있도록 도와주는 디자인이었다. 그럼, 이러한 것을 서양 사람들은 어떻게 생각할까?

우리의 결혼식장에서도 꽃으로 화려하게 꾸민 꽃마차가 등장한다. 왜 동양 사람들은 꽃마차를 타고 가는 결혼을 특별히 좋아할까? 그것은 아마도 우리가 어려서부터 백마 탄 왕자님이 등장하는 동화를 읽음으로써 형성된 서양문화에 대한 동경의 결과일 것이다. 우리의 일상은 다양한 문화가 섞여 오늘의 우리를 이루고 있다. 그 코드를 읽을 때, 우리의 과거와 현재 그리고 미래를 발견할 수 있다.

문화 연구에 있어서도 서로의 다름만을 비교할 것이 아니라, 서로가 지향하는 것을 찾아 개발하고 발전시켜 보자. 예를 들면, 과거에는 청진동 해장국이 유명했다. 그러나 이제 어느 식당이나 해장국 맛은 비슷하다. 냉면도 마찬가지다. 과거엔 오장동의 함흥냉면이 유명했지만 체인점을 만들고 그 비법이 여기저기 공개되고, 또 많은 사람들이 맛에 대해 연구하면서 음식의 맛은 많이 일반화되었다. 이제 사람들은 오직 음식을 먹으러 식당에 가는 것이 아니라, 문화와 분위기를 함께 즐기러 식당에 간다. 사람들의 지향점이 달라졌다.

문화도 마찬가지다. 각국의 문화가 다르다 하여 그것에만 몰두하지 말고 각국의 특성을 알아, 먼저 그 지역에 맞는 코드로 개발 발전시켜 보자. 그것은 이미 우리가 너무나 같은 코드 속에 살고 있기 때문이다. 시간적으로 공간적으로 그리고 의식적으로도……

일상 속으로, 광고

다음 사진을 보면 알 수 있듯이 새 건물이 편리성과 실용성만 강조되어 광고판으로 변했다. 실용적인 측면에 미학적인 측면까지 고려되었다면, 당장의 실용성은 조금 떨어진다 해도 이처럼 파괴되지는 않았을 것이다. '저마다 자기만 살겠다는 광고판들이 조금씩 양보한다면 모두 죽지 않고 어울려 함께 빛났을 것이다.' 그래서 우리의 문화 연구는 일상문화 연구를 통해 사람들의 '마음의 습속'을 밝혀내고 우리가 살고 있는 '사회의 성격'을 밝혀야 한다.

그렇다면, 이러한 것을 보고 여기서 멈출 것이 아니라, 어떻게 개선하고, 어떻게 발전시켜야 할까에 대한 방안을 제시해야 할 것이다.

이처럼 우리의 일상 속에서 실천 가능한 것부터 하나하나 행하다 보면, 우리의 삶이 좀 더 풍요로워질 것이다. 그리고 그것이 바로 문화적 삶일 것이다.

앞으로의 문화 연구는 빠른 변화와 과학기술의 발달과 문화의 대중화에 발맞춰, 보다 적극적이고 능동적으로 일상을 기초로 한 광범위한 연구를 시도해야 할 것이다. 이제 문화는 특정한 고급스러운 창작 행위일 뿐만 아니라, 레이먼드 윌리엄즈(Raymond Williams)의 말처럼 '문화는 일상적'이기 때문이다.

그렇다면 이제 우리가 살고 있는 이 세계를 면밀히 살펴보자. 마페졸리처럼 '거창한 이데올로기적 주장들이 좌초'된 오늘날 사회학적 연구는 '평범한 삶의 필수적인 문제들'로 되돌아가야 한다고 말하지 않더라도, 혹은 경제적 향상에 의해 삶의 질적 문제가 제기되면서 일상세계가 중시되었다고 말하지 않더라도, 나와 우리가 숨 쉬며 살고 있는 지금, 여기, 우리의 모습을 주의 깊게 관찰해 보는 것은 내 존재에 대한 확인이자 의무다.

일상 속
문화적 생활의 실천

문화는 우리의 삶에 녹아들어 삶을 즐겁고 풍요롭게 한다. 혹자는 우리 한국 사회의 문화적 문법을 다음과 같이 규정하기도 했다. 현세적 물질주의, 감정우선주의, 가족주의, 연고주의, 권위주의, 갈등회피주의, 감상적 민족주의, 국가중심주의, 속도지상주의, 근거 없는 낙관주의, 수단 방법 중심주의, 이중 규범주의 등이다.[20] 그리고 그 뿌리는 유교와 무교(무속)에 있다고 보았다. 게다가 우리의 삶을 자세히 들여다보면, 우리 문화에는 '남을 의식하는 문화'가 곳곳에 스며 있음을 발견하게 된다. 그리고 이런 것은 우리 사회 곳곳에 허세의 문화를 탄생시켰다.

이제는 이데올로기도, 남의 시선도 벗어던지고, '나, 여기 그리고 지금'에서 문화적 생활을 시작해 보자. 문화를 고급스럽고 우아한 것이 아니라 우리의 삶에 자연스럽게 곁들어진 그 무엇으로 생각하자. 그리고 이렇게 삶에 곁들여진 문화가 우리의 삶을 변화시킬 수 있다고 믿고 실천해 보자.

길가에 우연히 핀 한 송이 꽃은 문화가 아니다. 그것은 단지 자연일 뿐이다. 그러나 그 꽃을 꺾어 좋아하는 사람에게 관심의 징표로 선

---

20) 《한국인의 문화적 문법》, 정수복, 생각의나무, 2007.

어둠을 밝히는 빛을 넘어,
그 이상의 의미로 빛이 다가오게
만드는 등(燈)

사한다면, 그 꽃은 의미를 머금은 상징이자 기호가 된다. 자연에 속한 꽃이 기호로 변한 그것은 바로 우리가 일상에서 쉽게 누릴 수 있는 문화다.

　결국, 문화는 일상생활 속에서 즐기고 느끼는 것이 되어야 한다. "나는 문화적이지 못해. 문화를 즐길 만한 시간도 없고 경제적 여유도 없다"고 말할 것이 아니라, 지금 당장이라도 창문을 열어 맑은 바람이 나의 삶에 가득하게 진정한 여유를 찾아 보자. 귀로는 음악을 들으면서, 두 눈으로는 저 광활한 우주를 바라보며, 자기의 생각을 정리해 보자. 낮에는 시시각각 변하는 계절의 변화를 살피며 사진이나 그림으로 담아 보거나, 혹은 여기에서 더 나가서 자기의 감상을 정리하고 표현할 글이나 시를 써 보자. 문화는 어렵고 멀리 있는 것이 아니라, 무미

건조했던 삶에 풍요로운 멋을 제공하면서 삶을 좀 더 활기차고 즐겁게 하는 것이라고 생각하자.

누구에게나 제한된 시간을 살아가는 우리, 내가 가진 것의 다소(多少)를 따지고 비교하고 탓하며 주어진 시간을 낭비할 것이 아니라, 우리에게 주어진 삶을 가꾸고 더하고 배워서 행하는 것으로서 우리의 삶을 좀 더 개선된 상태로 변화시키는 것이 지혜롭지 않을까? 바로 그런 것이 문화적 삶이다.

4. 문화와 환경

인간, 환경, 문화

"사자가 물에 빠지면 붕어 밥이 되고, 상어가 뭍에 올라오면 쥐에게 물어 뜯긴다." 제 아무리 뛰어난 능력을 가진 자도 어느 위치, 어느 환경에 있느냐에 따라 생사(生死)와 귀천(貴賤)이 뒤바뀐다는 말이다.

문화도 마찬가지다. 각 나라와 지역의 문화도 주어진 환경에 많은 영향을 받는다. 물론 환경결정론(環境決定論, environmental determinism)자의 주장을 모두 전하자는 것은 아니다. 그러나 개인이나 사회나, 자연이 부여한 조건에 의해 많은 것들이 결정되는 것을 너무 쉽게 발견할 수 있다.

심지어 어느 위대한 사상도 주위 환경의 영향을 피할 수 없다. 인도에서 명상문화가 발달한 것은 매우 더운 그곳의 날씨와 관련된다. 상상해 보라, 푹푹 찌는 더위 속에서 조용히 앉아 명상하는 모습을. 그래서 비교적 기후가 좋은 중국과 한국이 현세를 긍정하고 즐거워한

중국 광주(廣州)의 일기예보다.
습도가 100%다. 한국의 장마철 습도가
60에서 90 정도인데, 광주는 장마철도 아닌
2월에 습도 100%다. 기후 환경에 따라
다양한 문화가 발생할 수밖에 없다.

반면에 인도에서 탄생한 불교는 삶이 고통이라고 생각했을 지도 모른다. 그리고 인도에서 탄생한 요가를 건강에 좋다고, 몸이 뻣뻣해진 사람이 그것도 추운 겨울에 따라했다가는 본전도 못 찾기 십상이다.

현재의 입장에서 비판받는 과거의 제도와 관습도 환경의 영향을 받는다. 지금은 비판받지만, 한 남자가 여러 명의 아내를 두는 처첩제도는 조선시대까지 커다란 거부감 없이 유지되었다. 지금도 이슬람교도와 중국의 일부 소수민족은 일부다처제를 유지했거나 하고 있다. 과부와 고아를 돌보거나, 가족과 재산이 흩어지는 것을 방지하고 모두가 잘살 수 있다는 것이 그들의 주장이다. 기독교적 교리로 일부일처제를 유지하고 있는 우리 사회의 시각에서는 그저 타락한 행위로밖에 보이지 않는다. 상대가 처한 환경과 입장을 배제하고 생각한 자문화중심주의의 입장이다.

동양과 서양

동양의 문화도 서양의 문화도 자연 환경에 많은 영향을 받아 발전하였다. 서양문화의 뿌리인 그리스의 경우를 살펴보면, 그리스는 해안까지 연결되는 산, 그리고 그로 인한 마을과 마을 간의 격리로 인하여, 모든 사람이 정치에 참여하는 것보다 마을 대표만 참여하는 것이 국가 운영에 효과적이었다. 물론 경제활동도 농업보다는 목축과 무역이 적합하였다. 그러므로 자연스레 공동생활을 위한 안정적인 공동체에 대한 갈망이 상대적으로 작았다. 또한 그리스의 기후에 맞게 포도주나 올리브유 생산에 집중하였다.

반면 동양문화의 중심축에 있는 중국의 경우를 보면, 중국의 자연 환경은 농업에 적합하였다. 특히 논농사는 밀농사보다 노동력이 높다. 이러한 농업은 정착 생활 속에, 여러 사람이 힘을 합쳐 일해야 했다. 그래서 가족과 씨족을 중심으로 한 공동체가 형성되었고, 이를 공고히 하는 사회적 제도와 관습이 생겨났다.

중국의 이러한 상황은 가(家)의 확대가 국(國)으로 이어져 중앙집권적 권력구조와 사회 내부의 다양한 제약이 존재하게 만들었다. 물론 중국에서 농경은 그리스보다 훨씬 앞선 시기에 정착되었다. 이와는 대조적으로 그리스의 경우 자율권 행사와 개인의 독립, 민주주의적 문화가 수월하게 탄생할 수 있었다.

복잡한 사회구조와 관계 속에서 생활하는 중국인들은 '전체 맥락'을 보는 능력이 발달하게 되었다. 자연스레 관계를 중시하고, 조화와 중용을 주요 덕목으로 생각하게 되었다.

반면, 그리스인은 집단과 단체보다는 자기 자신을 중시하였기에 '사물 자체'에 주의를 기울이게 되었다. 그래서 사물의 속성과 사물과 사물 간의 공통된 규칙 등을 연구하려 하였다. 자연스레 자유로운 논쟁이 장려되고 논리학이 발전하게 되었다.[21]

이처럼 정신세계 역시 자연 환경의 영향을 많이 받음을 알 수 있다. 그래서인지 비슷한 환경에서는 비슷한 상황이 연출되는 경우가 많다.

연례행사, 먹거리

우리가 겨울철만 되면 연례행사처럼 벌이는 김장은 먹거리가 많지 않은 겨울을 준비하기 위한 생존 방법의 하나다. 여기서 만들어진 김장김치는 겨우내 밥상 위에서 우리의 생명을 연장해 주는 중요한 역할을 했다.

반면, 유럽에서도 우리와 비슷하게 겨울을 준비하기 위한 행사를 했는데, 그것이 바로 돼지고기 부산물을 염장하여 햄과 같은 음식으로 보관하는 일이다. 돼지를 잡는 이유는 겨울을 나는 동안, 사람이 먹기에도 부족한 음식을 돼지와 함께 나누어 먹는 것이 곤란했고, 이런 돼지를 잡아 오래 보관하는 음식을 만듦으로써 기나긴 겨울의 먹거리를 해결할 수 있었기 때문이다. 물론 소 같은 경우는 사람이 먹지 않는 마른 풀을 먹었기에 상관없었고, 농사에서도 중요한 동물이라 함부로 잡

---

21) 《생각의 지도》, 리처드 니스벳, 최인철 역, 김영사, 2005.

중국 위진(魏晉) 시기의 돼지 사육을
형상화한 유품

을 수도 없었다.

같은 돼지라도 지역과 상황
에 따라 그 대우가 달랐다. 유럽
에서는 앞서 언급한 대접을 받았
다면, 중국에서는 식탁에서 가장
중요한 육류로 대접받아 일년 내
내 중국인의 식탁에 올라왔다.

돼지 하면 중국이다. 3000년
이상 중국인의 입맛을 사로잡았던
돼지는 중국 문화 곳곳에 그 흔적

을 남기고 있다. 예를 들어 집을 뜻하는 '家(가)'라는 글자에도 돼지가
들어간다. 지금도 하루 15만 마리가 중국에서 명(命)을 달리하여 식탁
위에 오른다고 한다. 현재 중국에서는 4억 5,000만 마리의 돼지를 사
육하고 있는데, 이는 지구상에 있는 돼지의 절반에 해당한다.

반면 중동의 문화에서는 돼지고기를 먹지 않는다. 돼지가 더러운
동물이어서가 아니다. 환경 탓이다. 중동 지역엔 물이 절대 부족하다.
사람이 씻는 것은 고사하고, 먹고 마실 물도 부족하다. 이런 곳에서 물
을 많이 필요로 하는 습(濕)한 동물인 돼지를 키운 다는 것은 적절한
일이 아니다. 그래서 돼지를 금기시하게 되었다.[22] 마치 이솝우화에
나오는 〈여우와 신 포도〉 이야기처럼 되었다. 동일한 대상도 그것이
놓인 곳이 어디냐에 따라 평가와 가치가 달라진다.

---

22) 《암소, 돼지, 전쟁 그리고 마녀: 문화의 수수께끼(Cows, Pigs, Wars and Witches: The Riddles of
    Culture)》, 마빈 해리스(Marvin Harris), 한길사, 2000.

문화적 코드

내가 아무리 부인한다 하여도 우리는 하나의 거대한 문화적 코드 속에 살면서, 알게 모르게 그 문화의 영향을 받고 있다. 어떠한 판단이나 결정을 내릴 때도 이러한 문화의 영향을 받는다. 예를 들어, 중국 사람들을 놓고 보면, 동쪽 사람은 매운맛을, 서쪽 사람들은 신맛을, 남쪽 사람들은 단맛을, 북쪽 사람들은 짠맛을 즐긴다. 동쪽 사람이 서쪽 사람의 신맛을 이해하기 어려운 것은, 서쪽 사람이 동쪽 사람의 매운맛을 이해하기 어려운 것과 같다.

중국에서 공부할 때 중국 한의사에게 진찰을 받은 적이 있다. 그때 그 한의사는 "매운 것을 먹지 마세요. 한국 사람들은 김치를 자주 먹는데, 김치는 매우니, 먹지 마세요."라고 하였다. 중국인인 그에게 김치는 매운 것이지만, 어릴 적부터 길들어 온 나에게 김치는 매운 음식이 아니었다. 한의사와 나의 문화적 코드에 따라 길들여진 입맛과 체질이 달랐기 때문이다.

문화적 코드는 자연환경의 영향을 가장 많이 받는다. 반도국 사람들의 성격과 기본적인 문화에는 섬나라 사람들과 다른 점이 많다. 온대 지역의 사람은 열대 지역의 사람과 다른 성격과 문화를 갖는다. 이처럼 거주하며 생활하는 지역에 따라 그 환경에 영향을 받아, 정신과 체질까지 다르게 변한다. 인간은 환경의 동물임을 부인하기 어려운 대목이다.

시간과 공간으로부터의
영향

       문화적 코드의 차이는 지리적인 것뿐만 아니라 시대적인 것의 영향에서도 발견된다. 동시대를 사는 사람들은 다른 시대를 산 사람들과 다르고, 그것이 바로 세대차로 나타난다. 예를 들어 문자문화와 영상문화의 영향을 받고 자란 세대는 성향에 있어 현격한 차이를 보인다.

    세대에 따라 보는 관점이 다르듯이, 시간에 대한 것도 공간에 대한 것도 상대적으로 다르다. 과거 걸어 다니던 때와 비행기를 타고 다

〈문자문화와 영상문화의 대조〉[23)]

문자세대(문자문화)	영상세대(영상문화)
이성 중심	감성 중심
옳고 그름으로 판단	좋고 싫음의 선호로 판단
논리적 심사숙고	감각적 판단에 따른 행동
미래의 득실이 기준	당장의 호오(好惡)가 기준
동질의 가치관 지향	이질 지향 가치관
'나도 남들처럼 살고 싶다'	'남들과 다르게 살고 싶다'
자기 절제	자기 표현
남이 창조한 가치에 동조	스스로 가치 창조
남에 대해 의식함	지기 자신에게 충실하려는 자기 지향적
억제된 감성	해방된 감성
보고 듣고 구경하는 정적 문화	직접 참여하여 즐거움을 추구하는 동적 문화
소유에 대한 욕구	사용가치의 중시

---

23) 〈디지털 문화 환경과 서사의 새로운 양상〉, 최혜실, 《문학수첩》 2003년 2월호.

니는 지금, 우리 머릿속의 공간 개념에는 확연한 차이가 존재한다.

공간의 영향은 실로 크다. 현재의 서울 크기를 과거와 비교해 보면 많이 넓어졌다. 그런데 그냥 넓어진 것이 아니라 하나의 규칙이 있다. 즉 45분 규칙. 도심의 팽창은 변두리에서 도심까지 45분 이내로 이동할 수 있을 때 비로소 확장되었다. 일명 45분 규칙인데, 트래필은 중심에서 변두리까지 가는 데 한 시간 정도 걸릴 때까지만 도시가 커나간다는 것을 발견했단다. 사람들은 일하러 가거나 장보러 가는 데 45분 이상 걸리는 거리면 가지 않는 경향이 있다고 한다. 트래필은 바그다드에서 뉴욕에 이르기까지 모든 도시에서 발견되는 현상이라고 했다. 1800년대 런던의 반경은 5km로, 이는 당시 주요 이동수단인 걷기에 기인한다. 반경 5km 정도가 걸어서 45분 정도의 활동면에 들어가기 때문이다. 10배 이상 넓어진 오늘날의 도시는 주요 이동수단인 자동차로 45분 정도 걸린다. 서울도 예외는 아니다. 서울 외곽에서 도심까지 지하철로 45분 정도 걸린다.[24] 재미있는 것은 이동수단의 발달에 따라 공간이 축소되고, 공간의 축소는 이동수단의 발달로 변화될 수 있다. 서로 영향을 주고 받는다.

환경이 문화를
변화시킴

이러한 것은 우리의 작은 일상에서도 쉽게 발견된다. 예를 들어, 부엌문화의 경우가 그렇다. 과거 한옥의 부엌을 보면,

---

24) 한겨레 신문, 2006년 9월 15일자.

부엌은 생산하는 곳이고 사랑방은 소비하는 곳이어서 부엌에서 생산한 것을 사랑방에서 소비했다. 그런데 생산지와 소비지가 분리되어 있어, 생산지에서 얼마나 고생하며 만들었는지 (소비지의 남성들은) 몰랐다. 그리고 남정네들은 '뭐 갖다 주소'라는 명령조로 말만 하면 끝이었다.

그런데 부엌이 개방형으로 바뀐 오늘날, 집에 있는 사람들은 누구나 부엌에서 일하는 것을 직접 보고, 듣고, 냄새 맡을 수 있다. 그리고 부엌에서 이루어지는 노동이 매우 힘들다는 것을 실제 확인할 수 있게 되었다. 게다가 본인들도 불편하다(정말 아파트에서 살면 김장철이 괴롭다). 변화가 일어나게 되었다. '내가 도와주겠다. 그만 쉬라. 외식을 하자. 사다 먹자'는 식의 변화가 생긴 것이다. 그리고 이러한 것은 남성과 여성, 엄마와 아빠의 고유 영역을 해체하는 데 일조했다.

부엌 환경의 변화는 가정과 사회에 일부 영향을 미친다. 인간은 환경의 동물이기 때문이다. 스스로 변화가 이루어지지 않는다면, 주변 환경을 바꿔 볼 일이다. 환경은 그곳에 사는 사람들의 문화를 바꿔 놓는다. 그래서 그곳의 문화를 깊이 있게 이해하기 위해서는 그곳의 환경을 알아야 한다. 이것은 문화뿐만 아니라 동물과 식물에도 해당하고, 개인에게도 해당한다. 어느 곳에서, 어떤 환경 속에서, 어떤 코드 속에서 성장했느냐가 많은 것을 결정한다.

인간은 식물이 아니다.
최적의 환경을 찾아 이동하라!

마무리하며 한 가지 덧붙이고 싶은 말은 인간은 식물이 아니라는 것이다. 식물은 자기가 뿌리 내린 곳의 주어진 환경을 변화시키기 어렵다.

혹, 당신이 있는 곳에서 최선을 다했음에도 일이 잘 풀리지 않는다면, 나에게 적합한 환경을 찾아 떠나라. 언제까지 주변 탓만 할 것인가? 자신에게 주어진 시간을 갉아먹는 것은 이동의 자유가 있는 인간이 할 짓이 못된다.

물론, '이 세계'가 틀렸다고도 말하지 말자. 대신에 '다른 세계'가 가능하다고 생각해 보자. 어떤 면에서 우리를 꿈꾸게 하는 것은 역설적으로 부조리하고 불합리한 '이 세계'인지도 모르기 때문이다.

두 뼘도 안 되는 끈 하나로
사나운 개를 묶는 방법?

우리나라에서는 말뚝으로 공간을 제한해서 짐승들을 가둔다. 정착민족이기 때문이다. 몽고에서는 개의 앞발을 꺾어 풀어지지 않도록 묶는다. 이렇게 되면 잘 뛰지 못한다. 이렇게 속도를 제어하여 사나운 개를 움직이지 못하게 하였다. 늘 이동하는 민족의 특성이 들어가 있다. 우리는 주어진 공간을 숙명으로 생각하고 살아야 했다. 이동하는 유목민들은 정착행위를 경계하고 안락한 것들을 금지시켰다.

우리가 공간을 제한하여 개의 활동력을 구속했다면, 유목민은 뛰는 속도를 제한하여 개의 활동력을 약화시켰다. 경계는 파괴되고 고정된 정착의 근거지들은 안개 속으로 사라졌다. 자신의 칸막이에서 안주하며 살고자 하는 욕망은 이제 더 이상 허락되지 않는다.

– 《유목민 이야기》(김종래, 꿈엔들, 2005) 참고

5. 문화와 문명

현대와 문명

　　헨리 데이빗 소로우(Henny David Thoreau)는 "문명인
이란 보다 경험이 많고, 보다 현명해진 야만인일 따름이다"라고 했다.
그는 직접 문명 세계의 허상을 벗어던지고 자신의 삶을 찾으려 했다.
이러한 경험 속에서 완성한《월든》에서는 "1년 중 약 6주일만 일하고
필요한 생활비용을 벌 수 있다는 것을 알았다"고 말한다. 이러한 소로
우의 사상을 계승한 B.F. 스키너가 쓴《월든 투》는 하루 4시간의 노동
만으로 의식주를 해결하고 나머지 시간에 문화생활을 영위하는 것을
설파했다.

　　사실, 문명의 발달이 그리 좋은 것만은 아니다. 동전의 양면처럼
좋은 점과 나쁜 점이 다 있다.《판도라의 씨앗》이라는 책에서는 1만
2000~1만 1000년 전 지중해 연안 나투프 지역에서 정착하면서 시작
한 농경에서 '씨앗'은 거대한 문명의 전환을 이끈 판도라의 씨앗이었

다고 말한다.[25] 이후 인류는 식단에 변화가 생겨 비만과 충치가 늘고, 인구 밀도가 높아지고 동물의 가축화가 진행되면서 전염병도 증가했다고 주장한다. 인류 문명의 발달은 우리에게 편리와 여유를 주었지만, 끝없는 탐욕과 정신질환 따위의 질병을 주기도 했다.[26] 그래서일까? 지구상의 성인 몸무게를 합하면 2억 8,700만 톤이고, 이 가운데 350만 톤이 비만이란다.

혼용과 오용

　　　　　　위에서 본 것처럼 문화(Culture)와 문명(Civilization)이란 말은 우리 일상에서 자주 혼용된다. 문화와 문명에 대한 해석도 학자마다, 시기마다 달랐다. 예를 들어, 칼라일(Thomas Carlyle)은 문화를 정신적 가치의 발전이라 보았고, 문명을 외형적인 성취나 물질적·사회적 발전으로 구분했다.

또한 1880년에 태어나 1936년에 죽은 슈펭글러(Spengler)는 어떤 문화든 자기 특유의 문명을 지니고 있다고 말했다. 그러면서 그리스·로마에서는 기원전 4세기에, 서양에서는 19세기에 문화에서 문명으로의 이행이 진행되었다고 보았다. 그는 문명을 하나의 유기체로 생각해서, 발생·성장·노쇠·사멸의 과정을 거친다고 보았다. 이런 이론을 발전시켜 문명의 흥망에 관한 문화형태학을 주창했고, 이를 통해

---

25) 《판도라의 씨앗》, 스펜서 웰스, 을유문화사, 2012.

26) 인류 발전의 단계 속에 사망 원인도 다양하게 변했다. 처음에는 싸움이나 사고, 출산과 관련된 상해가 사망으로 이어졌지만, 정착 생활이 시작된 이후에는 전염병이 주원인이 되었다. 그리고 지금은 당뇨, 고혈압, 뇌졸중, 암 같은 비감염성 질환과 정신질환이 원인이 되고 있다. 현재 세계에서 4억 명 이상이 간질, 정신분열증, 우울증 같은 질병으로 신음하고 있다.

서양문명의 사멸을 주장했다. 그의 주장은 보수주의적 측면과 현대 문화의 양상에 대한 객관적 평가가 부족한 점이 단점이지만, 서구 문명 최초의 자기 반성이라는 점에서 어느 정도 의미 있다.

엘리아스(Norbert Elias)는 문명이란 단어도 영국과 프랑스에서는 자국의 중요성과 서구와 인류 전체에 대한 자부심을 담고 있고, 독일에서는 심오한 정신적 유산이 아니라 인간의 외면과 인간 존재의 피상적인 면만 의미한다고 지적했다.

과거 중화사상에서도 나타나지만, 제국주의가 판치던 시절 유럽 사람들은 자신들만이 문명인이라고 생각하고, 동양은 미개하고 열등한 민족이니 문명인인 자신들이 동양인을 지배하는 것이 당연하다고 생각했다. 바로 유럽 지식인들이 만든 상상의 동양과 날조된 지식에다가 서구중심주의 세계관과 문명관이 더하여져 만들어진 결과였다. 에드워드 사이드(Edward Wadie Said)는 이를 오리엔탈리즘(orientalism)이라고 지적했다. 그래서 "오리엔탈리즘 속에 나타나는 동양은 서양의 학문, 서양인의 의식, 나아가 근대에 와서 서양의 제국 지배영역 속에 동양을 집어넣는 일련의 총체적인 힘의 조합에 의해 틀이 잡힌 표상의 체계"라고 말했다.[27]

인종적 · 성적 악행의 대표적인 사건 가운데 하나가 호텐토트(유인원)의 비너스 사건이다. 200년 전, 남아공 케이프타운 인근에 사끼 바트만(Saartje Baartman)이라는 흑인 여성이 살고 있었다. 그녀는 백인 여성에 비해 엉덩이가 컸다. 그녀를 본 영국인 윌리엄(William Dunlop)은 큰 돈을 벌게 해주겠다며 그녀를 꼬드겨 유럽으로 데리고 갔다. 런던, 파리

---

27)《오리엔탈리즘》, 에드워드 사이드, 박홍규 역, 교보문고, 2007.

를 비롯한 유럽의 여러 도시에서 그녀의 엉덩이와 성기를 보여 주는 인종 전시가 열렸고, 그 전시는 선풍적인 인기를 끌었다. 사끼 바트만 이라는 이름은 백인식 이름인 사라 바트만(Sara Baartman)으로 바뀌었다.

5년 동안 이어진 전시와 사창가를 거쳐 1815년 1월 1일 새벽에 사라 바트만은 프랑스에서 죽었다. 그녀의 시신은 프랑스의 유명한 해부학자인 조르주 귀비에(Georges Cuvier)에게 양도되어 "인간이 멈추고 동물이 시작되는 지점"을 찾아내는 연구에 사용되었다. 이후 사라 바트만의 뇌와 성기는 병에 담긴 채로 186년 동안 프랑스의 인류학 박물관에 전시되었다. 그리고 2002년 5월, 남아공 정부는 프랑스 정부와 7년간의 협상 끝에 사라 바트만의 유해를 고국으로 가져와 고향 강가에 묻었다.[28]

우등민족과 열등민족으로 줄을 세운다. 과거 아메리카 인디언을 기독교로 개종시켰고, 로마 교황 3세의 교서를 통해 비로소 그들도 같은 인간임을 인정했다. 1845년 〈데모크라틱 리뷰〉의 주필인 오설리번은 그의 논설 '명백한 운명(Manifest Destiny)'에서 "전 인류에 신의 원칙들을 명백히 실현할 운명을 부여받은 우리는 신으로부터 남의 땅을 빼앗을 권리를 부여받았다"고 했고, 이후 이것은 인디언을 학살하고 침략하는 중요한 명분으로 활용되었다.

문화상대주의가 주장되기 전까지, 서구는 문명화된 사회고 다른 사회는 원시 야만 상태의 미개 사회라고 생각했다.[29] 이런 생각은 자기가 속한 문화를 기준으로 다른 문화를 판단하고 우열을 매기는 자

---

28) 《지식e 1》, EBS 지식채널e 제작팀, 북하우스, 2008.

29) 문화상대주의는 19~20세기의 민족주의에 대한 반등과 콩트, 타일러, 스펜서, 모건 같은 문화진화론자들의 연장선상에서 나왔다.

문화중심주의의 입장으로 우리가 경계해야 할 대상이다. 유럽인들의 기준은 지나치게 독단적이고 가치 평가적이었다. 유럽은 문화와 문명을 빌미로 전 세계를 지배하려 했다. 백인은 유색인종보다 우월하다는 이유로, 1880년대에는 55%, 1914년에는 85%가 식민지 신탁통치를 자행하였다. 국가를 침략했을 뿐만 아니라, 성적·인종적 침략까지 자행되었다. 바로 호텐토트의 비너스와 같은 일이 대표적이다. 이뿐만 아니라, 영국 신사는 탐욕에 자신의 모습을 숨긴 채, 중국에 아편을 팔아 이익을 챙기는 파렴치한 일도 서슴지 않았다. 문화와 문명의 이름으로 자행된 일들이다. 그런데 지금 우리는?

문화상대주의는 문화 비교 자체를 부정하는 초월적 가치도 아니며, 다른 문화에 대하여 도덕적 판단이나 가치 판단을 배제한다는 가치중립적이거나 윤리적 백치 상태도 아니다. 상대주의는 극단적 회의주의를 거쳐 불가지론에 빠지기 쉬운 문제가 있다. 그래서 인식론적 접근과 도덕적 접근으로 구분해서 봐야 한다. 인식론적으로 문화상대성을 인정하여 문화를 수용하면서, 도덕적으로 옳지 못한 것은 비판해야 한다. 문화에는 보편적 요소와 인간성이 담겨 있다는 가정을 부정해서는 안 된다.

문화와 문명 비교

문화나 문명은 사람에 따라 같은 개념으로 사용하기도 하고, 구별하여 사용하기도 한다. 그러나 여기서는 일반적인 구분으로 정리를 해보겠다. 문화와 문명 모두 자연 상태에서 벗어나 향상되어 간다는 측면에서는 동일하다. 그러나 자세히 살펴보면, 문화와 문명은 그 의미가 조금 다르다. 문화는 문명보다 상대적으로 오래 되었고, 문명은 문화 발전에 도달한 고급단계의 어떤 특별한 모습을 지니고 있다.

문명이란 단어가 라틴어에서 시민을 뜻하는 Civis에서 유래하였고, 문화는 경작, 재배, 양육 등을 의미하는 라틴어 cultura에서 유래하였다는 데서, 문명은 문화보다 상대적으로 기술적 측면이 강조되어 합리적이며 보편적인 성격을 띠고 있다고 생각할 수 있다.[30]

문화는 적극성의 측면에서 보면 인류가 창조하여 얻은 결과물 그 일체, 모든 것을 포함하고 있다. 하지만 문명은 인류가 창조한 진보적이고 적극적인 의미를 가진 성과, 의지라는 것들이 반영되어 있다. 다시 말해, 문화는 포괄적인 인간의 모든 활동과 그 성과 특히 그중에서도 정신적인 활동이나 그 소산을 말하고, 문명은 기술적·물질적인 측면을 중시하고 있다고 볼 수 있다.

인류사회 현상에서 문화를 보면 문화는 물질적인 것, 정신적인 것의 발전 상태를 이야기하고, 문명은 동물적 행동과 야만적 행동을 이지적 행동으로, 물질적·정신적 생활방식으로 사용했을 때 나타난다. 문화는 문명의 기초가 된다. 즉, 문화라는 토대 위에서 문명이 나올 수 있다는 것이다. 그래서 문명은 문화의 진보적 표현이자 문화의 적극적 행위이며, 문화보다 합리적이며 보편적인 성격을 지니고 있다. 즉, 인간의 보편적인 특성과 능력의 총체를 문화라고 하고, 인류의 문화 능력으로 만들어진 유산을 문명이라 말할 수 있다.

---

30) 봉건적 질서가 무너지고 새로운 시민 계급이 형성되는 18세기 후반 프랑스와 영국에서, 문명은 문명화된 이라는 의미에서 '예절 바른', '세련된'의 뜻으로 본격적으로 사용되기 시작하였다.

간단히 말하자면 문화는 기초가 되는 것이고, 거기에서 좀 더 발전된 적극적이고 진보적인 상태가 된 것이 문명이라 할 수 있다. 이를 정리해 보면 다음 표와 같다.

〈문화와 문명의 비교〉

구분	문화	문명
기원	오래됨	문화 발전이 도달한 고급단계의 모습
적극성	인류가 창조하여 얻은 결과물 그 일체를 모두 포함함	인류가 창조한 진보적이고 적극적인 의미를 가진 성과가 반영됨
관계	문명 존재의 기초	문화의 진보적 표현으로 문화의 적극적 행위이며, 문화보다 합리적이며 보편적인 성격을 지님

언어 습관에서의 비교

반면, 우리의 언어 습관 속에서 나타나는 문화와 문명의 차이에 대하여 국립국어원의 정리를 참고하면 다음과 같다. '문화'와 '문명'은 둘 다 인간이 자연 상태에서 벗어나 물질적·정신적으로 진보한 상태를 뜻한다. 이 두 단어를 사람에 따라서 같은 개념으로 쓰기도 하고 구별하여 쓰기도 한다. 그러나 대체로 '문화'는 종교·학문·예술·도덕 등 정신적인 움직임을 가리키고, '문명'은 보다 더 실용적인 생산·공업·기술 등 물질적인 방면의 움직임을 가리킨다. '기술 문명', '토론 문화' 등과 같은 예를 들 수 있다. 그래서 '문화'를 정신 문명, '문명'을 물질 문명으로 구분하기도 한다. 일반적으로 정신적·물질적 움직임이 복합적일 텐데, 어디에 더 중점을 두느냐에 따라 달리 표현하는 것으로 보인다. 예를 들어 '문명의 발상지', '황하 문명', '잉카 문명' 등은 농사, 토목 등 물질적인 움직임을 중시한 말이고, '한국 문화', '미국 문화' 등은 그 민족이나 국가의 도덕, 가치관, 종교 등 정신적인 움직임을 중시한 말로 생각된다. 요즘 흔히 '음주 문화', '자동차 문화' 등의 용어를 쓰는데, 이것 역시 음주와 운전에 관련된 예절, 풍속 등 정신적 측면을 고려한 말일 것이다. 이처럼 우리의 언어생활 속에서 문화는 종교 · 학문 · 예술과 같은 정신적인 움직임을 지칭하고, 문명은 생산 · 기술과 같은 실용적이고 물질적인 움직임을 지칭하는 것으로 사용되고 있다.

문화 다양성

과거 문화와 문명의 이름으로 자행되었던 문화 침략이 이제는 문화 간의 차이를 존중해야 한다는 입장으로 전환되고 있다. 예를 들어 유엔교육과학문화기구[UNESCO · 유네스코]는 2005년 10월 20일 154개 회원국 대표가 참석한 가운데 미국과 이스라엘의 반대표와 4개국의 기권표를 제외한 압도적 찬성표로 '문화 콘텐츠와 예술적 표현의 다양성 보호 협약(문화다양성협약)'을 채택했다. 이것은 문화 획일주의를 지양하고 다양한 약소 문화를 국제법 차원에서 보호할 수 있는 범세계적인 근거 장치가 처음 마련됐다는 데 역사적 의의가 있다.[31]

---

31) 유네스코는 '문화'를 "한 사회와 집단의 성격을 나타내는 정신적 · 물질적 · 지적 · 감성적 특성의 총체이며, 또 예술이나 문자의 형식뿐만 아니라 함께 사는 방법으로서의 생활양식, 인간의 기본권, 가치, 전통과 신앙 등을 포함하는 포괄적 개념"으로 보아 문화 다양성을 인류의 공동 유산으로서 개인적 · 집단적 풍요를 위한 자원인 동시에, 현재와 미래 세대를 위한 혜택으로 인식, 여러 구성원이 평화롭게 공존하고 상호 작용하기 위해 문화 다양성이 증진되어야 함

이처럼 차이를 존중하는 관점이 바로 인류학적 관점과 사회적 관점에서 말하는 문화일 것이다. 그래서 최근의 문화 연구에서 핵심적으로 사용하는 개념은 대체로 사회적 관점의 문화관이나 인류학적 관점에 근거한 개념이다. 왜냐하면 그것은 문화에 대한 편협된 시각을 피할 수 있기 때문이다.

을 강조하였다. 무엇보다, 현재 급속히 진행되고 있는 지구화의 과정이 문화 정체성의 표현과 창조성의 새로운 범위를 넓혀 나갈 수 있는 동시에, 약자의 문화를 소외 또는 약화시키고 자유로운 표현을 방해할 수 있다는 우려를 인식하여, 문화 다양성의 진흥이야말로 이러한 시점에 있어 반드시 필요하고 또한 강화되어야 한다는 점을 분명히 하고 있다(유네스코 문화 다양성 선언문 UNESCO Universal Declaration on Cultural Diversity).
〈http://www.unesco.or.kr/news/kdiv_declare.doc〉

6. 문화의 이동

자신의 문화만으로 오늘에 이른 국가는 없다

　　　　　　　중국은 국가 행사를 진행할 때, 한민족의 부채춤이나 장구춤을 선보인다. 양국의 문화를 잘 이해하지 못하고 있는 외국인이 보기에 장구춤과 부채춤은 중국의 전통문화로 보일 수밖에 없는 상황이 연출된다. 중국은 자신들이 조선족이라 칭하는 우리 동포의 문화를 자신들의 문화 속에 조금씩 융화시키고 있다.

　　중국 문화는 중국에서 태어나고 성장했다는 도교의 성장과 비슷하다. 도교는 태생부터가 한대 말엽의 중원 지역을 비롯하여 북방과 다양한 지역의 민간 종교와 민간 신앙을 받아들여 자신의 모태를 만들었고, 이를 기초로 유교와 불교 같은 다양한 사상 체계를 받아들이면서 오늘의 도교를 만들었다. 도교는 하나의 거대한 용광로 같은 모습으로 자신의 문화 속에 다양한 문화를 집어넣은 것이다.

　　정도의 차이는 있겠지만 이는 단지 도교와 중국에만 해당되는 것은 아니다. 어느 나라든 자신의 문화만으로 오늘에 이른 국가는 없다. 프랑스의 아름다운 루아르 강변의 성들도 프랑스인들의 솜씨가 아니라 이탈리아 건축가들의 문화적 마인드가 들어간 문화 작품이다. 이탈리아에서 일어난 르네상스도 다양한 문화가 융합되어 이루어진 것이다. 레비스트로스(Claude Levi Strauss)는 《종족과 역사(Race et Histoire)》에서 르네상스가 이탈리아에서 일어난 이유는 이탈리아만의 문화가 아니라 이탈리아가 가지고 있었던 지리적 위치(반도), 경제적 발전, 무역을 중심으로, 많은 나라의 문물이 들어올 수 있었다고 지적했다. 즉, 아프리카, 아시아, 유럽의 중심이 될 수 있었기에 멀리 떨어진 나라들로부터 단기간에 문화를 수집할 수 있었다는 것이다.

일상에서의 발견

우리 주변에 이러한 것들은 의외로 많다. 세계의 오지와 시골 깊숙이 침투한 코카콜라, 어린이들의 입을 하나로 묶어 버린 맥도날드, 그리고 KFC 등. 문화는 쉴 새 없이 흐르고 그곳의 문화를 만나 새로운 형태를 만들면서 변증법적 발전과정을 거친다.

특히, 맥도날드는 문화를 논하는 자리에 자주 언급되는 미국 문화의 상징이고 다국적 문화의 대표적 상품이자 패스트푸드의 대명사이다. 한동안 맥도날드의 이러한 문화는 어떠한 비판도 받지 않고 세계 곳곳을 누비고 다녔다. 아니 오히려 곳곳에서 숭배와 선망의 대상이 되었다. 그로 인해 세계 곳곳에 맥도날드로 대표되는 문화는 자연스럽게 자리 잡을 수 있었다. 하나의 문화는 자연스럽게 이동하고 변화·발전하지만, 때론 그 속에서 생각하지 못한 많은 문화를 파생시킨다.

　　위 사진은 중국의 어느 상점에서 찍었던 것이다. 우리나라에서 방영했던 〈궁〉이라는 MBC 드라마에 나오는 테디 베어(Teddy Bear) 옷을 입힌 주인공의 모습이다. 한국 문화가 중국에 가서 인기를 얻게 되자, 이국 땅 곳곳에 다양한 한국 대중문화의 씨앗이 뿌려졌다. 물론 중국 문화의 한국 전파가 더 광범위하고 다양하지만, 문화는 이처럼 이동을 통해 만든 사람과 즐기는 사람 모두 즐거워하고 기뻐할 수 있게 한다.

중국 북경의 명동이라고 할 수 있는 왕푸징[王府井] 거리에 한국어 간판이 있었다. '음향세계', 다른 지역을 가도 한국어로 된 간판을 찾을 수 있다.

중국 운남 곤명(昆明) 시내에
있는 한국어 간판의 상점,
'조류전선'

주체적 수용

　　　　　문화 창조는 외래문화를 주체적으로 수용하여
자신의 상황에 맞게 개발했을 때, 좀 더 수월하게 이루어진다. 예를 들
면 찐빵이 그렇다. 서양의 빵을 보면 다 건식(乾食)으로서, 쪄서 파는 습
식(濕食)이 없다. 빵이 오래되면 대부분 그냥 버려야 한다. 빵은 오래 보
관하기가 어렵다. 그런데 찐빵 같은 것은 냉동해 두었다가, 먹고 싶을
때 쪄서 먹으면 새것 같다. 안에 든 소도 그대로 제맛을 낸다.

　찐빵도 우리가 원조는 아니다. 그러나 찐빵이 가진 문제와 한계
를 보완하여 창조해 보자. 그래서 파리 시내에 찐빵 전문점을 만들어
수출해 보자. '파리바게뜨'가 아니라 '서울찐빵'이 빵의 본고장에 신선
함을 전해 줄 것이다. 빵을 쪄서 먹는다. 따끈따끈한 것을 바로 먹을
수 있다. 보관도 쉽고, 소화도 잘 되고, 맛도 좋고, 그리고……. 여러 가
지 장점을 이용해서 문화의 수용을 넘어 새로운 문화를 창조해 보자.

　자장면[炸醬麵]도 그렇다. 중국의 자장면은 장[醬, 춘장]을 뜨거운 불

에 볶아서[炸] 차가운 면(麵)에 얹어 먹는 것이다. 말 그대로 작장면(炸醬麵), 쨔장미엔이다. 그런데 그 자장면이 한국에 처음 건너왔을 때, 차갑고 짠 맛이 단점이었다. 그래서 캐러멜(caramel) 소스를 넣었다. 이로 인해 달콤해지고 따뜻해지니까 먹기가 좋아졌다. 이것이 중국으로 다시 넘어가 한국식 자장면이 되었다. 짬뽕은 일본에서 일본의 해물과 중국의 요리가 더해져 만들어졌는데, 이것이 한국으로 넘어오면서 고추기름이 더해졌다. 얼큰하면서 시원한 맛으로 재탄생한 것이다.

반면 그렇지 못한 것도 있다. 어딘지 어색하다. 갓 쓰고 양복 입은 것 같다.[32] 한국의 아파트는 온돌인데 실내화를 신는 것이 굳이 필요할까? 또 다른 경우를 생각해 보자. 서양 사람들은 식탁 위에 그냥 하얀 천만 깔고 먹었다. 그래서 우리도 모양을 차린다고 하얀 천을 깔고 먹었다. 그랬더니 우리의 습식(濕食) 문화 때문에 하루가 멀다 하고 식탁보를 세탁해야 했다. 김칫국물부터 밥풀까지 온갖 얼룩이 묻어났기 때문이다. 우리에게는 칠을 한 전통의 식탁이 있다. 행주로 닦아 주거나, 마당에 나가 물 한번 부어 주면 말끔히 씻겨 반짝반짝 빛나던 밥상. 서양은 건식(乾食) 문화이기 때문에 음식이 식탁에 떨어졌다 하더라도 툭툭 털어 주면 되었다. 이런 것을 그냥 받아들였다. 서시빈목(西施矉目)![33] 그래서 임시방편으로 식탁 위에 식탁보를 깔고 그 위에 다시 유리를 덮었다.

---

32) 정말 1934년 12월 11일자 조선일보에는 '갓 쓰고 양복 코트 입은' 광고 그림이 실려 있다. 일본의 양복점이 '조선용(朝鮮用)'으로 만든 오버코트를 광고하는 것이다.

33) 《장자》천운편에 나오는 말이다. 월(越)나라 미인 서시(西施)는 속병이 있어 항상 미간(眉間)을 찌푸리고 다녔다. 그런데 어느 추녀가 그대로 따라하였다. 그 후 마을 사람들은 그 모습이 너무 흉하여 모두 달아났다. 본질을 생각하면서, 나와 여기와 지금에서 주체적으로 수용해야 한다.

적극적이고 능동적인
수용과 전파

문화는 적극적이고 능동적인 수용과 전파가 있을 때야 비로소 건강하게 발전할 수 있다.

오랜 역사를 지닌 중국의 도교도 다양한 수용을 통해 그 생명을 유지할 수 있었다. 예를 들어, 동진(東晉) 시기의 도교는 갈홍(葛洪)의 주창으로 유교와 도교를 함께 수행[儒道雙修]할 것을 제안하여 유가의 인의도덕(仁義道德)을 적극 수용하였다. 즉, 신선이 되기 위해서는 충효(忠孝), 인신(仁信), 화순(和順)을 근본으로 하여 선을 쌓고 공을 세워 나가야 신선이 될 수 있다고 말하면서 자신들과 이질적인 유교를 자신들의 틀 속으로 받아들였다.

과거 우리는 일본 문화의 한국 진출에 대하여 강력하게 반대하곤 했다. 물론 말초신경을 자극하거나, 해악을 끼치는 것에 대해서는 개방의 수위를 조절해야 한다. 그러나 결국 대세라는 측면에서 보면 들어올 것은 들어오게 되고, 변할 것은 변하게 되어 있다. 오히려 능동적으로 해결하려는 자세가 필요하다.

1998년 10월에 우리 정부가 일본 문화를 단계적으로 개방하겠다고 발표하자, 곳곳에서 "일본의 문화 식민지가 될 것이다"라고 우려하며 반대의 표시를 하였다. 그리고 결국 2004년 1월 영화와 음반, 게임 시장을 모두 개방하게 되었다. 그런데 결과는 일부 시민단체가 우려했던 것과는 다르게 전개되었다. 2013년을 전후한 지금도 한국의 드라마와 K-POP을 위시한 한류(韓流)는 일본 문화에 대한 우려를 불식시켰다.

정책적인 측면에서 본다면, 개방을 한다는 정책은 일반인들로부터 호응도가 떨어지는 정책 가운데 하나다. 예를 들어, 개방을 추진할 경우 소비자는 이익을 보지만 그 이득이 분산되어 크지 않기에 조용히 있는 반면, 소수의 피해자들은 여론의 집중을 받으면서 개방의 피해를 과대하게 포장하기 때문이다.

어떤 면에서 자원이 적고, 무역을 중심으로 산업을 일으키고, 강대국들 속에 자리 잡고 있는 한국적 상황에서 '개방'은 매우 중요한 문제다. 그리고 어차피 개방을 해야 한다면, 오히려 능동적이고, 주체적이고, 적극적으로 준비하고 대처하는 것이 낫다.

어쨌든, 결과적으로 보면 적극적이고 능동적인 문화의 수용과 전파가 쇄국과 폐쇄보다는 문화 발전에 도움이 되었다. 문화는 살아 있는 생물처럼 이동하고, 수용되고 교환되면서 발전한다.

7. 문화의 변화

기술 · 가치 · 사회관계 · 언어 · 물질

　　　　　　문화는 인류의 뇌와 신경계통의 발달, 언어와 도구의 사용으로부터 시작해서, 몸짓 혹은 음성에 의한 학습과 유전 (流轉)에 의해 전달되면서 형성되어 왔다. 기술 · 가치 · 사회관계 · 언어 · 물질 등은 문화를 이루는 가장 기본적인 요소들로서, 문화를 성립시키고 변화시켰다. 예를 들어, 이전의 나무 틀보다 굵은 줄을 묶을 수 있는 금속 틀로 된 피아노가 새로 만들어지자 이전의 나무 틀에서 낼 수 없었던 소리를 낼 수 있었다. 그래서 베토벤의 29번 소나타가 탄생할 수 있었다. 기술의 변화가 가져다 준 결과다.

　　문화의 변화에 대해서는 다양한 이론이 제기되었다. 예를 들어, 세계 어디서나 동일한 과정을 거쳐 진화한다는 단선적 진화론(單線的 進化論)이 있는 반면, 각 문화 주체가 처한 조건과 상황에 따라 서로 다른 진화 과정을 겪는다는 다선적 진화론(多線的 進化論)도 있다. 또한 인류가

지닌 조건은 비슷하므로, 개별적인 조건에 따라 이질적인 문화가 생긴다는 독립기원설(獨立起源說)이 있고, 인류의 능력은 한정되므로, 특정 지역과 민족에게서 발생한 문화가 다른 곳의 민족에게 전파된다는 전파설(傳播說)이 있다.

위 사진은 몽고 초원에서 찍은 것이다. 이런 초원에 무슨 문화가 있을까 생각하기 쉽지만, 사방이 초원이어서 지평선이 끝없이 펼쳐진 이곳에도 문명과 문화의 손길이 미쳤다. 예를 들어, 게르(Ger: 몽골집)를 보면 몽고 민족의 문화를 볼 수 있다. 또한 13세기에 전 세계를 호령하던 칭기즈칸은 혈연을 무시한 능력 위주의 조직 운영, 전투마다 새로운 전술과 끊임없는 혁신, 뛰어난 기동력, 몽골 활과 같은 강력한 무기, 말과 일체가 되는 전투력, 전투 식량 조달 능력과 식량의 간소화 등으로 서양과 동양을 공포의 도가니로 몰아넣으며 다양한 문화를 전

파하고 변화시켰다.[34]

러시아의 표트르 대제는 턱수염을 기르던 귀족들의 관행을 없애려고, '턱수염세'를 부과해서 관행을 바꿨다. 영국의 윌리엄 3세는 소득세를 올리기 위해 궁여지책으로 창문이 6개가 넘는 부자들의 주택에 세금을 부과하는 '창문세'를 만들었다. 결국 창문이 없거나, 창문을 나무나 벽돌로 막는 새로운 건축 양식이 탄생했다.

문화는 변하기 어려운 성질을 가지면서도 다양한 요인에 의해 변한다. 일반적으로 물질문화가 비물질문화보다 먼저 변하고, 비물질문화 중에서도 제도의 변천이 비교적 빠르고, 그 다음으로 풍속, 습관이 변하고, 마지막으로 가치 관념이 변한다. 그런데 대부분의 사람들은 이러한 변화를 일으키는 동인(動因)을 가치체계나 기술 등에서 찾는다.

시대적 가치관의 변화는 상이한 평가를 내놓았다. 예를 들어, 1992년에 마광수 교수가 《즐거운 사라》를 출간했다. 당시로서는 충격적일 만큼 선정적인 내용이었다. 결국 책은 음란물로 평가되어 금서(禁書)가 되고, 마 교수는 징역 8개월 형(집행유예 2년)을 선고받았다. 그런데 요즘은 그 정도의 내용은 그렇게까지 충격적으로 다가오지 않는다.

무라카미 하루키(村上春樹)의 글들이 오히려 더 노골적이고, 인터넷

---

34) 《유목민 이야기》, 김종래, 꿈엔들, 2008, 337-344쪽. "21세기적인 현상들의 모태를 칭기즈칸 제국은 가지고 있었다.", 칭기즈칸의 능력과 몽고민족의 문화적 특징을 파악하여, 오늘 디지털 시대에 접목했다. 책에서는 유목 문명의 현재성을 역참제, 속도 숭배와 물품의 휴대화, 레고 문명의 발상지로 파악하였다. ① 역참제: 말을 타고 다니면서 계속 전달하는 것. 지금의 통신망 같았다. 역에서 역으로 이어지는 릴레이 전달방식으로 반중앙 집중적 정보전달 체계를 유지할 수 있었다. 속도와 경로를 통해 이동 표적을 향해 타격되는 자동 추적 위성 같은 역할을 했다. 역참제와 인터넷의 다른 점은 역참제는 말이 달리는 것, 인터넷은 전기가 달리는 것 아닐까? ② 속도 숭배와 물품의 휴대화: 말이 가져오는 속도의 경쟁력. 이들에게 속도는 아주 중요한 것이었다. ③ 레고 문명의 발상지: 레고식 조직을 만들어 끊임없이 군사를 동원할 수 있었다.

을 검색하며 만나게 되는 광고나 사진의 수위가 더 심각한 수준이다. 60년대 쓰였던 정비석의 《자유부인》도 그런 과정 속에 있었다고 할 수 있다. 시대를 앞서가는 정신이 겪게 되는 갈등은 지난 역사 속에서 많이 볼 수 있다.

그런데 어떤 수용은 기존의 문화와 어울려 새로운 것을 창조하기도 하고, 어떤 것은 못하기도 한다. 문화의 이동이 빈번해지는 오늘날, 올바른 수용이 더욱 중요하다.

기술도 문화 변화의 중요한 동인이다. 휴대전화기가 처음 나왔을 때 지하철에서 이런 안내방송 소리가 들렸다. "지하철 내에서는 휴대전화기 사용을 가급적 삼가 주시기 바랍니다." 그런데 휴대전화기가 대중화된 지금은 사용을 자제하라기보다는, 다른 사람을 생각해서 작은 소리로 통화하고 통화는 가급적 짧게 하라는 식으로 바뀌었다. 이렇듯 가치 체계도 기술의 변화에 따라 바뀌게 된다.[35] 물론 기술의 발전은 경제 성장과 경기 변동에도 결정적 역할을 한다. 그리고 이러한 경제의 변화는 문화에 커다란 영향을 미친다.

기술의 변화가 빠르다 보니 비물질문화가 물질문화의 발전 속도

---

35) 2004년 노벨 경제학상을 수상한 에드워드 프레스콧(Edward Christian Prescoot) 애리조나 주립대 교수는 그는 실물경기 변동이론 및 동태적 거시경제학 개념을 창시했다. 그는 특히, 근시적인 경제정책보다 원칙적이고 일관된 경제정책이 보다 효과적이라고 밝혔다. 문화나 규범도 이와 같다. 일관된 정책이 중요하다. 그리고 한번 정해진 것은 다시금 수정하기 어렵다. 탄력이 붙어 요구한 방향으로 달려 나가는 물체에게 다시 방향을 수정하려면 더 많은 힘이 요구되는 것처럼, 문화나 사회 규범도 더 많은 수고가 필요하다. 예를 들어, 과학기술의 발전과 다양하고 복잡한 원인 등으로 빠르게 변하는 우리의 생활환경 속에서 핸드폰의 사용, 에스컬레이터 타기 등과 관련된 생활 규범도 자주 변했다. 에스컬레이터를 타는 것도 처음에는 한쪽 줄에 서서 타고, 다른 줄로는 이동하기를 권장했다. 그런데, 한쪽 줄의 과부하로 잦은 고장이 생기고, 에스컬레이터에서 이동하다 보니 사고가 많이 발생했다. 그래서 다시 두 줄로 서서 타는 것을 권장했다. 그러나 사람들은 전보다 더 큰 혼란에 빠졌다.

를 쫓아가지 못해서 사회의 혼란이 야기되기도 한다. 이런 현상은 앞으로 더욱 심화될 것이다. 먼 훗날 지금을 되돌아보면, 오히려 지금이 느긋하고 여유로웠다고 생각할 것이다. 어느 조사에 따르면 2020년에 지식의 양이 두 배로 증가하는데 73일 정도 걸릴 것이라 한다. 이런 식으로 기술이 발전하면 변할 것들이 매우 많다. 기술이 많이 발전하는 반면에 놓치게 될 것들도 많아질 것이다. 마치 KTX의 빠른 속도에 기차여행의 차창 밖 풍경을 놓치게 된 것처럼.

발명 · 발견 · 전파

문화 변동은 한 문화 내부에서, 혹은 한 문화와 다른 문화 사이에서 일어난다. 문화 변동을 일으키는 원인을 크게 나누어 보면, 발명 · 발견 · 전파가 있다. 특히, 인류는 발명과 발견을 통해 발전해 왔다. 어떤 발명도 한 개인의 천재성에 의해서 탄생하지 않았다. 하나의 발명이나 발견은 전파를 통해 그 가치가 배가된 경우가 많았다.

발명에는 이전에 전혀 없던 것을 만들어 내는 1차적 발명과, 이미 있던 문화 요소나 원리를 응용하여 새로운 것을 만드는 2차적 발명이 있고, 그 외로 눈으로 볼 수 없는 신화나 이데올로기 같은 것을 만드는 관념적 발명과 눈에 보이는 것을 만드는 물질적 발명이 있다.

반면 발견(discover)이란 세상에 아직 알려지지 않은 것을 새롭게 찾아내거나 알아내는 것이다. 즉, 덮여 있어(cover) 세상의 어느 누구도 모르고 있던 사실을 덮개를 치움(dis-cover)으로써 알게 되는 것이다.

끝으로 문화의 변동을 일으키는 전파는 한 사회에서 문화 요소들이 다른 사회로 전해져서 그곳의 문화로 정착되는 것을 말한다. 여기에는 직접적인 접촉에 의한 직접전파와 중간 매개체를 통하여 이루어지는 간접전파 그리고 다른 사회의 문화 요소로부터 자극을 받아 생기는 자극전파의 세 가지 유형이 있다. 이 가운데 간접전파는 텔레비전이나 영화 같은 것을 통해 전파되는 것을 말하고, 자극전파는 전파의 요소에 발명의 요소가 더해진 것을 말한다. 즉, 문화의 구체적 내용이 아니라 일반적 개념만 전파되어 발명을 자극하는 것이다. 이와 같은 문화 전파는 문화 변동의 촉매 역할을 한다.

8. 기타

문화와 철학

문화가 철학의 대상이 된 지는 그리 오래되지 않았다. 문화란 개념이 그리 오래된 개념이 아닌 것도 그 원인 가운데 하나일 것이다. 문화를 연구하는 문화학은 학문 내에서 '사실'로 구성된 대상들의 '문화의 의미'를 묻고 있다. 즉, 문화학은 자연과학의 소도구 · 장치 · 공간 · 실천적 방식 등이, 예를 들어 실험의 방식 같은 것이 문화 전체에 어떻게 통합되었는가, 이러한 것들이 문화 전체에서 어떤 기능을 담당하는가 등을 문제 삼는 관점에서 연구한다.[36]

과거 철학은 문화가 내포하고 있는 실제적인 현실 생활에 그리 많은 관심을 갖지 않았다. 철학에서 논의되던 관념적인 주제는 현실과 동떨어져 그들만의 잔치가 되었다. 이에 철학을 포함한 제반 인문학을 변화시키려는 노력이 진행되었고, 그 가운데 하나로서 문화학과의 만

---

36) 《문화학이란 무엇인가》, 하르트무트 뵈메 외, 성균관대학교 출판부, 2004, 161쪽.

남이 이루어졌다. 최근에는 문화철학이라는 말이 있을 정도로 철학이 문화에 밀접하게 다가서 있다.

문화철학이란 용어는 20세기 초에 처음 사용되었다. 문화철학이란 합성어에서 암시하는 것처럼 이것은 철학의 특정한 분과를 지칭하는 용어가 아니다. 문화철학은 전문적인 개별 학문 분과들과 연관되어 있다. 문화철학은 아직 남아 있는 종래의 문화를 이해하고, 변화된 조건 속에서 다시 재생할 수 있는지에 대한 가능성을 논의하는 여러 시도들을 총칭하는 개념이다. 이러한 시도들은 두 가지 경향으로 나타났다. 하나는 니체, 딜타이, 베르그송을 계승하면서 인식이 아니라 체험에 가치를 두는 경향이고, 다른 하나는 자연과학적 객관성의 가치를 제한하면서 문화적 현상의 가치를 규정하는 현상학적 및 신칸트주의적 단초이다.[37]

간단히 말하자면 문화철학이란 다양한 문화 현상들 사이에서 나타나는 공통적 요소를 찾아내어 문화의 기원을 밝히고, 나아가 문화 전개의 논리를 제시하는 데 역점을 두고 있다. 이를 통해서 궁극적으로 문화 형성의 주체인 '인간에 대한 해명'을 시도하는 것이 문화철학의 목표라 하겠다. 이러한 목표를 달성하기 위해 문화철학은 기존의 철학에서 주로 활용되던 '이성비판'이라는 방식을 '문화비판'이라는 새로운 방식으로 대체한다.[38] 현재까지의 문화철학은 대체로 다음과 같은 유형들로 존재해 왔다.[39]

---

37) 《문화학이란 무엇인가》, 하르트무트 뵈메 외, 성균관대학교 출판부, 2004, 83-85쪽.

38) 《철학으로 보는 문화》, 신응철, 살림, 2004, 10-11쪽.

39) 《문화이론과 문화읽기》, 원승룡 · 김종헌, 서광사, 2002, 107-108쪽.

① 문화를 인간학적 관점, 즉 인간의 본성에 대한 철학적 관점으로부터 파악하는 유형
② 문화를 역사적 발생과 변형의 운동 과정에서 조망하는 유형
③ 문화에 대한 합리적 연구 방법론을 통해 인문학으로서의 문화과학을 정초하는 유형
④ 문화를 사회의 구조, 이념, 가치관 등의 관점에서 비판적으로 파악하는 유형

문화에 대한 합리적 연구 방법론을 통해, 문화를 사회의 구조, 이념, 가치관 등의 관점에서 비판적으로 파악하면서, 인간 자신의 문제를 해결하는 또 하나의 것으로 생각해 보아야 할 것이다. 공허한 철학에 문화 연구가 생기를 불어넣어 주었다면, 철학은 문화 연구에 인간의 삶을 보다 구체적이고 심층적으로 접근할 방법을 제공했다. 그래서 인간이 만든 사회 속의 문화 연구에서 인간은 사회적인 동물이면서, 동시에 실존적인 가치를 추구하는 동물로 자리매김할 수 있다.

문화를 바라보는 관점

20세기 이후 발전되어 온 문화에 대한 시각은 크게 세 가지로 구분된다. 즉, 고급문화적 관점, 인류학적 관점, 사회학적 관점이다. 그런데 인류학적 관점과 사회학적 관점은 비슷한 점이 많다.

고급문화적 관점은 다른 관점에 비하여 역사가 오래되었다. 예를 들어, 클래식 음악이나 발레 같은 것만이 문화라고 보는 관점이다. 고

급문화적 관점은 유럽에서 일어난 산업혁명의 영향을 받았다. 유럽에서는 산업혁명을 통해 부가 축적되면서, 자연스레 시민 사회가 형성되었다. 시민 사회가 형성되면서 시민들은 자신들이 누릴 문화를 하나씩 만들어 나갔다. 그리고 그들의 자손들을 교육하기 위한 문화도 역시 만들었다. 이렇게 차츰차츰 그들의 문화를 만들어 가는데, 이것은 그 전에 있었던 귀족 계급(지주 계급)의 반감을 사게 되었다. 이에 위협을 느낀 귀족 계급은 대중문화가 결국은 전통문화를 쇠퇴시켜 문화적 퇴보를 가져올 것이라 비판했다. 이들은 시민들이 누리는 문화를 (너희들은 대중문화 같은 싸구려, 저급문화를 누리고 있어. 우리의 고급문화와는 차원이 다르다는 식으로) 비판했다. 이런 관점에서 발달한 것이 바로 고급문화적 관점이다. 이는 정치적 비판 작업의 일환이기도 했다. 고급문화적 관점은 매우 편협한 문화관으로서, 고전음악이나 문학, 연극, 발레, 회화 등 소위 순수 '예술'이라 부를 수 있는 문화적 작업만이 진실한 문화 영역에 포함될 수 있다고 강조한다. 영국의 문화 비평가인 매튜 아널드(Matthw

Arnold)의 관점이 대표적이다. 이후 '문명(civilization)'을 '문화(culture)'와 등치시키는 소위 '문화와 문명(The culture and civilization tradition)'이라고 불렸다. 그리고 이런 것을 극복한 것이 인류학적 관점의 문화관이다.

인류학적 관점의 문화관이 가진 특징은 문화란 모든 계층의 사람들에 의해서 자발적으로 생산되는 것이고, 순수하고 진솔하며 상업화되지 않은 것이라는 입장이다. 당연히 고급문화적 관점의 문화관을 극복하려고 나온 문화관이다. 여기에는 각 민족이나 국가의 의상, 음악, 건축양식, 결혼식 등과 같은 다양한 풍습 등이 해당된다.

앞의 것들이 특정한 문화적 '산물'이나 '행위'만을 문화로 보려고 한 반면에, 사회학적 관점의 문화관은 모든 사람들의 문화적 행위가 항상 '사회'라는 전체적인 맥락에서 무엇인가를 '표현'한다고 주장한다. 간단하게 생각해서 인류학적 관점의 문화관보다 '사회'를 강조했다고 생각하면 쉽게 이해될 수 있다.

문화 · 기호 · 언어

문화는 단순히 어떤 특정한 사물이나 대상만을 가리키는 것이 아니라, 일상적인 사회 현실 속에서 다양한 사회 계층들 사이의 갈등이 표현되는 상호 작용이며, 따라서 모든 사회 집단들이 적극적으로 행사하는 끊임없는 커뮤니케이션 과정이다.

한편, 이러한 문화적 과정이 가능한 것은 문화의 중심에 '언어'가 있기 때문이며, 더 나아가 여기에는 의상, 음악, 춤, 영상 이미지, 몸짓 등 '기호'라고 일컬을 수 있는 것들이 포함된다.[40]

---

40) 움베르토 에코(Umberto Eco)에 의하면, 이미 확보된 사회적인 관습에 의존하여 그 자체와는

기호들은 문화 또는 사회 집단의 일원들이 합의한 규칙들이 지배하는 코드들로 조직된다.

기표　기호가 취하는 물질적 형식

기의　기호가 가리키는 추상적 개념

그러므로 이러한 코드를 이해하는 자들이 읽을 수 있는 코드화된 의미와 메시지를 전달한다. 그리고 코드와 기호로 이루어진 의미 체계는 코드와 기호화된 의미로 읽힐 수 있는 텍스트이다. 결국 문화는 기호를 사용하는 모든 의미 창출 방식과 관계된다. 기호란 자기가 아니라 다른 것을 대신하거나 지칭하거나 표상하는 어떤 것으로 이해될 수 있다.[41]

기호학은 '기호가 어떻게 구성되었으며 어떠한 법칙에 의해 통제 받는가'를 가르쳐 준다. 기호학은 모든 의미 체계를 통괄하는 구조주의적 언어 모델을 적용시키고 '과학적'이고 정확한 분석 방법을 제공

다른 무엇인가를 나타내는 모든 것이 기호가 될 수 있다고 했다(U. Eco, *A Thery of Semiotics*, Bloomington: Indiana University Press, 1976, p. 16). 다시 말하자면 기호는 어떤 물리적인 형태(문자, 소리, 그림, 영상 등)로 존재하며 그 자체와는 다른 무엇인가를 가리키고, 또한 그것이 기호이기 위해서는 그것을 사용하는 다른 무엇인가를 가리키고, 또한 그것이 기호이기 위해서는 그것을 사용하는 사람들에 의해서 기호로서 인식되어야 한다(T. O'Sullivan et al., *Key Concepts in Communication*, London: Methuen, 1983, p. 210).

41) 하나의 기호는 두 개의 요소로 나뉘어 분석된다. 기표(signifier)는 글로 쓰인 단어('장미'), 대상(장미의 줄기와 꽃), 트레이드마크, 사진 이미지, 향내, 색깔 등과 같이, 기호가 취하는 물질적 형식이다. 기의(signified)는 기표가 가리키는 추상적 개념이다. 그래서 장미나 장미의 이미지가 기호로 주어졌을 때 사랑이라는 개념을 '사랑'이라는 단어 그 차체보다 더 적절하게 나타낼 수 있다. 기호학에서는 이와 같이 하나의 기호는 기표와 기의라는 두 가지 구성요소로 분석된다.《문화이론사전》, 앤드류 에드거, 피터 세즈윅, 한나래, 2003, 90-91쪽.

하는 메커니즘이라고 할 수 있다.[42]

언어는 사고의 소통을 위한 운송 수단으로 간주된다. 따라서 언어를 정의함에 있어 의미와 그것의 전달이라는 요소가 필수적인 것이 된다. 그러나 언어는 단순히 의미만을 전달하지 않는다. 언어는 의미를 만들고 이어나간다. 우리는 언어가 사물을 명명한다고 생각한다. 즉, 물질세계에 존재하는 대상에 대해 이름을 부여하고 다른 사람들과의 의사소통을 통해 그 단어를 사용한다고 여긴다.

그러나 스위스의 언어학자인 페르디낭 소쉬르(Ferdinand de Saussure)는 이와 다르게 생각했다. 그는 언어가 문화적 현상으로서 특별한 방법으로 의미를 생성한다고 생각했다. 언어는 관계의 체계에 의해서, 그리고 유사와 차이의 조직망을 만들어 냄으로써 의미를 만든다고 생각했다. 그래서 '언어'를 인간의 '말'과 혼동해서는 안 된다.

인간의 말은 필수적인 것이지만 단지 언어의 일부일 따름이다. 말로부터 언어를 분리시키는 데 있어서 우리는 동시에 개인적인 것으로부터 사회적인 것을, 부수적이고 다소는 우연적인 것으로부터 본질적인 것을 분리시키고 있다.[43] 언어란 단순히 이름을 붙이는 것에 그치는 것이 아니라 애초에 '어떤 물체'를 구성하는 것이 무엇인지를 판단하는 일종의 체제라 여겼다.

언어는 이미 조직되고 정리된 현실(reality)에 대해 이름을 부여하는 것만이 아니다. 언어의 역할과 기능은 그보다 훨씬 복잡하고 강력하다. 언어는 현실을 조직하고 구성함으로써 우리가 그 현실에 접근할

---

42) 《문화연구입문》, 그래엄 터너, 김연종 역, 한나래, 2004, 29쪽.

43) 《문화와 사회: 현대적 논쟁의 조명》, 알렉산더 & 사이드만 편, 사회문화연구소, 1995, 79-80쪽.

수 있는 유일한 통로를 제공한다고 여겨졌다. 이처럼 언어가 결정적인 기능을 수행하는 핵심적인 메커니즘은 랑그(langue)와 파롤(parole)이라는 개념으로 설명된다.

랑그는 언어 체계 내에서의 모든 가능성, 즉 생각되고 말해지는 모든 것을 뜻하며, 파롤이란 랑그로부터 선택되어 구성된 개별적인 발화를 의미한다. 랑그는 거대한 체계임에도 불구하고 한 개인이 바꿀 수 없는 특수한 관계들을 설정하는 결정적이고도 제한적인 체계이다. 소쉬르의 가장 큰 공헌은 언어와 문화를 직접적으로 관계 지었다는 것이다.

프랑스의 기호학자 롤랑 바르트(Roland Bathes)는 《신화론(Mythologies)》에서 현대 서구 사회의 영화, 스포츠, 식습관 등에 나타나는 기호와 관습을 분석하는 데 소쉬르의 모델을 적용했다. 그는 우리가 옷을 입는 방식이나 먹는 것, 사회화되는 방식 또한 우리 자신에 대한 것을 알려 준다고 여겼다. 그래서 기호로 연구될 수 있다는 것이다.[44] 이들은 '문화 그 자체가 의미화(signifying) 작업이고 그로부터 생산되는 것이 의미'라는 관점을 견지했다.[45]

지금 한자문화권은 과거보다 더 빠른 속도로 교류를 하고 있다.

---

44) 바르트의 《신화론》에서 신화가 의미하는 것은 고전적 의미의 신화를 포함하여, 현대에 나타나는 여러 현상이나 사건의 의미 등을 포괄한다. 그는 신화연구를 통해, 우리가 '자명한 것', '자연적인 것'이라고 주장하는 것에 내재된 이데올로기적 남용을 파헤치려 했다. 우리 사회는 끊임없이 신화를 만들면서 유지되는지 모른다. 한강의 기적, 대우의 신화, 현대의 신화, 삼성의 신화를 외치며 자본주의 규범을 공고히 한다(《기호에서 텍스트로: 언어학과 문학 기호학의 만남》, 서정철, 민음사, 1999, 364쪽). 이처럼 신화는 고대에만 존재하는 것이 아니다. 신화로 부각될 자료는 인간 사회와 문화에 잠재되어 있다. 그래서 집단을 이루고 사는 인간에게 불가사의한 것이 있는 한 계속 창조될 것이다.

45) 《문화연구입문》, 그래엄 터너, 김연종 역, 한나래, 2004, 24-29쪽.

그 가운데 과연 한국인들의 의식을 표현하는 한국어는 어떠한가? 그리고 한국어가 온전한 것은 한국과 어떤 관계를 맺고 있을까? 만약 삼일 독립선언문의 "吾等(오등)은 玆(자)에 我(아) 朝鮮(조선)의 獨立國(독립국)임과……"라는 어려운 한자 대신 좀 더 쉽고 쓰기 쉬운 한글을 사용했다면, 삼일운동의 양상은 또 달랐을 것이다. 이처럼 문화는 언어의 변화에서 발견된다.

문화산업

19세기 영국의 미술 평론가이자 경제학 평론가인 존 러스킨(John ruskin)은 부(富)를 물건이 가진 고유의 가치 및 그것을 활용할 수 있는 사람의 능력으로 이루어진 것이라고 생각했다. 우리 사회는 지금 극심한 경제지상주의의 사고방식에 빠져 있다. 이럴 때 경제학은 이미 인간을 위한 학문이 아니다. 우리 사회가 이러한 물질주의(materialisam)로만 움직일 때는 끔찍한 일이 발생하게 된다. 좌시하고 있을 수만은 없지만, 그렇다고 경제를 무시할 수도 없다.[46]

경제는 문화와 사회의 영역으로부터 멀리 떨어져 자율적으로 존재하는 것이 아니라, 문화와 사회의 영역 속에서 긴밀하게 서로 관계를 맺고 있다. 사람으로 비유하여 '정신'이 곧 문화라면 경제는 몸통인지 모른다. 사람의 머리통이 몸통과 한 방향으로 붙어 있듯이 문화와 경제는 같은 방향으로 함께 간다. 이처럼 문화와 경제라는 분야를 따

---

46) 기성 제도와 통념을 부정하고 자연으로의 회귀를 주장하는 탈사회적 행동을 하는 히피 문화도 결국 경제적 풍요에서 시작된 대안 라이프스타일로 볼 수 있다. 가난한 나라에서는 생길 수 없다는 것이다.

로 설명하지 않을 수 없을 정도로, 둘의 관계는 매우 밀접하다. 이것을 극명하게 표현하는 것이 '문화산업'이란 단어다.

'문화산업'이란 개념이 학문적 의미로 사용된 것은 그리 오래되지 않았다. 알려진 바에 따르면 1947년 암스테르담에서 출간된《계몽의 변증법》을 쓴 호르크하이머(Max Horkheimer)와 아도르노(Theodor Adorno)에서 시작되었다고 한다. 이들은 문화가 산업화되어 자연적인 것이 소멸되고 문화적인 것이 붕괴되었다고 비판하였다. 그러나 아도르노의 경우 문화 자체를 비판하는 것이 아니다. 바로 자본주의 문화를 비판하는 것이다.

1970년대에 들어서면서 영·미권을 중심으로 문화산업이라는 말이 조금씩 사용되기 시작했다. 그러나 당시 문화산업이란 말은 자본주의를 비판하는 뜻을 내포하고 있었다. 이것이 지금의 이미지로 사용된 것은 80년대 이후부터다.[47] 어떤 면에서 스타벅스의 경우 우리가 이전까지 식품산업으로 여겼던 커피를 문화산업으로 변화시켰다. 지금은 문화를 이용한 산업을 그 어느 것보다 고부가가치를 창출하고, 친환경적이라 생각하면서 다른 여타의 사업보다 그 가치를 높이 평가하고 있다.

문화의 산업화는 어쩌면 자본주의의 발전 과정 속에서 문화의 권력을 가진 이들에게는 자연스런 선택이었다. 대량 자본은 이익을 추구한다. 그러므로 대량 자본이 이익을 창출할 만한 문화영역에 손을 뻗치는 것 또한 자연스런 선택이었는지 모른다.

그러나 문화산업에 대한 부정적 시각도 만만치 않았다. "예술작

---

47)《2001년 문화산업백서》, 문화관광부, 2001.

품이 절제를 알면서도 수치스러워하지는 않는다면 문화산업은 포르노적이면서도 점잔을 뺀다"[48]는 것이다. 문화산업은 사람들에게 획일적인 이데올로기를 주입하고, 그것을 정당화하는데, 그 이데올로기의 궁극적 목표는 사람들을 상품에 길들여 소비로 유도하는 것이다. 그리고 이런 것에 길들여진 문화 소비자는 이미 만들어진 문화만 향수할 뿐, 그 어떤 생산도 하지 못한다. 다시 말해 문화 소비자는 문화의 주체가 아니라 객체에 불과하다는 것이다.[49]

아직도 영·미권 중심 특히 미국의 거대자본과 함께 움직이는 문화산업에 대한 반발도 만만치 않다. 예를 들어 프랑스를 비롯한 몇몇 유럽 국가에서 일어나는 문화 현상이나, 민족 간 문화 간의 충돌들도 문화산업에 대한 일종의 반발이다.

그러나 이러한 문제도 문화의 본래 의미를 상실하게 하거나 비대해진 문화산업의 흐름을 막지 못할 것이다. 문화산업은 교활하리만큼 능수능란한 방법을 찾아내어 또 다른 방법으로 빠져나갈 것이다. 앞으로 당분간 경제의 힘에서, 경제의 논리에서 문화가 자유롭기는 어려울 것이다. 그렇다면 경제의 힘과 경제의 논리를 잘 유도하고 어떻게 이용하느냐가 더 중요한 문제가 될 것이다.

반면에 경제에 문화적 요소가 좀 더 적극적으로 개입된다면 경제는 어떤 식으로 변화될까? 사실 지금 우리 사회는 극심한 경제지상주

---

48) 《계몽의 변증법》, 호르크하이머, 아도르노, 김유동 외 역, 문예출판사, 1995, 195쪽. 포르노는 전형적인 문화산업의 수단이다. 성적 요구를 충족시키는 것이 아니라, 끊임없이 충족 불가능한 성적 욕구를 재생산하게 만든다. 문화산업은 이처럼 문화 소비자의 욕구를 연장시키려 할 뿐, 욕구 충족과는 거리가 멀다.

49) 과거 우리의 공연 문화에서 주체와 객체는 구분되지 않았다. 공연자와 관람자로 구분되는 것이 아니라, 이들이 하나가 되어 공연이 완성되었다.

의에 빠져 있다. 그러나 우리 삶의 가치를 행복에 놓고 보았을 때, 과연 우리 삶이 경제적으로 윤택하다 하여 행복한 삶이라고 단정할 수 있을까? 어쩌면 행복은 소득보다는 마음먹기에 달렸는지 모른다. 미국의 미시간 대학과 월드 밸류 서베이(WVS)가 발표한 2004년의 자료에 따르면 국가별 행복지수에서 소득과 행복은 비례하지 않았다.[50] 그래서 이제는 단순히 수입으로만 계산하던 경제 측정에서 소득과 심리적 관계를 연결하여 측정하는 방법이 연구되고 있다. 문화적인 삶도 꼭 경제적으로 여유롭다고 해서 누릴 수 있는 것은 아니다.

결론적으로 말하면, 문화를 만드는 일도 자동차를 만드는 일처럼 하나의 제조업으로 생각해야 하는 시대가 도래했다. 문화와 경제 활동을 하는 기업의 관계에서 '기업이 단순히 문화를 지원하는 것'이 아니라, '기업 자신이 문화를 중시하는' 분위기로 바뀌었다. 경제자본만을 중시하던 기업 가운데 문화자본을 중시하는 기업도 생겨날 것이고, 생겨나고 있다. 앞으로는 개인, 기업, 사회가 문화와 서로 결합하면서 새로운 형태가 탄생하게 될 것이다. 여기서 문화를 경제와 연관시키는 것에 대한 가치 판단은 잠시 유보하기로 하자. 중요한 것은 위에서 본 것처럼 문화는 우리의 삶에서 경제와 밀접한 관계를 갖고 발전한다는 사실이다. 경제적 향상에 의해 이제 우리의 삶에서는 '삶의 질' 문제가 제기되면서 문화가 점점 더 중시되고 있다.

---

50) 중남미의 푸에르토리코가 1위, 그 뒤로는 멕시코, 덴마크, 아일랜드, 아이슬란드, 스위스 순이었다. 미국은 15위, 일본은 42위, 중국은 48위, 한국은 49위다.

차이

어느 날 세실과 모리스가 예배를 드리러 가는 중이었다.

"모리스, 자네는 기도 중에 담배를 피워도 된다고 생각하나?"

"글세 잘 모르겠는데…. 랍비께 한번 여쭤보는 게 어떻겠나?"

세실이 랍비에게 가서 물었다.

"선생님, 기도 중에 담배를 피워도 되나요?"

"(정색을 하며 대답하기를) 형제여, 그건 절대 안 되네, 기도는 신과 나누는 엄숙한 대화인데 그럴 순 없지."

세실로부터 랍비의 답을 들은 모리스가 말했다.

"그건 자네가 질문을 잘못했기 때문이야. 내가 가서 다시 여쭤 보겠네."

이번에는 모리스가 랍비에게 물었다.

"선생님, 담배를 피우는 중에는 기도를 하면 안 되나요?"

"(얼굴에 온화한 미소를 지으며) 형제여, 기도는 때와 장소에 상관없다네. 담배를 피우는 중에도 기도는 얼마든지 할 수 있는 것이지."

– 《프레임》(최인철, 21세기북스, 2007) 중에서

3장 수용

1. 주체적 수용의 필요성

주체가 중요하다

앞에서 우리는 문화란 무엇인가? 문화는 왜 필요한가? 그리고 문화의 이동과 전파, 문화에는 어떤 것이 있으며, 문화를 보는 시각이나 관점은 어떻게 되는가? 등에 대하여 함께 생각해 보았다.

문화가 중요하고, 문화를 우리의 일상과 삶 속에 함께하여, 우리의 삶을 보다 더 발전되고, 여유롭고, 충만한 것으로 만들어 가야 한다는 것에 대해서도 생각해 보았다. 문화가 만능은 아니지만 문화는 가꾸고 더하고 배워서 행하는 힘, 다시 말해 어떤 대상을 개선된 상태로 변화시키는 힘을 내재하고 있는 것이기에 문화의 중요성과 역할에 대하여 올바르게 인지하여야 할 것이다. 그렇다면 문화에 대한 기본적인 이해를 토대로, 지금부터는 문화의 수용이란 무엇이고 우리는 어떤 식으로 수용을 해야 하는가를 '주체적 수용'이란 이름으로 알아보겠다.

21세기에 사는 우리에게 주체적 수용은 왜 필요할까? 사람들은

21세기의 큰 물결로 정보화, 세계화, 민주화를 언급한다. 지금 우리가 숨 쉬는 이 땅에는 정보화를 통해 대량 정보가 유통되고, 세계화를 통해 다양한 문화가 교류되며, 민주화를 통해 개체의 가치와 개성이 중시되고 있다. 이런 것들로 다양한 문화교류가 빈번하게 일어나게 된다. 그런데 여기에서 중요한 것은 문화의 양이 아니라, 수용하고 받아들이는 주체인 '나'다.

21세기의 큰 물결인 정보화, 민주화, 세계화는 우리를 지식의 홍수에 있게 할 것이다. 2020년이 되면 지식의 양이 두 배로 늘어나는 데 73일 정도 걸린다. 학기가 시작되어 중간고사를 마치고, 좀 지나면 73일 정도 걸리지 않을까? 그렇게 되면 지식의 양이 두 배로 증가한다는 것이다. 과거 60, 70년대 학위를 받은 교수들은 그 지식을 10년 정도 사용했어도 새로웠다. 지식의 양이 두 배로 늘어나는데 10년 정도 걸렸기 때문이다. 그런데 앞으로는 그렇지 않다는 것이다. 그렇다면 이 많은 양의 지식을 어떻게 해야 할까? 중요한 것은 지식의 양이 아니다. 이를 받아들이는 주체인 나와 우리가 살고 있는 여기와 지금을 중심으로 한 주체적 수용이 필요하다는 데 있다.

주체적 수용이
필요한 이유

먼저 '중국' 하면 떠오르는 것을 한번 생각해 보자. '중국' 하면 어떤 생각이 떠오르는가? 어떤 사람은 만리장성을 생각할 것이고, 어떤 사람은 중국 고궁, 자금성을 떠올릴 것이다. 또 어떤 이는 중국 대중문화를 접하면서, 중국의 영화나 음악 혹은 드라마를 생각할 수도 있을 것이다. 그리고 어떤 사람은 우리 역사와 밀접하게 관련된 동북공정(東北工程)을 생각할 수도 있을 것이다. 또는 그냥 막연하게 우리와 비교하여 중국은 크다, 넓다, 많다 등으로 생각하는 사람도 있을 것이다.

문화를 수용하는 것에 대하여 지금 예시를 들었던 것은 중국에 대해서 일반적으로 가지고 있는 생각이다. 그런데 그 생각들은 무엇인가? 혹시 그 생각들이 크다, 넓다, 많다라는 식의 가치 판단으로 되어 있는 것이 아닌가? 그렇다면 이렇게 가치를 판단하기 이전에, 객관적 사실에 대한 공부부터 해야 할 것이다. 좀 전의 예시를 다시 생각해 보도록 하자.

주체적 수용과
만리장성

만리장성을 보면서 사람들은 '인류 최대의 토목공사'였다고 말한다. 진시황(秦始皇)이 완성한 것 같지만, 사실 그 이후 명나라 때도 공사는 계속 진행되었다. 그리고 만리장성은 진나라 때 새로 만든 것이 아니라, 진나라 이전부터 존재했던 성들을 연결한 것이다.

만리장성은 북방민족의 침입을 막기 위해 세운 방어형 성벽이다. 그런데 만리장성은 중국의 수도인 북경 안[팔달령(八達嶺)]에도 있다. 수도를 보호하기 위한 성벽이 아니라, 국가를 지키기 위한 성벽인데, 수도 안에 있다. 뭔가 이상하다.

만리장성에 대한 객관적 자료를 이용해 알아보자. 먼저, 우리 주

변에서 쉽게 찾을 수 있는 관련 서적이나, 백과사전, 혹은 인터넷의 공신력 있는 자료들을 이용해 보자. 이러한 객관적 자료의 비교와 분석을 통해서도 올바른 판단의 기초를 충분히 세울 수 있다. 그럼 좀 길지만, 몇몇 자료를 종합해 만리장성에 대한 객관적 지식을 정리해 보겠다.

만리장성은 동쪽 산해관(山海關)에서 서쪽 가욕관(嘉峪關)까지 길이 2,700km이며, 중간에 갈라져 나온 지선들까지 합치면 총 길이가 약 5,000~6,000km에 이른다. 춘추시대(春秋時代)부터 성벽이 건축되었고, 진이 북쪽의 흉노를 견제하기 위해 이들 성벽을 연결하고 증축하면서 완성되었다. 당시의 만리장성은 지금보다 북쪽에 있었다.

현재 위치에 축성된 것은 6세기 북제(北齊)시대이고, 명(明) 나라 때 총 길이 2,700km에 이르는 현재의 모습을 갖추게 되었다. 즉, 만리장성의 현재 형태는 진시황 때가 아닌 명나라 때의 형태다.

명나라가 지배하던 15~16세기 무렵, 만리장성에 대한 대대적인 개보수 작업이 진행되었다. 그런데 이것 역시 북방에 있던 몽고의 침입을 대비하기 위한 것이었다. 그런데 그 이후 북방민족인 만주족이 세운 청 왕조 때에는 군사적 가치가 없어져 방치되었다.

만리장성의 용도를 본다면, 결국은 중국 밖 북방민족의 침입을 방어하기 위한 것이다. 그런데 이런 만리장성이 중국의 수도 북경을 길게 관통하고 있다. 명나라 당시도 그랬다면, 지금 중국의 동북공정의 대상 지역인 고구려 지역, 만주벌판, 몽고 지역이 다 중국 땅이라고 하는 것은 잘못된 소리다. 집안에 대문을 만들고 담을 쌓아 막은 꼴이다. 설득력이 떨어진다.

만리장성은 북방민족이 침략하여 다스릴 때는 군사적으로 가치가 없었기 때문에 무의미했다. 그러나 남방의 한족이 통일했을 때는 가치가 컸다. 시대적 상황에 따라 만리장성의 중요성이나 만리장성에 쏟는 정성이 달랐다. 왕조가 공격적이었던 시기보다는 방어적이었던 시기에 만리장성은 중시되었다. 북방지역에 관심이 많았던 당나라 때나 전 세계를 무대로 침략전쟁을 벌였던 몽고제국과 뒤이은 원나라, 만주에서 일어나서 만리장성을 넘어와 중원 지역을 다스렸던 청나라 때는 그 중요성이 크게 떨어졌다.

당나라는 한족을 중심으로 중원 지역에서 활동하며 중국의 정통성을 이어갔다. 하지만 몽고가 세운 원나라, 만주족이 세운 청나라는 이민족으로서 자신들의 영토에 중국의 영토를 합병했다. 원나라와 청나라의 경우는 만리장성을 넘어와 정복한 것이기 때문에 만리장성의 방어적 기능은 무시됐다. 이런 각도에서 우리가 중국의 동북공정에 대해 반박할 필요도 있다.

만리장성은 유목문화와 농경문화, 중원과 변방을 가르는 경계선의 역할도 했다. 남방은 농경문화, 북방은 유목문화가 주축을 이뤘다. 중국 역대 왕조들이 만리장성에 들인 노력과 비용에 비해서 방어벽으로서의 역할은 크지 않았다는 평가도 적지 않다. 그러나 그 실효성에 관계없이 오늘날 만리장성은 중국을 대표하는 명물이 되었다.

이상의 것을 토대로 다양한 질문과 이에 대한 답을 유추할 수 있다. 만리장성을 보고서 '길고 넓다, 역사적으로 오래됐다'라고 하는데 정말 그럴까? 그리고 중국인들이 '우리의 만리장성!'이라 할 만큼 자부심을 가질 만할까?

만리장성은 위의 객관적 관찰에서 보았듯이 실상은 그리 화려하지 않다. 만리장성은 달에서 보이는 지구의 유일한 인공물도 아니다. 오히려 만리장성은 '세계에서 가장 긴 무덤'이기도 하다. 만리장성을 축조할 때 일반 평민들이 많이 희생되었다. 지금 우리 상황에 대입하여 생각해 보면, 북방민족의 침입을 막기 위해, 성을 쌓는다면서 우리 같은 일반 백성에게 노역을 강제한 것과 같다. 무고한 평민의 목숨이 희생되어 만들어진 것이다. 그렇다면 이것은 비판과 비난의 대상이 되고, 설움과 원망의 대상이 되지 않을까? 그런데 지금 그런 것을 잊고, 관광수익의 극대화라든지, 중국의 위상을 높이는 것이라든지, 혹은 그들의 자부심이 된다는 것은 뭔가 씁쓸한 여운을 남긴다. 어떤 몽고족 친구는 우리의 만리장성이라고 내 앞에서 자랑까지 했다. 많은 것을 생각하게 했다.

그런데 우리가 생각 없이 단지 '중국에 저런 것이 있으니까 우리도 이런 것이 있었으면, 우리도 자부심을 가질 수 있을 텐데⋯⋯. 중국이 참 부럽다'는 식의 생각을 갖는다면, 이는 주체적 수용하고는 거리가 먼 사대적 사고라 할 수 있다.

주체적 수용과
자금성

　　　　　고궁(故宮)이라고 불리는 자금성(紫禁城)은 1406
년에 짓기 시작하여 1420년에 완공되었고, 14년간 100만 명의 인부가
공사에 참여하였다. 그리고 1987년 유네스코 지정 세계문화유산에 등
록되었다. 사람들은 자금성에 있는 방의 개수가 9,999개라고 믿고 있
지만, 실제로는 8,886개라고 한다. 그러나 사람들은 9,999개로 믿고
싶어 한다. 자금성에는 명 왕조와 청 왕조를 거치며 약 500년 동안 중
국을 통치한 황제 24명이 머물렀다.

　　북경에서 공부할 때, 한국에서 온 손님에게 고궁을 소개하면 "굉
장히 크네요. 우리 경복궁은 고궁 화장실밖에 안 되겠네요"라고 말했

다. 물론 가볍게 농담으로 넘겨버릴 수도 있지만, 그 안에 깔려 있는 우리 논리의 부재를 발견하게 된다. 세상의 것을 양과 크기로만 보는 주변 강대국의 논리에 그만 우리의 논리를 잃어버리고 말았다.

'중국의 자금성이 크다', '우리나라의 경복궁이 작다'는 것은 사실에 기초한 판단이다. 그런데 경복궁을 화장실에 비유한다는 것은 가치가 개입된 판단으로서 경복궁을 별로 좋지 않게 생각하는 것이다. '큰 것은 좋고 작은 것은 나쁘다'는 것에서 사실 판단이 가치 판단까지 확대되어 생각하게 된, 적절하지 못한 언급이다.

어떤 측면에서는 크고 넓은 것이 장점도 되지만 단점이 되기도 한다. 우리의 논리를 세워야 하는 것이다. 수적·양적인 논리가 아니라 질적인 논리를, 물질적 논리가 아니라 정신적 논리를, 국방력이 아니라 문화력을, 경제력이 아니라 국민의 행복을 변호해 줄 수 있는 논리가 필요하다.

작다는 것에 대한 사실 판단을 인정한다 하더라도 그런 사실 판단을 장점으로 만들 수 있는 것이 무엇인지 생각하고, 우리가 가진 것에 대한 논리를 가지고 그 다음을 준비했어야 하지 않을까? 그리고 이러한 주체적 문화 수용을 토대로 발전된 문화를 창조했어야 하지 않을까? 작은 것에 더 많은 장점과 가치가 있기도 하다. 예를 들면 이렇다. 핸드폰이 크다면 가치가 있을까? 작아지고 작아진 수많은 기능과 성능이 손 안에 적당한 사이즈로 밀집될 때, 더욱더 가치가 있게 되는 것이다.

이러한 논리는 다른 각도로 생각해 볼 수도 있다. 중국 국토는 남한의 약 96배가 되고 중국 인구는 남한 인구의 약 27배가 된다. 우리가 신문에서 중국에 대한 기사를 볼 때, '중국에서 이런 일이 벌어졌대, 중국은 진짜 희한하고 이상한 나라야'라고 생각한다.

산술적으로 따져서 가능성을 판단하게 된다면 이런 식으로 비하하는 것 역시 문제가 된다. 즉 범죄가 일어난다고 했을 때, 중국이 영토 면에서, 우리나라보다 범죄가 일어날 가능성이 96배 정도 많고, 인구 면에서도 27배 많다. 지극히 산술적인 계산이다.

이런 식으로 볼 때, 중국에서 일어나는 범죄는 그렇게 심각하거나 특이한 중국만의 일이 아닐 수도 있다는 것이다. 이처럼, 어떠한 대상을 바라볼 때 감정을 배제하고, 과학적 · 객관적 · 합리적으로 바라볼 필요가 있다.

자금성을 다시 생각해 본다면, 크다. 웅장하다. 많은 인력이 오랜 기간 자자손손, 후손을 위해 공을 들여 건설한 공간. 그러나 이 공간은 당시로서는 당연한 얘기겠지만 권위적이고, 위압적인 권력의 무게를 느끼게 만드는 황제만을 위한 공간이 아니었을까?

우리의 경복궁과 자금성의 느낌은 사뭇 다르다. 그래서 단순히 크기와 웅장함만으로 비교하는 것은 곤란하다. 중국이 지닌 큰 것과 웅장함의 장점과 이를 기저로 한 논리를 넘어, 우리가 지닌 작은 것의 아름다움, 적은 것의 알참에 대해서도 논리와 가치를 개발해야 할 것이다.

영화 〈영웅〉

2002년 장예모(張藝謀) 감독의 영화 〈영웅(英雄)〉은 이연걸(李聯杰), 양조위(梁朝偉), 장만옥(張曼玉), 장자이(章子怡) 이 네 사람이 주연을 했다. 과거 영화에 대한 소감을 학생들에게 물어보면, 학

생들은 '크다, 대단하다, 화려하다, 중국은 역시 대국이다, 굉장하다'라
는 식의 이야기를 했다. 맞다. 크고, 웅장하고, 화려하다. 그런데 중요
한 것은 크고 화려한 스케일 그 내면에 숨어 있는 의미를 간파하는 것
이다. 어떤 뜻이 숨어 있을까를 우리의 입장에서 생각해 보는 것이 필
요하다.

　　사실 '크다, 화려하다, 스펙터클하다'라는 사실 판단에서 더 나아
가 '우리보다 크니까 좋다', '우리보다 많으니까 좋다'라는 가치 판단
으로의 전이는 주체적이지도 못하고, 자신의 논리와 철학도 없다.

　　이유는 이렇다. 과연 큰 것만이 좋은 것일까? 중국이 커서 좋은
점은 무엇이고 나쁜 점은 무엇일까? 우리나라가 작아서 좋은 점은 무
엇이고 나쁜 점은 무엇일까? 이렇게 좋은 점 나쁜 점이 있는데 '크다'
라는 것 때문에 '좋다'라는 것은, 주체적이지 못하다.

더 나아가 우리는 우리의 논리를 세워야 한다. 작은 것이 좋은 것이 될 수 있는 예를 들면, 홍콩과 싱가포르, 마카오 그리고 서구 유럽의 강소국 등을 들 수 있다. 이들은 오히려 작아서 경제 발전이 빠르게 진행될 수 있었다. 이처럼 우리도 우리 자신을 긍정적으로 바라보면서, 자신의 장점을 발전시키겠다는 것이 바탕에 깔려 있어야 한다.

영화에서는 자객(刺客)들이 진시황을 암살하러 가다가 진나라의 천하통일을 위해 포기한다. 대(大)를 위해 소(小)를 희생한다는 것이다. 그러나 그 이면에는 당시 정권의 불안함을 잠재우기 위해, 그래서 '하나 되는 중국'을 이야기한 것이 아닌가 생각한다.

천하의 통일을 위해 작은 문제는 덮어두고 희생하라는 것이다. 이런 것은 약자나 피지배계층, 더 나아가 주변 국가들에게 부담스러운 논리로 다가올 수밖에 없다.

영화에서는 네 명의 주인공 이외에는 모든 등장인물이 하나의 배경처럼 보인다. 결국 진시황을 살해하지 않으면서 '대를 위하여 소를 희생한다'는 메시지를 강하게 표출한다.

진시황은 폭군의 이미지로 많은 사람을 희생시킨 장본인으로 알려져 있다. 그런데 이런 진시황을 위해 희생하라는 것은, 이것을 확대시켜 생각해 본다면 중국이라는 나라와 한국이라는 나라. 지구적 차원으로 보면 중국이 이 세계를 통일할 경우에 한국처럼 작은 나라들이 희생하라는 것이 될 수도 있다.

평화는 주변부의 희생만으로 이루어져서는 안 된다. 반드시 중심의 반성과 희생이 함께 진행되어야 진정한 평화가 이루어진다. 그러나 영화에서는 진시황제의 반성과 희생이 함께 요구 되지 못했다. 그래서 우리가 이런 것들을 접할 때, 그들의 논리에 쉽게 빠져 그들의 사고에 부지불식중에 물들게 되면, 우리의 미래가 위협받게 된다. 평화는 결코 한쪽의 일방적 희생만으로 이루어져서는 안 된다.

동북공정

동북공정(東北工程)이란 동북변강역사여현상계열연구공정(東北邊疆歷史與現狀系列研究工程)의 줄임말로 중국 동북 변경지역의 역사와 현상에 대해 연구하는 프로젝트다. 즉, 중국 국경 안에 포함되는 중국 지역 안에서 일어난 모든 역사를 중국의 역사로 편입하려는 연구 계획이다.

이런 동북공정에 대해서는 말이 많다. 그리고 외국에서 바라본다면 '중국 땅, 중국인(조선족)이 사는 곳, 그리고 이 사람들의 조상은 고구려 사람. 그렇다면 고구려 사람들의 역사는 이들(조선족)의 역사니까 중국의 역사'라고 하는 것이 당연할 수도 있다.

그렇기 때문에, 우리의 주장과 논리가 잘 먹혀들지 않을 수도 있다. 그리고 중국 사람들은 이런 것들을 계속 주장하며 자신의 논리를 만들고, 이런 계획이 조선족과 동북지역에서 확대되어, 북한 정권이 붕괴되었을 때 북한 민족과 조선족은 같은 민족이니 북한을 흡수 통일할 수도 있다는 것으로 확대될 수도 있다.

현재의 정세로 볼 때, 중국의 영향력은 지속적으로 커질 것이다. 강대국의 힘에 의해 좌우되었던 국제정세를 생각해 본다면, 당연히 중국이 북한을 흡수할 수 있다는 시나리오도 상상해 볼 수 있다.

그렇다면 이런 중국의 동북공정에 대응할 수 있는 우리의 역사관은 무엇일까? 중국은 예로부터 중원 지역을 자신들의 문화 영토지로

생각하고, 이 외의 주변국을 오랑캐로 여겼다. 일반적으로 중국의 영토는 한족(漢族) '중원(中原)' 왕조의 직접지배가 미치는 지역이었다. 그리고는 주변국을 무시하고 이들로부터 조공을 받았다.

그런데 재미있는 사실은 이렇게 주변국을 오랑캐로 여기며 무시했던 중국이 오랑캐의 하나인 만주족에게 침략당한 것이다. 그리고 중국을 지배한 만주족은 청나라를 세워, 끊임없이 영토를 확장하였다. 그렇다면 이 땅은 어느 나라의 땅일까? 바로 만주족이 세운 청나라 영토다.

더 나아가 청나라의 변강이 역사적으로 중국의 영토였을까 하는 의문을 가지게 된다. 과거 사용하던 내지, 본토, 본부는 변연, 변방, 변강과 다른 개념의 말이다. 청 제국의 '번부'가 중국은 아니다. 한족의 '역사 공동체'는 청 제국 내의 다양한 역사 공동체들 가운데 하나에 불과했다.

또한 청나라 말기에는 장병린(章炳麟), 위원(魏源)과 같은 한족 학자들이 있었는데, 그들은 우리나라 사람들이 일제 강점기에 그러하였던 것처럼 자기 나라를 빼앗은 "만주족을 물리치고 한족의 국가를 건국하자"라고 주장하였다.

청나라 말기에는 서구 열강이 침략을 해서 국토를 일부 상실하게 되었다. 중국은 이때 맺은 조약들을 불평등하다고 하였고, 사실 불평등한 것임에 틀림없다. 그런데 과거에는 없었던 조약이라는 것 때문에 청나라가 멸망하고 나서 청나라가 가지고 있었던 그 땅을 중국이 그대로 계승하게 되는 권리를 갖게 되었다. 어떤 면에서 오랑캐라 무시했던 청나라의 이러한 조약 때문에 중국은 더 큰 영토를 확보하게 된 꼴이다. 즉, 청조는 열강에게 번부(藩部)에 대한 배타적 영토주권을 인정받게 된 것이다. 바로 이러한 객관적 사실을 근거로 우리의 논리를 세워야 한다.

우리의 논리

중국은 크고 넓다. 크고 넓어서 부러운 점이 많은 것도 사실이다. 그런데 현재 우리 상황에서 부러워할 수만은 없는 것 아닌가? 싸워서 빼앗을 수도 없고, 그렇다고 조상을 탓할 수도 없다.

궁즉변, 변즉통, 통즉구(窮卽變, 變則通, 通則久). 궁하면 변해야 하고, 변하면 통하고, 통하면 오래간다는《주역》의 가르침처럼 포기할 것이 아니다. 작은 것의, 적은 것의 장점을 찾아 발전시켜야 할 것이다. 이를 위해서 필요한 것이 몇 개 있다.

첫째, 우리는 우리의 논리를 가져야 한다. 상대적으로 영토가 작고 인구가 적다면 작은 것의 강함, 작은 것의 가치와 장점 등을 발견하고 살려 개발해야 한다. 중국도 중국의 논리가 있듯이 우리도 우리의 주체적 역사관과 논리를 가져야 한다.

둘째, 자학적인 자기비하의 역사관에서 탈피해야 한다. 예를 들어, '한국은 수많은 이민족의 침입을 받았고, 이 중 중국은 1천 번 정도 일본은 두 번 정도 받았다.'라고 하는데 과연 그럴까? 아니다. 들어가는 말에서도 잠시 언급되었지만, 중국을 중원 지역으로 본다면 실질적으로 네 번의 침입을 받았고 나머지는 전부 중국 이외의 북방민족의 침략이었다.[1] 오히려 중국이 이민족의 침입을 더 많이 받았다.[2] 우리가 알고 있는 것하고 다르게, 중국은 역사적으로 이민족에 대해 공

---

1) 《중국 역사의 어두운 그림자》, 김택민, 신서원, 2005. 중국이 한국을 침략한 것은 한 무제 때 고조선을 침공하여 멸망시키고 한반도 북부와 만주에 한사군을 설치한 전쟁. 수 문제와 양제 때 고구려를 침공했다가 패배하여 수나라 자체가 멸망한 전쟁, 그리고 당나라 태종과 고종 때 백제와 고구려를 멸망시킨 전쟁이 전부이다(삼국이나 5호16국 때 고구려와의 관계는 서로 공방전을 벌인 것이지 일방적인 침략 행위는 아니다).

2) 위의 책, 2005. 유목민들의 중국 침략은 장기간에 걸쳐 치열하게 전개 …… 한반도는 대개 위협에 그쳤거나 단기간에 끝났다. 예를 들면 거란족의 중국 침략전쟁의 경우 930년대부터 시작되어 1004년 '전연의 맹약'으로 강화조약이 체결될 때까지 무려 70년 동안 진행되어 화북지방을 초토화시켰으나 고려에 대한 세 번의 침공은 두 번째를 제외하고는 큰 피해 없이 끝났다. 여진족의 금나라도 1120년까지 거의 100년 이상 침략 전쟁을 벌여 중국 전역을 황폐화시켰고 100년 가까이 화북지방을 지배했다. 그러나 고려는 여진족의 위협을 받기는 했지만 침공을 받지는 않았다. 몽고족만은 예외적으로 고려를 29년 동안이나 침략하여 전국을 초토화시켰다. 그러나 몽고족은 중국에 대해서도 70년간 침략전쟁을 벌였으며, 중국을 완전히 정복하여 100년 가까이 지배했다. 만주족의 중국 침략전쟁은 1620년 요동을 공략하기 시작해서 중국을 완전히 평정하는 1683년까지 60년 이상 계속되었으며 참혹한 살육을 동반하였다. 만주족이 조선을 침략한 정묘호란과 병자호란은 두 번 다 몇 개월 만에 끝났다.

세적이 아니라 수세적이었으며 중원 왕조의 한국 침략도 많지 않았다. 중국은 오히려 이민족의 침략 덕분에 강대해졌다고 할 수 있다.

　　중국이 유사 이래 계속 유목민족의 침략을 받은 데 비하면 한국사는 오히려 외적의 침입을 훨씬 덜 받은 역사라고 해도 좋을 듯하다. 중국만이 아니다. 인도의 역사는 외세침탈의 역사라고 해도 과언이 아니고 유럽사도 전란의 연속이었다. 일본의 경우도 내란의 연속이었다. 세계사적 관점에서 보면 우리나라는 반도에 위치하기 때문에 외침을 많이 받은 것이 아니라 오히려 주 전쟁터에서 벗어나 있어 전화(戰禍)를 덜 받았다. 더구나 내부적으로도 이렇다 할 큰 내란도 많지 않았다. 이제라도 우리는 세계사를 시야에 넣고 우리 역사를 정확히 인식해서 자학적인 자기비하의 역사관에서 탈피해야 한다.[3]

주체적으로 세상 보기

　　　　　　　　그런데 과연 주체적 문화관은 중국과의 관계에서만 필요할까? 그렇지 않다. 일제 강점기의 문화 말살 정책처럼 강압적이지는 않지만 다양한 형태로 우리 주변에 존재하면서, 주체적 문화관의 필요성을 일깨우고 있다.

　　우리는 아직도 습관적으로 우리나라를 동북아시아나 극동아시아에 위치해 있다고 말한다. 어디에 기준을 두고 있기에 '극동'이고 '동북'일까? 너무 뻔한가? 지도 가운데 자리 잡은 유럽을 중심으로 보면

---

3)　위의 책, 2005. 중국은 이들 네 개 민족의 침략전쟁 말고도 3세기 초부터 6세기 말까지 300년 가까이 다섯 유목민족들의 정권 밑에서 분탕질을 당한 아픈 역사도 경험했다. 이밖에도 한나라 때는 흉노족의 침략, 당나라 때는 토번과 위구르의 침략으로 고통을 당했다.

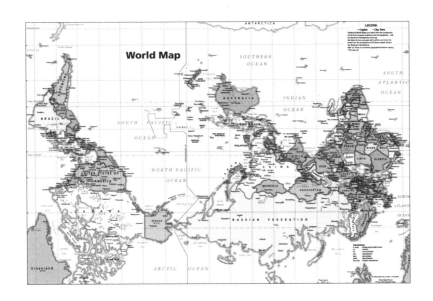

한국은 동쪽 끝에 있다. 우리가 지금 사용하는 지도에서는 미국과 캐나다가 극동이고, 동북인데…….

아, 지금 우리가 사용하는 지도도 1970년대 이후에나 볼 수 있었던 지도다. 그전까지 사용하던 지도는 면적보다 방위를 중시한 메르카토(Mercator) 도법에 따라 그려진 지도였다. 유럽이 인도나 아라비아반도는 말할 것도 없고, 아프리카만큼 크게 그려져 있다. 남반구에 가면 지도가 어떨까? 당연히 위 사진에서 보는 것처럼 우리와 달리 세계가 거꾸로 되어 있다.

네덜란드 로테르담에서 부산까지 화물을 운송할 때, 우리는 수에즈 운하를 통과해 아시아를 거쳐 오는 항로를 생각한다. 이것이 이전부터 이용되어 온 일반적인 항로다. 그런데, 북극 항로를 이용하는 것은 어떨까? 얼핏 봐도 기존의 항로보다 훨씬 가깝다. 문제는 인식의 전환과 북극의 빙하다. 북극 항로의 빙하는 지구 온난화로 2020년에 6개월 정도, 2030년엔 1년 내내 녹아 있을 것으로 추정된다. 2012년에는 북극 항로 전 구간에 있는 빙하가 녹아, 잠시 동안 선박 운항이 가능했다.[4] 모든 것은 영원할 수 없다. 변화에 맞춰 주체적으로 생각하여 가장 좋은 대안을 마련해야 한다.

우리는 습관적으로 유럽 사람인 콜럼버스(Christopher Columbus)가 '신대륙'을 발견했고, 바스코 다 가마(Vasco da Gama)가 희망봉을 발견했다고 생각한다. 희망봉의 발견에 대해서는 이슬람의 수로(水路) 안내인 이븐 마지드(Ibn Mājid)가 서양의 기록보다 앞서 다녀왔다는 기록이 있고, 신대륙 발견도 바이킹족이 10세기에 이미 알래스카와 캐나다 등지를 다녀왔다는 유물들이 존재한다.[5] 콜럼버스가 신대륙을 발견했다는 표현보다는 표류하는 콜럼버스를 친절한 인디언이 발견해 구해 주었다는 것이 올바른 표현일지도 모른다.[6] 아니면 백 보 양보해서 1492년 10월 12일은 콜럼버스를 통해 아메리카가 유럽에 알려지고, 서로 다른 두 개의 문명이 본격적으로 만난 날이다. 물론, 그날 이후 그들과 그들의 후손은 배은망덕(背恩忘德)하게 아메리카 원주민을 대량학살하고, 종족을 말살했다.[7]

---

4) 로테르담에서 부산까지 기존의 수에즈 항로를 이용하면, 거리는 2만 100km로 24일 정도 걸린다. 반면 북극 항로의 경우에는 거리는 1만 2,700km로 14일 정도 걸린다. 물론 부산과 뉴욕을 연결하는 것도 기존보다 6일 정도, 약 5,000km 정도 줄일 수 있다.

5) 명대(明代)의 정화(鄭和)가 탐험한 기록이나, 1418년 제작된 〈천하제번식공도(天下諸番識貢圖)〉를 필사했다는 〈천하여전총도(天下全與總圖)〉의 진위 여부에 따라, 최초의 발견자와 시대가 바뀌게 될 것이다.

6) 유럽의 아메리카 대륙 침략과 약탈, 아메리카 인디언들의 멸망 등을 기술한 《나를 운디드 니에 묻어주오》(디 브라운, 프레스하우스, 1996)를 참고하기 바란다.

7) 138억 년에 태어난 우주에는 수억 개의 별로 이루어진 은하가 1,000억 개 정도 존재한다. 지

혹시, 세계 최초로 에베레스트 정상에 오른 사람을 아는가? 뉴질랜드 출신의 등반가 에드먼드 힐러리(Edmund Hillary). 맞다. 영국 여왕의 대관식 전에 세계 최고봉 정복이라는 이벤트를 위해, 영국인의 실패 뒤에 도전한 뉴질랜드 출신의 힐러리. 그런데 그와 함께 한 티베트계 네팔 사람 셰르파 텐징 노르가이(Tenzing Norgay)도 있다. 1953년 5월 29일 그는 힐러리의 정상 등정 사진을 찍었다. 그리고 영국과 세상은 그를 잊었다. 더하여, 전 에베레스트 위원장인 프랜시스 영 허즈번드(F. E. Younghusband)는 다음과 같은 말을 했다. "셰르파들은 얼마든지 정상에 오를 수 있지만, 그들이 그렇게 하지 못하는 것은 영국인들처럼 올바른 정신을 갖고 있지 않기 때문이다."

1955년 12월 1일에 벌어진 로사 파크스(Rosa Parks) 사건도 마찬가지다. 그날 앨라배마 주 몽고메리에서 버스를 타고 있었던 로사 파크스는 백인 전용 좌석에 앉았다는 이유로 경찰에 체포되었다. 그러나 그녀는 여기에 굴하지 않고 백인 전용 좌석 철폐를 주장하며 버스 탑승 거부 운동을 이끌어 냈고 이는 마침내 짐 크로의 법안을 종식시켜, 미국 인권의 변화를 이끌었다. 또한 마틴 루서 킹(Martin Luther King Jr.)이라는 젊은 흑인 목사를 인권운동 지도자로 탄생시키는 계기가 되었다.

세상이 이렇게 돌아감에도 불구하고, 우리는 아직도 우리의 세계 문학전집을 대다수의 유럽작품으로 채우고 있다. 게다가 호랑이와 곰을 중시하는 우리나라에서, 곳곳의 경찰서와 경찰의 휘장은 제우스신

적외계생명체가 존재할 가능성이 크다. 영국 더타임스가 2010년 4월 25일 보도한 자료에 따르면, 스티븐 호킹(Hawking) 박사는 외계 생명체가 존재하고, 그 가운데 지적외계생명체가 지구를 공격할 가능성이 크기 때문에 가급적이면 접촉을 피해야 한다고 주장했다. 그리고 그는 외계생명체와 인류와의 접촉을 콜럼버스가 원주민을 잔인하게 학살하였던 것에 비유했다. 다양한 상상을 불러일으키게 한다. 인식의 폭과 깊이를 넓혀야 한다.

의 사자(使者)였던, 로마제국 황제의 상징이었던, 유럽 군주들의 상징이었던, 미국의 상징인 독수리[8]가 자리를 차지하고 있다. '붉은 악마'처럼 황제와 패권을 다투었던 치우(蚩尤)를 사용하는 것이 차라리 더 주체적일까?

동양은 서양보다 오래전부터 못살았다고 생각한다. 그러나 프랑크(Andre G. Frank)는 "유럽은 아시아 경제라고 하는 열차의 3등 칸에 달랑 표 한 장을 끊어 올라탔다가 얼마 뒤 객차를 통째로 빌리더니 19세기에 들어서는 아시아인을 열차에서 몰아내고 주인 행세를 하는 데 성

---

8) 책을 발간하고 참고한 경찰청 홈페이지에는 다음과 같이 소개되어 있다. "미군정하에 제작 (1946년)되어 그간 정체성의 논란이 있었던 독수리의 상징물을 과감히 한국 수리인 '참수리' 형상으로 새롭게 표현하여 기존의 경찰 브랜드 가치는 유지하면서도 과거 부정적 이미지를 털어냈다."

중국 교회의 내부 모습. 전통 건축 양식에 교회를 수용하였다.

공했다"고 비판하고 있다.[9] 그는 유럽이 아시아를 넘어서게 된 것은
1815년경이라고 말하고 있다.

　이러한 서구 중심의 역사, 유럽 중심의 역사는 우리 생활 곳곳에
남아 있다. 그리고 이것을 이미 오래된 관습이라고 생각하며 넘기고
있다.[10] 그런데 정말 오래된 관습일까? 아무리 길게 잡아도 200년이
안 되고, 짧게 잡아 100년 정도다.

　100여 년 전에 우리는 한밤에 한복 입고 제사를 지냈고, 로만 칼
라(Roman collar)의 신부님과 꼬르넷을 쓴 수녀님을 서양귀신이라고 말했

9)《리오리엔트》, 안드레 군더 프랑크, 이희재 역, 이산, 2003.

10) 통상 낡은 것처럼 보이고 실제로 낡은 것이라고 주장되는 이른바 전통들은 그 기원을 따지고
　보면 극히 최근의 것이며 종종 발명된 것들이다.《만들어진 전통》(에릭 홉스봄 외, 박지향·
　장문석 역, 휴머니스트, 2004)에서는 전통의 조작과 통제에 대하여 심도 있게 다루고 있다.

다. 그런데 지금은 한밤에 한복 입고 제사 지내면 귀신 나올 것 같다는 말을 듣기 십상이고, 수녀님과 신부님은 일반인에게도 편안한 존재가 되었다. 여기서 가치를 따지자는 것은 아니다. 호불호를 따지자는 것도 아니다. 그리고 과거의 전통을 고집하자는 것도 아니다. 사실과 과정을 알고 생각해 보자는 것이다.

과거 중국의 소수민족은 한족(漢族)으로의 동화를 경계했고, 한족은 소수민족의 한화(漢化)를 유도했다. 정책적으로 민족의 동화(同化)를 통한 하나의 중국을 계획한 것이다. 그래서 벌어진 의도적 행위와 이에 대한 소수민족의 저항 속에 마찰이 존재했다. 그런데 이러한 도식이 변해가고 있다. 중국 전역에 불어 닥친 도시화, 현대화, 과학기술과 통신의 발전, 중국의 국제적 위상 상승, 정부의 소수민족 정책 등으로 소수민족의 전통문화와 정체성 상실이 가속화되고 있다. 그런데 더 심각한 문제는 현대문명의 이기를 맛본 편벽한 지역의 소수민족 젊은이를 중심으로 '자원(自願)'적 문화 변동이 일어나고 있다는 점이다. 물론 자기 문화에 대한 부정은 당연하다.[11] 이제는 한족과 소수민족의 구도가 아니라, 전통과 현대의 구도로 변하면서, 하나의 중국이 자연스레 진행되고 있다.[12]

우리는 어떤가? 우린 아직도 우리 인식 속에 있는 그림 그리기나 음악이 우리의 전통적인 것이라 생각한다. 하지만 발성법 같은 것을 중시한 서양음악은 국악과 다르다. 그림 그리기도 동양에서는 관념으로 그린 반면 서양은 사실로 그렸다. 사실의 본질이 무엇인지를 밝히

---

11) 〈중국 소수민족 문화접변 양상의 변화〉, 김덕삼, 《비교문화 연구》 제29집, 2012년.

12) 〈장(場)의 변화를 통한 중국 소수민족의 자원적(自願的) 변화 고찰〉, 김덕삼, 《중국연구》 제58권, 2013년.

려 했던 서양의 사상처럼, 서양의 그림은 사물의 본질을 가장 이상적으로 표현하려 했다. 우리의 인식 속에는 이미 서양화 그림 그리기가 내재되어 있다. 이미 우리는 동양적 그림이 아니라, 서양적 그림을 그리기 때문이다. 표현법이 다르면 그 표현을 위한 연습법도 달라지게 마련이다.

세상은 그렇다 치고, 나는 어떠한가? 나는 과연 세상에 널려 있는 지식을 주체적으로 수용하고 있는가? 각자의 상황에 입각하여 주체적으로 수용해야 할 것이다. 그래서 우리나라도 양적으로 우세한 나라보다 질적으로 풍성한 나라, 작은 산하지만 넓은 마음을 가진 나라, 적은 국민이지만 알찬 국민이 사는 나라, 부강한 나라보다 아름다운 나라. 그런 나라가 되어야 한다. 이제, 주체적 수용의 필요성을 절감했다면, 수용의 과정은 어떠한지 알아보기로 하자.

관중규천(管中窺天)

'대롱 구멍으로 하늘을 내다본다'는 뜻으로, 견문이 지극히 좁음을 비유한 말이다.

하지만 그 대롱이 대롱 그대로가 아니라, 거기에 여러 가지 렌즈를 더하고 보태면, 원래의 뜻과 참으로 많이 달라진다.

《갈매기의 꿈》에서 말한 것처럼 높이 나는 새가 가장 멀리 보는 것도 맞다. 그러나 낮게 나는 새는 가장 자세히 볼 수 있다는 사실도 인정해야 한다. 사실 눈이 좋은 새가 가장 멀리 보고, 가장 자세히 본다. 높이 나는 것과 낮게 나는 것은 보는 것과 별개의 문제다. 어디에 근거해서 판단하느냐에 따라 이야기는 달라진다.

2. 수용의 과정

1) 동인(動因) : 회의(懷疑)

"사람들은 익숙한 소리를 아름다운 소리라고 생각한다. 그런 생각이야말로 음악 발전의 걸림돌이다."

– 작곡가 찰스 아이브스(Charles Edward Ives)

'왜' 그리고 '어떻게'

　　　　　　　주체적으로 수용하는 데 있어, 회의(懷疑)는 중요하다. 깊고 넓게 생각할 여지를 제공한다. 심지어 철학도 회의하는 것부터 시작한다. 영국의 철학자이며 정치가인 버트런드 러셀은《철학의 문제들》이란 책에서 철학에 대해 명쾌하게 정의했다.[13] "철학은 '무

---

13)《철학의 문제들》, 버트런드 러셀, 박태영 역, 서광사, 1989.

엇이냐(What)'는 질문에 대답할 수 없어도, '왜(Why)'냐고 물을 수 있는 것이다." 무엇이냐에 대한 질문과 대답은 이미 과학에 넘겨 주었기 때문이다. 철학이 할 일은 왜냐는 질문을 던지며 끊임없이 우리와 우리를 둘러싼 문제에 대하여 회의하며 반성(reflection)하는 일이다.[14] 철학이 이렇듯이 창조도 회의에서 출발한다. '왜'냐고 의심하는 가운데 새로운 것이 창조될 수 있다.

이처럼 회의하고 질문을 던지는 것은 능력이고, 이것은 반드시 스스로의 힘으로 몸소 익혀 자신의 것으로 만들어야 한다. 물론 마냥 '왜'라는 질문만 던질 순 없다.[15] '왜'에서 우리는 '어떻게' 할 것인가를 생각해 보아야 한다. '왜'라는 질문과 '어떻게'라는 구체적 행동이 결합되었을 때, 하나의 가시적인 창조물이 나올 수 있다.

이러한 것은 건축 분야에서도 발견된다. 예를 들어, 기존의 건축물에 대한 '왜'냐는 질문과 '어떻게'라는 갈구 속에서 후지모리 데루노부(藤森照信)가 만든 '하늘을 나는 진흙배'라는 〈소라도부로로부네(空飛ぶ

---

14) 상위 프레임에서는 'Why'를 묻지만 하위 프레임에서는 'How'를 묻는다(〈Temporal construal〉, Trope, Y., & Lieberman, N. *Psychological Review*, 2003, 110, 401-421). 상위 프레임은 왜 이 일이 필요한지 그 이유와 의미, 목표를 묻는다. 비전을 묻고 이상을 세운다. 그러나 하위 수준의 프레임에서는 그 일을 하기가 쉬운지 어려운지, 시간은 얼마나 걸리는지, 성공 가능성은 얼마나 되는지 등 구체적인 절차부터 묻는다. 그래서 궁극적인 목표나 큰 그림을 놓치고 항상 주변머리의 이슈들을 좇느라 에너지를 허비하고 만다(《프레임》, 최인철, 21세기북스, 2007, 24쪽).

15) 철학의 경우 '왜'라는 질문에만 몰두하다 보니 현실에서 멀리 떨어지게 되었고, 결과적으로 일반 대중의 지지와 공감대를 얻기 힘든 상황에 처하게 되었다. 반면에 자연과학과 사회과학은 현상을 분석하고 조사하는 과정 속에 현실 문제를 다양한 각도로 해석해 보고, 그 대안을 제시해 보려고 애써 왔다. 즉, 어떻게 할 것인가의 문제와 왜 그러는 가의 문제를 깊이 고민해 왔다. 물론 철학은 본연의 자세를 버릴 수 없다. 그러나 이제 철학에도 이러한 방법을 도입해서 그 속에서 보다 본질적인 문제와 보편적 진리를 찾아가야 한다. 자, 이제 철학은 다시 원래의 출발지로 귀환해야 한다는 것이다.

조선일보,
2013년 4월 1일자, A23면.

泥舟)〉 같은 작품이 나올 수 있었다. 이 집은 지붕은 동판으로 만들고, 아래는 진흙으로 만들어 쇠줄로 양쪽에서 잡아당겨 공중에 띄워 놓았다. 그래서 여기 들어가려면 3m 높이의 사다리를 놓고 올라가야 한단다.

이렇게 남다른 것을 창조하는 것은 바로 우리 뇌의 '전전두엽'에서 주로 담당한다. 그런데 전전두엽의 기능은 사회화가 많이 되거나 일찍 될수록 줄어든다. 사고가 이미 경직되거나 굳어졌기 때문이다. 전전두엽의 기능을 살리기 위한 방법은 지속적인 회의적 방법을 통해 가능하다. 그래서 객관적 사실에 대한 것일지라도 의심해야 한다. 객관이라는 것도 절대불변의 진리는 못되고, 설령 누구에게나 다 맞는 얘기라 할지라도 나에게는 맞지 않을 수도 있기 때문이다.

또한 우리는 나와 우리를 좀 더 잘 알 필요가 있다. 내가 아는 것이 정말 아는 것인지, 내가 아는 것이 과연 옳은지, 나는 정말 잘 알고 있는지에 대해 의문해 볼 필요가 있다. 더하여 남들이 그리고 내가 항상 그렇게 보아 왔던 것을 보던 습관에서 벗어나, 다른 각도로 세상을 바라보는 연습을 해야 한다.

불완전한 감각

우리의 오감(五感)은 믿을 만한 것일까? 내가 본 것은 정말 존재할까?

오른쪽 그림을 보자. 하얀 선들이 교차하는 지점이 반짝반짝 빛날 것이다. 우리는 일반적으로 보이는 것은 다 존재한다고 믿는데, 지금 내 눈에는 없는 것 같은데 무엇인가 깜박깜박 빛나고 있다. 사실 이것은 존재하지 않는다. 그런데 두 눈으로 보니까, 하얀 선이 교차하는 부분에서 보였다 안 보였다 하면서 반짝반짝 빛나는 것이 있다.

자, 보이는 것은 모두 존재한다? 내 눈으로 보이는 것은 모두 다 믿는다? 기존에 가졌던 이러한 확신에 대한 의문과 의심, 즉 회의가 필요하다. 우리의 주관만으로, 그리고 우리의 감각적 확인만으로 그것을 옳다 그르다 할 수 있는 것은 아니라는 말이다.

청각은 어떠한가? 예전에 유행했던 '틴벨'이라는 것이 있다. 청각 기능이 살아 있는 10대 20대에게만 들리는 벨 소리, 그러나 나이가 들면 청각기능이 상실된다. 그들에게는 들리지 않는다.

후각의 경우도 생각해 보면, 처음 맡은 향수 냄새는 시간이 지나면 잘 느끼지 못한다. 또, 학교 매점에서 사 먹은 음식 냄새는 먹으러 들어갈 때는 좋았는데, 배가 불러 나오고 나서는 불쾌한 냄새로 다가온다.

미각도 그렇고, 촉각도 그렇다. 앉아서 공부하는 책상, 지금 그 위를 손으로 만져보면 매끄럽다. 하지만 정말 매끄러울까? 내 눈으로는 매끄럽게 보이지만 현미경으로 본다면 이것은 울퉁불퉁하기 그지없다. 또, 책상이 내 눈으로 보니까 노란색이지만, 만약 이것을 가시광선이 아니라 자외선이나 적외선, 아니면 흑백으로만 보이는 개의 눈으로 본다면 책상의 색은 노란색이 아닐 것이다.

사실 책상 자체는 매끄럽지도 노란색도 아니다. 그런데 우리는 그냥 노랗다고 생각한다. 내가 그렇게 생각해서 그런 것이지, 대상 자체(물자체)는 결코 우리가 감각하는 것, 그런 것과는 별개의 것이다. 책상은 반질반질한 것도 노란 것도 아니라는 것이다. 이런 식으로 생각했을 때, 즉 내가 가지고 있는 나의 시각이 아니라 다른 시각으로 보았을 때, 세상의 많은 것에는 숨겨진 또 다른 모습이 존재함을 알 수 있다.

물론, 언제나 대상의 본질은 알기 어렵다. 왜냐하면 대상을 인지하는 우리의 감각이 불완전하기 때문이다. 그래서, 나와 여기와 지금에 가장 적합한 것을 찾는 것이 중요하다.

불완전하고, 불안한 것들

우리의 감각은 불완전하다. 그런데 이보다 더 심하게 우리는 자신의 눈으로 확인한 것보다도 더 잘못된 상식을 믿는 경우가 많다. 많은 사람들은 자신의 심장이 왼쪽에 있다고 믿는다. 국기에 대한 경례도 심장이 있는 왼쪽 가슴 위에 손을 얹고 한다. 그런데, 심장은 사실 우리 몸 중앙에 위치해 있으면서 약간 왼쪽으로 치우쳐져 있을 뿐이다. 눈으로 인체 해부도를 수없이 보았어도 자신의 눈보다 잘못된 상식을 믿는 경우다.

당신의 감각은 물론이거니와 당신의 기억도 불완전하다. 아니 더나아가 당신 기억의 저장창고인 뇌도 불안하다. 부드러운 단백질로 된 1.5kg 정도의 물질, 1,000억 개의 신경세포와 이들을 연결하는 500조의 고리로 구성된 그것, 바로 뇌다. 예를 들어, 지나치게 기억을 잘하는 새번트(savant)의 경우도 일종의 뇌기능 장애다. 영화 〈레인맨〉의 실제 주인공 킴 피크는 미국 고속도로 망, 전화번호부, 1만 2,000권 정도의 책을 모두 기억한다고 한다. 그러나 간단한 요리뿐만 아니라 혼자서는 옷 입기도 못한다.

우리의 감각도 결국 뇌가 분석하고 판단하는 것이다. 이런 측면에서 "인간은 머리(두뇌)로 음식을 먹는다"는 말이 설득력이 있다.[16] 혀에는 1만 개의 미뢰가 있고, 미뢰 하나에는 50~150개의 미각 세포가 모여 있지만, 맛을 인식하고, 결정하고, 선택하는 기관은 뇌다.

---

16) 《미각의 지배》, 존 앨런, 미디어월, 2013. 책에서는 바삭한 튀김 음식 같은 것을 선호하는 것도 인류의 조상이 바삭한 곤충을 잡아먹던 진화의 결과라고 한다. 그리고 인류가 고기를 불로 익혀 먹으면서 뇌가 두 배 이상 커지고 진정한 잡식성 동물로 바뀌었다고 말한다. 신경문화인류학자답게 미국 문화와 프랑스 문화의 차이에서 비롯된 음식문화의 차이도 언급한다. 미국에서는 모두 배부르게 먹고, 사회적 격차를 줄이는 식으로 발달했다. 그리고 사람들은 음식의 영양 분석을 통해 가공식품과 전통 요리와의 차이가 없다고 생각해 캔 식품에 익숙해졌다. 프랑스에서는 프랑스 혁명 시기에 발달한 개인 취향에 맞는 음식을 먹을 수 있었던 식사 경험이 당시 발달한 레스토랑에서 제공되었고, 음식의 지위가 높아지고, 음식문화는 복잡하고 규범화되면서 미식주의가 발달되었다.

두뇌는 감각 기관의 수고와 별도로 전해진 감각 정보를 종합하고 평가하여, 판단하고 선택하여 결정한다. 우리의 뇌는 외부에서 들어오는 정보를 해마에서 압축하여 기억한다. 극도로 압축된 상태로 저장하지 않으면, 외부에서 들어오는 정보 때문에 뇌의 저장량이 모자란다. 예를 들어 시각을 통해 들어오는 정보만 매시간 100기가바이트 정도나 된단다. 우리가 특별히 기억하려 하지 않는 정보는 제목 위주로 압축되고, 시간이 지나서 다시 기억을 되새길 때는 입력된 정보가 아니라 제목으로 정리된 정보에 과거 경험이나 편견이 더해져 재구성된다고 한다. 그래서 당신의 뇌도, 기억도 감각도 모두 완전하다고 장담할 수 없는 것이다.

뇌도 뇌지만, 실제 세상과 내가 인지한 머릿속 세상과의 간극도 만만치 않다. 그래서일까? 우리가 매일 접하는 뉴스도 진리는 아니다.[17] 그러나 우리는 잘 길들여진 양처럼 온순하게 순종한다.

왜, 2차 세계대전 당시 지성과 교양을 갖추었던 나치 정권의 장교들이 히틀러의 비이성적이고 잔인한 명령에 절대복종했을까? 일본 731부대의 끔직한 만행은 어떻게 자행될 수 있었을까? 왜 사람들은 비인간적인 명령도 맹목적으로 따르고, 정의롭지 못한 권력자의 명령을 거부하지 못할까? 그리고 왜, 평범한 사람들은 권력자의 명령에 끔직한 대량학살을 저지르게 될까? 정말, 스탠리 밀그램(Stanley Milgram)의 말처럼 민주주의 사회에서 만들어진 인성이 아무리 정의로운 것이라 할지라도 그 시민들이 만약 옳지 않은 권위의 지배를 받게 된다면 그들 역시 인간의 야만성과 비인간적인 태도에서 자유로울 수 없는 것

17) 《여론》, 월터 리프만, 이춘훈 역, 까치글방, 2012.

일까?[18]

　불완전한 감각을 넘어, 믿음, 의식, 정보 그리고 인간의 존엄성에 대한 믿음까지 모두 의심스러울 뿐이다.

　대상도 의심해 보고, 받아들이는 나도 의심해 보자. 의심하다 보면, 내가 직접 확인한 것도 불완전하고, 내가 기억한 것도 불완전하고, 세상의 상식이란 것도 불완전함을 깨닫게 된다. 이러한 깨달음은 자칫 불가지론(不可知論)으로 빠지기 쉽다. 맞다. 세상에는 내가 알 수 있는 것이 없다.[19] 그러나 그렇다고 가만히 있을 수는 없다. 이런 불안한 앎에서 현명한 출발점을 찾아야 한다.

---

18) 1963년 스탠리 밀그램은 '징벌에 의한 학습효과'를 측정하는 실험에 참여할 사람을 공개적으로 모집했다. 실험 참가의 대가는 4달러. 지원자를 두 그룹으로 나누어 한쪽에는 선생 역할을, 다른 한쪽에는 학생 역할을 맡기고 학생에게는 암기해야 할 단어, 선생에게는 테스트할 문제를 주었다. 그리고 선생은 문제를 틀린 학생에게 15볼트의 전기충격을 가하도록 한 후 오답이 나올 때마다 전압을 15볼트씩 높이도록 했다. 실험실 내부를 가른 칸막이 때문에 학생과 선생이 서로를 직접 볼 수 없었지만 의사소통은 가능한 상태였다. 실험이 시작되자 칸막이 너머에서는 비명과 욕설, 심지어 '불길한 침묵'이 계속됐지만 실험은 진행되었다. 엄격한 실험주관자는 망설이는 선생들에게 계속 지시대로 수행할 것을 종용했다. 그러나 선생 역으로 하여금 인간에게 치명적인 450볼트까지 전압을 올리게 했던 이 실험은 사실상 사기였다. 학생 역은 지원자가 아니라 '의도적으로 틀린 답을 말한' 실험팀의 일원이었고, 전기충격과 칸막이 너머의 고통 반응은 연기일 뿐이었다. 실험의 진짜 의도는 '징벌을 가하는 선생의 윤리적 태도'를 연구하는 것이었다. 실험팀은 원래 150볼트 이상의 상황에서 대부분의 지원자가 실험을 거부할 것이라 추정했지만 결과적으로 지원자의 65%가 권위자의 지시를 끝까지 따랐다(《지식e 3》, EBS 지식채널e 제작팀, 북하우스, 2008);《생각의 오류》, 토머스 키다, 열음사, 2007).

19) 마하(Ernst Mach)는 칸트(Immanuel Kant)가 현상 배후에 초월적 실재인 '물자체'가 있다고 생각했다. 그러나 마하는 물자체도 거부하였다. 우리가 사과를 인식할 때, 사과 그 자체에 대한 파악은 불가능하고 이것이 우리에게 주는 색, 냄새, 맛 등의 감각자료(Sense data)밖에 존재하지 않는다고 생각했다. 사실 사과의 빨간색도 가시광선에서나 빨간색이지, 다른 조건에서는 빨갛다고 규정하기 어려운 것처럼 우리는 사과의 실체가 아니라 우리 눈에 보이는 사과의 모습만 알고 있다.

2) 출발: 나, 여기 그리고 지금

출발

창조의 동인(動因)이 되었던 '회의(懷疑)'하는 것에 종지부를 찍을 때가 되었다. 의심하라는 것은 나의 앎이 나만의 편견일 수 있다는 것을 알고, 닫힌 생각이 아니라 열린 생각과 마음을 갖기 위함이었다. 그래야 새로운 가능성이 더 많이 보이기 때문이다.

이제 불가지(不可知)한 세상에서 내 지식과 판단의 부족함을 깨닫고, 열린 마음과 열린 생각을 가졌다면, 더 이상의 방황은 소모적인 것이 된다. 논리학에서 공리(公理, axiom)라는 것은 하나의 이론에서 증명 없이 바르다고 하는 명제로서 조건 없이 전제된 명제를 말한다. 이제, 이러한 공리가 필요한 때다. 신앙을 가진 사람은 자신이 믿는 신의 말씀을 근거로 불가지한 세상을 종지부 찍고, 신과 신의 말씀을 바탕으로 세상을 바라본다. 중국 철학의 노자와 장자도 이러한 역할을 해주는 것을 '도(道)'로 보았다. 그럼 우린 무엇에 중심을 두어야 할까?

결정

엉뚱한 얘기인지 모르지만, 무언가를 결정하면 마음이 편안해지기도 한다. 그래서일까 앞서 언급했던 로사 파크스도 비슷한 얘기를 했다. "세월이 흐르면서 제가 깨달은 것이 있습니다. 결단을 내리면 두려움은 사라진다는 사실입니다. 어떤 행동을 취해야 할지 알고 나면 두려움은 없어지는 법이지요." 이러한 출발점에 대한, 시

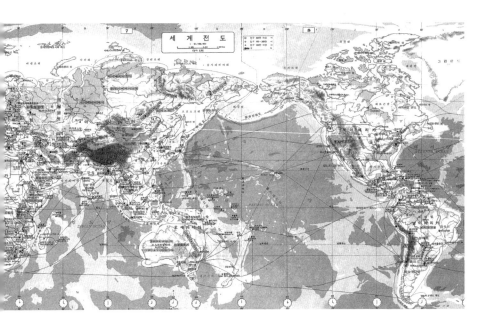

작에 대한 결정은 극단적 회의주의에 빠지지 않기 위해 꼭 필요하다.

지도를 이렇게 보고 있으면, 출발점과 종착점 그리고 그 과정에 대한 계획이 매우 중요함을 알 수 있다.

출발점이 없고 목적점이 없다면 표류하게 된다. 물론 표류 자체를 목적으로 삼을 수도 있겠지만, 일반적으로 표류 자체를 목적으로 삼는 것은 특별한 경우다. 출발점과 목적점이 있는 것이 일반적이다. 이와 같이 우리도 앎의 문제에 있어서, 알지 못함에 종지부를 찍기 위해서, 출발점을 찾고 그에 적합한 목적점을 마련해야 한다.

출발점

앞서 세상에 대한 불완전한 앎을 지적했고, 이는 자칫 불가지론으로 빠지기 쉽다고 말했다. 그래서 최소한의 출발점과 목적점을 찾아야 한다. 이런 방법은 프랑스의 철학자 데카르트(Descartes, René)의 '방법적 회의'와 비슷하다. 즉, 계속 의심하다 보니까, 세상에 대해 확실한 것이 하나도 없다는 것에 도달하게 되었다. 그런데 이처럼 의심을 하는 것은 나 자신이 존재하기 때문이라는 것을 깨닫게 되었다. 데카르트는 바로 여기에서 시작을 하게 되었다. 여기에서 나온 명제가 바로 "나는 생각한다. 그러므로 나는 존재한다(Je pense, donc je suis : cogito ergo sum)"이다.

반면, 몽테뉴(Michel Eyquem de Montaigne)는 데카르트와 달리 절대적인 확실성을 주장하지 않았다. 그러나 그는 자기 자신에 대해 쓴 최초의 철학자였다. 중세 그리스도교와 과학 사이에서 일상에 대한 무관심이 팽배하던 시절, 그는 삶 자체와 자신의 내면을 들여다보려 했다. 그래서 "우리는 자기 안에 머무르지 않고 늘 자신을 초월한 곳에서 맴돈다. 앞날에 무슨 일이 벌어질까에 정신이 팔려 현재에 대해 느끼거나 생각할 시간을 놓치는 것이다"라고 말하며 나와 여기와 지금의 가치를 중시했다.[20]

이런 맥락에서 출발점이 나와 여기와 지금이 된다면 어떨까? 당신이나 그들보다는 '나', 그리고 저기 보다는 '여기', 과거나 미래보다는 '지금'. 나와 여기와 지금을 그 무엇보다 더 잘 알고, 잘 실천할 수 있고, 책임 또한 직접 져야 하기 때문이다.

나에서 시작한 것은 너를 거쳐 여섯 명만 거치면 지구상의 모든 사람과 알게 될 수 있단다. 다시 말해, 스탠리 밀그램이 설정한 6단계 분리(six degrees of separation)이론에서는 지구에 살고 있는 모든 사람은 평균

---

20) 그래서 니체 같은 허무주의자도 몽테뉴의 글 덕분에 세상 사는 기쁨이 커졌다고 말했다.

적으로 여섯 명만 거치면 서로 알게 된다고 밝히고 있다. 결국 지구상의 모든 사람도 나로부터 출발하여 알 수 있는 것이다. 점에서 선으로, 선에서 면으로, 면에서 입체로 향하는 과정에서, 나와 여기와 지금은 중요하고도 의미 있는 시작점이 될 것이다.

그리고 지금 내가 있는 이곳에 충실할 때 삶은 더 풍부해질 것이다. 학생들 중에 이렇게 말하는 경우가 있다. "나중에 미국 유학을 가면 여기보다는 더 열심히 할 거야"라고, 지금이 아니라 미래에, 여기가 아니라 거기에서 무엇인가를 더 잘할 거라고 생각한다. 현실이 공중 부양하여 붕 떠 있는 삶이 되어 있는데, 어서, 여기로 지금의 상황으로 끌어내려 계획하고 실천해야 할 것이다. '나, 여기 그리고 지금'에서 시작해 보자.

일이관지(一以貫之)! 무엇으로 자신의 주변에 널려 있는 것을 꿰어야 할 것이다. 그리고 그 출발은 나, 여기 그리고 지금에 대한 각성일 것이다. 그런데 나와 여기와 지금의 출발에서 우리가 흔히 착각하기 쉬운 것은 나와 여기와 지금이 원래부터 존재했다고 생각하는 것이다. 더 자세히 살펴보자.

출발점: 나

문화를 보고 판단하여, 새로운 문화를 창조하는 데 있어, 그 중심에는 '나'라는 것이 서 있다. 세상의 수많은 지식을 어떻게 공부할 것인가? 세상의 수많은 지식을 어떻게 내 삶에 유용한 재료로 만들 것인가? 결론부터 말하자면, 그에 대한 대답은 지식 자체에 있는 것이 아니라 지식을 수용하고 창조하는 바로 나 자신에게 있다.

그래서 보는 이의 입장이 대상보다 더 중요할 수도 있다. 당연하다. 인식하는 것부터 판단하는 것까지 그 모두가 결국은 '나'에 의해 이루어지기 때문이며, 나는 또 어떠한 '입장'에 처해 있기 때문이다.

그러나 나는 나를 제대로 인식하지 못한다. 나는 나의 '입장'조차 때론 완전히 파악하지 못한다. 그래서 비교를 행하는 주체인 나 자체가 불안하다.《장자》의 '호접지몽(胡蝶之夢)'이란 고사를 예로 들면, 꿈속에 하늘을 날고 있는 나비가 나인지, 깨어나 거닐고 있는 장주가 나인지, 알지 못하겠단다.

문화로 이야기를 바꿔 보자. 내가 '어느 문화'를 받아들임에 있어서, 사실 '어느 문화' 자체보다 내 자신이 더 중요하다. 그러나 내가 어떤지 나는 정확히 모른다. 만약 이러한 문제가 문화를 보는 데 발생한다면, 수많은 차이 속에 나는 무엇을 가지고 판단해야 하는가? 물론 보이는 것과 보이지 않는 것, 쓸모 있는 것과 쓸모없는 것, 과정과 결과 이 모두는 어느 것 하나도 가볍게 무시할 수 없는 것들이다.[21] 그러나 이처럼 수많은 지식 가운데 나는 무엇을 가지고 이들을 보고, 이들을 무엇으로 일이관지(一以貫之)해야 하는가?

나: 차이

나, 여기 그리고 지금이 중심이 되어야 한다. 예를 들면, 발효식품과 부패식품의 차이는 결국 먹는 인간과 여기와 지

---

21) 어쩌면 세계를 대립적인 입장으로 해석하여 보는 것도 인간이 지닌 지(知)의 편협된 작용 때문일 것이다. 물론 여기서 우리 눈에 보이는 것들을 부정하자고 주장하는 것은 아니다. 단지 우리가 행동으로 하나를 살리고 하나를 죽이는 극단적 행동과 판단을 피하자는 것이다.

금이 기준이 된다. 화장실의 소변과 요료법에 사용되는 소변도 같은 이치다. 그러면서도 이러한 차이의 연구는 차별로 향할 것이 아니라 차이를 통해 나를 발견하는 쪽으로 나가야 한다. 그 속에서 나의 정체성이 싹트고, 나의 주체성이 자리하게 된다.

이처럼 차이는 나의 주체성과 정체성을 만들기도 하지만, 역으로 나의 주체성과 정체성을 근거로 판단하여 받아들일 대상이기도 하다. 여기서 나의 정체성을 한 국가나 한 지역의 문화 정체성으로 보았을 때, 차이의 역할도 똑같다.

비교의 중심에는 내가 있다. 그리고 보다 올바른 비교가 되기 위해서 나는 내가 서 있는 '입장'과 나를 제대로 파악해, 건전한 나와 입장을 만들어야 한다. 그래야, 그리스 로마 신화에 등장하는 프로크루스테스처럼 지나가는 행인들을 잡아와 침대에 묶어 놓고 키가 크면 다리를 자르고, 키가 작으면 다리를 잡아 늘려 침대 크기에 맞추기라도 할 수 있다.

　　인류학의 저명한 많은 학자들은 이런 종류의 불행이 인간적인 조건의 자연스런 산물이 아니라고 생각한다. 그들은 역사적으로 좀 더 규모가 작고 동질감이 큰 '민속'사회(Folk society)에 살던 사람들이 훨씬 더 조화롭고 행복했다고 믿는다. 사실 소규모 사회에 살고 있는 많은 사람들은 오늘날에도 그런 식으로 살아가고 있다.[22]

　　원시사회가 현대사회보다 훨씬 조화를 이루었다는 믿음, '야만'이 곧 '품위'라는 믿음, 과거의 생활이 오늘날의 생활보다 훨씬 목가적이었

---

22) 대부분의 사람들은 처음 낯설게만 느꼈던 자기 동네를 시간이 지나 익숙해짐에 따라 여러 가지로 살기 괜찮다고 생각한다.

다는 믿음, 지금은 사라졌지만 예전에는 인간이 공동체 의식을 지니고 있었다는 믿음은[23] 단순히 대중문화의 영화나 소설에만 반영되지 않고 학문적인 토론에서도 심도 있게 다루어지고 있다.[24]

우리는 문화를 논할 때 차이를 차별로 착각하여 논하거나, 과거와 현재의 비교에 있어, 또는 이곳과 저곳의 비교에 있어 한쪽에 치우쳐 객관적 평가를 하지 못하는 경우가 많다. 물론 그 자세도 과학적이지 못하고, 사고 또한 합리적이지 못한 경우가 많다. 그래서 우리는 올바른 비교를 하기 위해서라도 우리 안에 있는 또 하나의 환상과 싸워야 한다. 이제는 문화의 비교에 있어, 건전한 나와 나의 입장 위에서 단순한 비교가 아니라 내면과 외면을 함께 보는 관찰을, 다각적이면서도 주의 깊은 문화 관찰을 해야 할 것이다.

나와 정체성

우리는 지금 지식과 정보의 홍수 속에서 살고 있다. 그러나 아무리 지식이 높고 풍부하다 해도, 그것을 제대로 받아들여 이용할 수 없으면 아무 소용이 없다. 지식을 받아들이는 것 그리고 그 지식을 이용하는 것은 결국 내 자신에게 달려 있다. 출발점을 알고 목표점을 알고 있을 때보다 수월하게 갈 수 있다.

다음의 두 도식에서 보듯 정체성은 많은 지식을 나의 것으로 만

---

23) 공자가 주나라를 생각한 것, 구관이 명관이라는 속담, 어릴 적이 좋았지, 그때가 좋았지 라는 말 등.

24) 〈행복한 야만, 행복한 과거〉, 《문화가 중요하다》, 새뮤얼 헌팅턴 외, 김영사, 2003, 210쪽.

들 때 선별 기준이 되기도 하고, 외부 문화를 수용해서 내게 알맞은 문화를 창조하는 기준이 되기도 한다.

지식 및 문화 수용과 정체성의 문제:

① 많은 지식(지식의 바다) → 정체성(지식의 바다에서 나침반과 등대 같은 역할) → 나의 지식으로 만듦(나의 목적지로 안전하고 빠르게 도착)

② 외부 문화 → 정체성 → 내게 가장 적합한 문화 창조

그럼 나는 과연 무엇일까? 나는 여기서 그 문제를 정체성과 관련지어 생각해 보겠다. 김소운(1907-1981)의 시, 〈목근통신(木槿通信): 일본에서 보내는 편지〉를 보면 "내 어머니는 '레프라(문둥이)'일지도 모릅니다. 그러나 나는 우리 어머니를 '클레오파트라'와 바꾸지 않겠습니다"라는 구절이 나온다. 왜 레프라일지도 모르는 나의 어머니를 클레오파트라와 바꾸지 않을까? 내 어머니는 빼앗긴 조국일 것이고, 클레오파트라는 당시 한반도를 침략한 일본일 것이다. 왜 그는 망가진 조국을 일본과 바꾸지 않겠다고 말했을까? 그 조국 속에는 무엇이 있기에? 혹시 그 조국 속에는 나의 정체성을 결정짓는 단서들이 들어 있기 때문이 아닐까?

정체성은 오랜 시간을 거친 반복적인 사고나 행동을 통해 굳어져 버린 자신에 대한 판단 근거다. 지금 한국 땅에 발을 딛고 사는 나는 누구인가, 특수한 상황에 처했을 때 어떤 행동을 해야 하는가 등을 판단하는 근거가 바로 정체성에 대한 정의일 것이다. 한 사회 내에서 정체성은 단수가 아니라 복수로 존재한다. 즉, 사람들은 각자의 판단 근거를 지니는데, 이는 서로 다른 정체성을 지녔음을 말한다(예를 들어 계급

정체성, 성 정체성). 이것은 다름을 넘어 대립과 대결의 양상을 만들어 낸다.

정체성을 주어진 그 무엇으로 생각하거나 우리 모두가 나누어 가졌던 무엇으로 파악하려는 잘못된 인식 때문에 많은 문제가 발생했다. 그래서 기존의 연구에서는 정체성의 형성 과정이나 정체성이라는 효과를 내는 사회적 기제(agents)에 대해서 심각하게 고민하지 않는다. 그러나 정체성이 변하고 있음에 주목하고 그 대책을 좀 더 주의 깊게 고민해 보아야 한다. 이와 같이 우리 민족이 공통적으로 지닐 것이라는 정체성을 전제해 두는 '본질주의적 패러다임'에 변화를 주지 않는 한 정체성에 대한 수준 높은 논의를 이끌어 내기는 힘들다. 다음 정체성을 설명하기 위한 패러다임을 세 가지로 나누어 비교해 본다.

〈정체성 설명을 위한 패러다임〉[25)]

분류	본질주의 패러다임	언어(이데올로기)패러다임	권력 패러다임
주요 이론적 측면	– 민족 정체성 – 전통문화 = 정체성 기제 – 공통 역사 → 정체성	– 전통의 발명(홉스바움) – 언어적 한계(라캉) – 언어적 호명(알튀세르) – 담론 구성(페쇠) – 접합/헤게모니(라클라우/무페)	– 훈육/감시(푸코) – 코드화(들뢰즈)
요 점	문화 보존/학습	언어/매체/주체화	감시/훈련/기계화

본질주의는 어떤 개념을 빌려 세상을 설명할 때 그 개념에 상응하는 무엇인가가 분명 존재할 것이라고 전제한다. 예를 들면 '민족 정체성'이라는 개념에 해당하는 불변의 실제가 존재하는 것처럼 설명한다. '본질주의 패러다임'에서는 끊임없이 정체성의 정체를 찾기 위해

---

25) 〈정체성의 정치학〉, 원용진, 《문화 연구 이론》, 정재철 편저, 한나래, 1999, 184쪽.

고심한다. 영토적 한계나 민족적 동질성 탓에 이미 특정 모습을 갖춘 정체성이 있을 것으로 파악하고 그것이 무엇일까를 고민한다. 아니면 문화권이란 덜 체계적인 범주를 정해 놓고 정체성의 존재를 확인하려 한다.

언어 패러다임은 문화, 언어가 갖는 정체성 과정상의 중요성을 구체적으로 정리한다. 즉, 문화를 삶의 방식, 그 방식의 나눔을 위한 언어적 행위, 그리고 그 방식에 참여하는 다양한 사회 제도, 집단 간의 경쟁 등을 바탕으로 정체성을 설명하고자 한다. 문화적 실천, 언어적 실천 등을 통해서 정체성을 갖게 하고 궁극적으로는 의도한 주체를 만들어 내는 효과를 얻는다.

권력 패러다임은 정체성에 대한 직접적인 언급이 없긴 하지만, 정체성 없이도 주체 형성이 가능하다는 획기적인 기획을 포착했다. 시간과 공간, 기계라는 근대적인 산물들에 의한 몸 주체, 욕망을 포착함으로써 권력 패러다임은 주체 형성에 대한 새로운 장을 열었다.[26]

국가 정체성과
세계의 흐름

한국인과 조선족의 정체성은 어떻게 다를까? 예를 들어 한국과 중국의 축구 시합이 있다고 하자. 그때 과연 중국 교포는 어느 국가를 응원할까? 몇몇 지인들에게 직접 물어보았더니 교포 1세대는 한국을, 2세대는 갈등을, 3세대는 중국을 응원한다고 한다. 개인차는 있겠지만, 시간이 지남에 따라 사람들이 동화 혹은 적응

---

26) 위의 책, 179-202쪽.

해 가는 것은 당연한 이치다.

모든 국가나 사람은 나름의 정체성을 지니고 있다. 그리고 국가는 이러한 정체성과 세계의 요구와 맞아떨어졌을 때, 국제사회를 이끌고 지도하였다. 로마가 그랬고, 몽고가 그랬고, 중국이 그랬고, 프랑스가 그랬고, 영국이 그랬다.

중국의 전국(戰國)시대, 국토가 나눠지고 갈라진 상황에서 제(齊)나라는 경제에 힘을 모아 부강한 나라를 만들었다. 그리고 그 여세를 몰아아 '직하(稷下)'라는 곳에 최초의 기숙 아카데미를 만들었다. 그러나 이러한 정신도 점차 쇠퇴되어 가면서 전국의 패권은 무력과 확고한 의지와 강력한 카리스마를 지닌 지도자를 중심으로 한 진(秦)나라가 '전국'을 무력으로 평정하게 된다. 당시 시대가 전쟁과 무력으로 정의되었다면, 당시의 사회적 문화적 코드는 '힘'이었다. 그리고 그것과 '진'은 잘 부합되었고, 결국 중국을 최초로 통일하였던 것이다.

일본은 응용하고 변형하는 그들의 장점을 이용, 한때 전 세계를 주름잡는 전자제품을 생산했다. 반면, 멜빌(Herman Melville)의《백경》이나 헤밍웨이(Ernest Hemingway)의《노인과 바다》로 대표되는 미국의 정신은 불굴의 개척자 정신이다. 거기다 하나 더 더하여 말한다면, 안으로부터의 신의 소리에 충직했던 청교도 정신이 있다. 그러나 지금 미국도 이러한 그들의 정체성이 서서히 변화되고 있다. 좌절을 이겨 내며 자신과 싸워 이기는 정신이 변화되고 있다. 도시화와 인터넷은 청소년들을 집안 어두운 구석으로 몰면서 그들을 무기력하게 만들고 있다. 비단 이것은 미국만의 현상이 아니라 세계적인 현상이다.

한국인을 규정하는 정체성 가운데는 우리 마누라, 우리나라, 우리집, 우리 누나, 뭐가 그리 좋다고 우리, 우리 하는지, 뭐가 그리 두려워

끼리끼리 뭉치는지, 한국의 모습은 '우리'라는 단어로 나타난다.[27) 또 있다. 비가 오면 물에 빠질 것을 뻔히 알면서도 만든, 그리고 그 다리가 물에 잠길 것을 대비하여 그 위에 이층 다릴 쌓은 사상 초유의 잠수교가 그러하고, 새로 길을 포장한 곳을 또 파고 수도 공사로, 전기 공사로, 전화 공사로, 부실 공사로 길을 땜질하는 공사 현장이 그러하고, 겨울날 파란 잔디 대신 보리 싹을 흩뿌린 것이 그러하다. 참을 수 없는 임기응변의 가벼움, 빠른 전환과 약동하는 모습, 한국인의 정체성은 이러한 것으로 표현된다.

그런데 이것이 21세기의 IT문화와 맞물려 웅비하고 있다. 이것은 손의 양면과 같다. 뒤집으면 장점으로, 또 뒤집으면 단점으로 얼마든지 변할 수 있는 것이다. 그러나 그것보다 더 중요하고 분명한 사실은 아무 때나 뒤집는다고 다 단점이 장점되는 것은 아니다. 주변 상황과 나의 상황에 맞춰 해야 하는 것이다. 여기서 주변 상황의 파악은 과학적이고, 객관적이고, 합리적인 방법에 의해 가능하며, 나의 상황은 나의 정체성과 관련된다.

나의 단점과 장점은 손바닥의 앞과 뒤와 같은 관계다. 장점과 단점을 막연하게 알고 있는 것이 아니라 보다 구체적이고 과학적인 방법으로 진단해 좋은 결과를 얻는 것이 중요하다. 이러한 것은 한국의 스포츠 분야에서 잘 나타난다. 신체적 열세를 빠른 움직임으로 극복한 펜싱, 강인한 체력과 부지런함으로 우리 길을 찾은 축구 등. 경제 분야에서는 유목민 스피드에 유교적 리더십을 갖춘 한국식 경영 스타일을 들 수 있다.

---

27) 우리는 흔히 사람 '인(人)' 자를 가지고 서로 기대어 산다는 의미를 가졌다고 풀이하거나, 어질 '인(仁)' 자를 사람이 둘로서, '우리' 속의 덕목으로 강조하기도 한다.

내 자신 알기

"아아, 나는 잠들었는가, 깨어 있는가? 누구, 내가 누구인지 말할 수 있는 자가 없느냐."

– 셰익스피어(William Shakespeare) 《리어왕》 1막 4장

"이제 나는 명령한다. 차라투스트라를 버리고 그대들 자신을 발견할 것을!"

– 프리드리히 빌헬름 니체(Friedrich Wilhelm Nietzsche)

오늘 우리는 세상의 정보를 만나면서도, 제 자신에 대해서는 의심하거나 궁금해 하지 않는다. 언제 한번 나에 대한 진정한 평가를 시도해 본 적이 있는가? 언제 한번 나 자신을 속속들이 분석하고 판단하여, 나는 이런 사람이라고 평가한 적이 있었는가? 정말 나는 나를 그렇게 잘 아는가? 앞서 내가 내 눈으로 보는 것도 확신할 수 없다고 했는데 나는 나를 잘 알고 있는가? 무엇이 정말 나의 모습일까? 나는 나 자신도 잘 알지 못한다.

우리는 교육을 받으면서, 무엇보다도 나 자신을 제대로 파악하는 것이 필요했지만, 그리고 더 나아가 '자신에 대한 존경'이 필요했지만, 불행하게도 우리의 교육에서는 '나'가 없었다.

내가 어떤 것을 잘하고 못하는지에 대해 파악할 필요가 있다. 그러나 교육현장에서 '나'는 언제나 뒷전이었고, 남들의 잘났다는 몇몇 사례의 것을 내 자신에 주입시키기 급급했었다. 그리고 여기서 발견된 나의 단점을 극복해야 한다고 강요당해 왔다.

수업시간에 학생들에게 말하곤 한다. 지금까지 여러분은 국가가

정해 놓은 틀로 공부하고 평가받고 구별되어 여기에 있게 되었는지 모른다. 그러면서 더 심각한 문제는 이러한 평가를 절대적인 잣대로 생각하고, 그것을 마치 나의 원래 모습인양 착각하며 살아간다는 것이다.

그나마 좋은 평가를 받았다면 불행 중 다행이겠지만, 그렇지 않다면 한평생 패배감에 젖어 살아가게 될지도 모른다. 자신을 사랑하라. 그리고 자신에게 묻고, 관찰하라. 세상에 그 누가 내 자신을 보듬어 줄 수 있겠는가? 그동안 사느라고 지친 내 자신을 어루만지며 나와의 대화를 시작해 보라. 그리고 나의 능력과 가능성을 발견하고, 믿어라. 그러면서 내가 서 있는 이곳과 살아가는 지금을 파악하라. 지금 여기 내가 존재한다![28]

앞서의 글에서는 나와 다른 사람의 다름을 밝히려 한 것이 아니라 무조건적으로 남을 따라하기, 즉 주체성과 정체성을 망각한 남의 문화 따라하기를 비판하고 싶었다. 예를 들어 온돌 집에서 침대 생활을 하며 슬리퍼를 신고 다닌다거나, 국물 같은 습식(濕式) 음식을 즐기는 우리가 빵 같은 건식(乾式) 음식에 알맞게 만들어진 서양식 식탁을 받아들인 뒤, 그 위를 천으로 깔고 다시 유리로 덮어씌우는 것은 왠지 습식 음식문화에 알맞게 발달한 우리 밥상을 너무 쉽게 부정한 것이 아닌가 생각한다. 물론 여기서 이러한 우리의 모습을 비난하거나 부정

---

28) 나를 파악하고 나를 계발하는 데 있어서 단점을 극복하기보다는 장점을 극대화하는 것이 좋을 수도 있다. 장점을 극대화하면 그 장점이 단점을 가려 주는 경우가 많다. 단점을 극복해야 평균 정도의 사람밖에 되지 않지만 장점을 극대화해 발전시킨 사람은 굉장히 뛰어난 사람이 될 수도 있다. 연예인들 중에서도 이런 예는 쉽게 찾아볼 수 있다. 개그맨 정종철 씨나 고인이 된 이주일 씨를 예를 들면 외모는 잘생기지 않았지만, 개그는 정말 잘한다. 그런데 만약 단점인 외모를 극복하기 위해 노력했다면 평범한 사람 정도가 되었을 것이다. 그런데 자신의 뛰어난 장점인 개그를 쭉 열심히 해왔기 때문에 오늘날의 그들이 되었을 것이다. 먼저 자신을 파악하고, 거기에 맞춰 장점을 극대화해야 할 것이다.

하자는 것은 아니다. 이것도 커다란 문화 변천 속에 알맞게 조절되어 갈 것이기 때문이다. 그러나 우리가 애당초 좀 더 적극적이고 주체적이면서 능동적으로 다른 문화를 수용한다면 그만큼 시행착오가 적어지고, 또 그만큼 창의적 문화를 꽃피울 수 있지 않을까?

여기, 환경의 동물
인간

인간은 환경의 동물이다.[29] 인간이 만든 사상도 그렇다. 우리는 누구나 할 것 없이 주변 환경의 영향을 받고 행동하고 사고한다. 여기서는 앞서 논의한 것과 반대로 우리가 환경을 바꿀 수는 없을까 생각해 보자.

가끔 우리는 공부방에서 능률이 오르지 않을 때, 방의 분위기를 바꾸어 본다. 책상을 옮긴다든지, 조명을 바꾸어 본다든지, 아니면 화분 하나를 키워 본다든지…….. 이처럼 방 분위기를 바꾸고 나면 학습 능률이 오른다. 또 다른 경우를 보자. 어떤 일에 집중해서 골똘히 일을 하다가 능률이 오르지 않을 때, 잠시 자리에서 일어나 맨손체조를 한다든지, 잠시 산책을 하면 이내 정신이 집중되고 일에 능률이 오른다는 것을 알 수 있다. 자, 이러한 것이 바로 능동적으로 환경에 대처하는 것이다. 내가 능동적으로 나의 환경을 바꾸는 것이다. 그리고 인간은 내가 바꾼 환경에 다시 영향을 받는다. 자! 그렇다면 인간은 환경의 영향을 받기도 하지만, 또 환경을 제한적으로 바꿀 수 있는 능력도 있

---

29) 이 책의 '2장 문화'의 '4. 문화와 환경'을 참고하기 바란다.

다는 것이 된다.

옛날에 어느 종교 지도자가 자신의 신도를 모아 놓고 설교를 하다가 다음과 같이 말했다고 한다. "사랑하는 여러분, 오늘은 제가 여러분들에게 저기 멀리 보이는 산과 제가 함께 있도록 해보겠습니다." 이내 사람들은 술렁대며 "드디어 우리 지도자께서 기적을 보여 주시는구나" 하며 기쁨에 들떠 있었다. 지도자는 "산아! 이리 오너라!"라며 외쳤다. 그런데 이상하게 산이 꼼짝 않고 제자리를 지키고 있는 것이 아닌가? 그러자 사람들은 '그럴 수도 있지, 저렇게 멀리 있는 큰 산이 한번 말한다고 해서 그리 쉽게 움직이겠어'라고 생각했다. 지도자는 이어 "산아! 이리 오너라!" 하며 다시 외쳤다. 그런데 이상하게 이번에도 산은 조금도 움직이지 않고 그대로 제자리를 지키고 있었다. 그리고 곧 지도자는 세 번째로 "산아! 이리 오너라"라고 외쳤다. 그런데 이게 웬일인가? 갑자기 서쪽 하늘에서 검은 구름이 몰려오더니 우르릉 쾅쾅 하며 천둥과 번개가 치면서 산이 조금씩 그들을 향해 다가오는 것이 아닌가? 그러나! 이것은 사람들의 희망사항이었고, 산은 역시 제자리에 가만히 있었다. 그러자 지도자는 산을 향해 이렇게 외쳤다. "오늘은 네가 나에게 오기 싫은가 보구나, 그렇다면 오늘은 내가 너에게 가지" 하며 산을 향해 걸어갔다고 한다.

멋지지 않은가? 산이 정말 다가온 것보다! 네가 오지 않으면 내가 간다. 환경이 나를 변하게 하지만, 내가 나의 환경을 바꿔 나의 변화를 주도할 수도 있어야 한다.

인간의 의지는 자연계에서의 기적 가운데 가장 커다랗고 놀랍고 위대한 기적을 만들 수 있다. 내가 가든지 그것을 오게 하든지 결국은 만나 하나가 되는 것이다.

공간도 변한다고 한다. 그래서 질량이 커다란 물체의 주변 공간은 구부러져 있다고 한다. 인간 사회에서도 열정이 가득한 사람은 환경을 변화시킨다. 자신이 환경의 중심이 되어 환경을 자신에게 맞추어야 한다. 환경 때문에 자기가 하고 싶은 일을 할 수 없는 경우가 얼마나 되겠는가? 뭔가를 성취하겠다는 열정만 있다면 어떤 환경에서도 해낼 수 있다.[30]

이제 우리는 내가 서 있는 지금, 이곳을 시작으로 하여 웅비해야 한다. 우물 안의 개구리는 비록 우물 속에 있지만, 우물을 박차고 나온 개구리는 우물을 기점으로 넓은 세상을 품게 될 것이다. 지금은 세계화의 시대다. 다양한 문화 교류가 일어나고 있다. 이제는 눈을 크게 뜨고, 마음을 활짝 열고 세계를 향해 뛰어야 한다. 하지만, 그 출발은 언제나 여기부터임을 잊지 말자.

"삶에서 가장 중요한 순간은 언제인가? 지금이다. 왜냐하면 누구나 현재에서만 행동할 수 있기 때문이다. 행해야 할 가장 중요한 일은 무엇인가? 자기 앞에 놓인 일에 전념하는 것이다."

– 베르나르 베르베르의 《개미》에서

---

30) 열정과 기(氣)업(Up). 빌 게이츠와 워런 버핏이 말하는 성공 제1원칙은 바로 열정이다. 반복되는 일로 인한 매너리즘, 실적에 대한 부담감, 불확실한 미래 등으로 무기력해지기 십상인 기업문화에 경영자는 어떻게 하면 활력 있고 일하기 좋은 직장을 만들까 고민한다. 비전을 실현하려면 전 사원이 목표를 공유하고 창의력을 최대한 발휘할 분위기를 만들어야 한다. 직원들이 먼저 일에 대한 자부심을 가져야 고객에게 감동을 줄 수 있기 때문이다. 때문에 인재를 채용할 때 도전 정신이 있고 끼와 재능을 발산할 수 있는 열정을 가진 사람을 고른다. 신화창조의 중심에는 항상 에너지로 가득 찬 리더가 있다. 99도와 100도는 불과 1도 차이지만 이 작은 수치가 큰 차이를 만든다. 1도 차이로 좌절된 수많은 꿈. 열정 불어 넣기는 새로운 성공신화의 열쇠일 것이다(한국경제, 2005년 5월 20일자, A37면).

지금, 시간의 상대성

　　　　　장유유서(長幼有序)의 영향인지, 우리 문화에서는 나이가 무척이나 중요하게 여겨졌다. 나이가 많다는 이유로 우리 사회는 어른에게 언제나 우선권을 부여했다. 싸우다가도 잘잘못에 상관없이 주민등록증에 적힌 나이로 시비를 가리거나, 어른의 무례함은 젊은 이의 정당함을 이겼다.

　　이처럼 깊이 있게 내려온 장유유서의 뿌리는 수직적인 군사문화와 합쳐져 다른 나라에서 보기 힘든 또 다른 한국적인 것을 만들었다. 그러나 시간을 오래 살았다 해서 그가 꼭 나보다 옳은 것은 아니다.

　　또한 한국 사회가 가지고 있는 '빨리빨리' 문화도 우리가 가지고 있는 시간의 한 편견이 노출되어 나타난 것이다. 우리는 조급증에 혹은 빠름에 찌들어 시간적으로 무조건 빨리 되는 것을 최고로 여긴다. 그러나 노자(老子)는 대기만성(大器晚成)이라고 말했다. 타인의 시간 기준에 얽매여 나를 괴롭히지 말자. 인생의 가치는 빨리 함에 있는 것이 아니라 얼마나 많이 즐겁고 행복한가에 있지 않을까?

　　시간은 상대적이다. 그리고 누구에게나 제한적이다. 주어진 시간을 잘 사용해야 할 것이다. 나이가 들수록 시간이 짧게 느껴지는 것은 심리적인 계산 때문이란다. 예를 들어, 10세 아이에게 1년은 삶의 10분의 1이지만, 50세에게 1년은 50분의 1밖에 안되기 때문이란다. 일에 몰입하지 않으면 시간은 천천히 지나지만, 일에 몰입하면 시간은 빠르게 지나간다. 내가 서 있는 지금 여기에 몰입하는 것도 행복을 풍만하게 만드는 방법이다.[31]

---

31) 조디 피콜트(Jodi Picoult)가 쓴 《19분》(이레, 2009)에 보면 행복은 현실÷기대, 즉 기대분의 현실이란다. 현실을 키우는 것도 좋지만, 분모인 기대를 줄이는 것도 행복해지는 방법이다.

우리는 시간의 상대성에 대하여, 고통의 순간과 기쁨의 순간이 시간적으로 얼마나 다른지에 대하여 경험적으로 잘 알고 있다. 반면에 우리는 공간의 상대성에 대하여 그 차이를 별로 느끼지 못하고 있다. 그러나 과학기술의 발달로(KTX를 타고 부산을 다녀오는 것과 100년 전처럼 말을 타고 다녀오는 것을 비교하는 것, 혹은 KTX로 서울에서 부산까지 가는 시간과 의정부에서 인천까지 지하철 타고 가는 시간을 비교해 보라) 공간의 상대성도 이제 좀 더 피부로 느끼게 되었고, 시간 못지않게 공간도 절대적이 아니라는 것을 깨닫게 되었다. 과학기술의 발달로 공간과 시간에 대한 인류의 생각이 변해 가고 있다.[32]

시간의 연결

우리는 불과 얼마 전의 일에 대하여 아주 먼 옛날 얘기처럼 생각하곤 한다. 우리는 너무 눈앞의 것에 익숙해져 있기 때문이다. 그러면서 과거뿐만 아니라 미래도 제대로 인식하지 못하며 살아간다.

과거의 시간이 오늘보다 뒤에 있다고 해서 우리는 간혹 무시한다. 그것은 시간의 차이에 불과할 뿐이고, 시간을 하나의 단절된 무엇으로만 생각하기 때문이다. 시간은 단절된 그 무엇이 아니다.

한강의 유람선은 유람선 밑의 물이 하류로 빠져나간 뒤, 상류에서 흘러오는 물이 그 자리를 메우므로 물 위에 떠 있을 수 있다. 시간은 이와 같이 연속되어 흐른다. 소크라테스 이전의 그리스 철학자 헤

---

32) 오스트리아 빈 공과대학의 페렌 크라우츠 교수팀이 2004년에 레이저를 이용하여 100아토초(Atto second)를 측정했다고 한다. 1아토초는 100경분의 1초로 매우 짧은 '찰나'다.

라클레이토스(Herakleitos)는 같은 강물에 두 번 들어갈 수 없다고 했다. 그러자 제자가 그 소리를 듣고, 스승님은 같은 강물에 단 한 번도 들어갈 수 없다고 하지 않았던가? 흐르는 물은 이미 좀 전의 물이 아니고, 내 몸도 이미 좀 전의 몸이 아니기 때문이다.

세상도 내 몸도 변하지만 그러면서도 우리는 과거가 되어 버린 나와 사회의 연결고리를 그대로 유지한다. 심지어 의식도 그러하다. 그래서 우리는 시간 속에 또 다른 타성에 젖는다. 일반적으로 우리는, 지금의 강물은 이미 흘러가 버린 강물과 혼동하고, 물은 계속해서 흐르지만 그 물을 변함없는 그 물로 보고, 나는 계속해서 살아 있으므로 과거의 나와 오늘의 나, 그리고 미래의 나를 하나로 생각한다. 가끔 오랜만에 만나는 사람들을 보면 그 사람이 나이를 먹음에 따라 바뀐 것을 고려하지 못하고, 정체된 나의 판단으로만 대하게 된다.

후세대는 앞선 세대들의 빈자리를 채우는 것에 불과하다. 연극 1회 공연이 끝나고 난 뒤 2회 공연에서는 인물이 바뀌기도 하고(어떤 이는 사라지기도 하고, 어떤 이는 새로 데뷔하기도 하고, 또 어떤 이는 역할이 바뀌기도 하고)……. 인생도 연극과 같은지 모른다.

시간 여행

짬이 된다면 가끔 공간적 여행과 더불어 시간적 여행도 해보자. 만약 100여 년 전에 내가 태어났다면, 그때는 어떤 상황이었을까? 라는 생각에서부터 그때 지금 정도의 지식이 있었다면 내게 얼마나 많은 일들이 생길까…….

그런데 반대로 오늘 내가 100년 뒤를, 아니 100년은 너무 길으니,

5년 뒤라도 상상할 수 있다면, 그것도 국가적 혹은 세계사적 중대한 일이나 사건이 아니라 내 개인적 일을 상상할 수 있다면……. 다음의 글은 100년 전 우리 학교의 모습을 그린 것이다.

학생이 있어야 가르칠 것 아닌가. 그런데 수업을 들을 학생이 없었다. 서당이 아닌 신식 학교로 학생들이 앞다퉈 몰려가지는 않았다. 학생이 없는데 입학시험이 있을 이유가 없었다. 학생들이 가끔 입학을 했지만 지금과 같은 어린 학생들이 아니었다. 상투 틀고, 갓 쓰고, 도포 입고, 장가가서 아이가 서넛 딸린 사람들이 학교에 들어왔다.

1885년에 설립된 배재학당의 경우 학생들을 시험을 통해 선발하기는커녕, 오히려 학생들에게 공책과 연필, 그리고 점심 값을 지불했다. 학생들은 돈을 받으면서 공부했다. 여학생 얻기는 더욱더 어려웠다. 그들은 귀하신 몸이었다. 1886년에 스크랜턴 부인이 설립한 이화학당은 학생 구하기가 힘들어 천연두에 걸려 광화문 밖에 내버린 아이들을 주어다가 치료를 해준 후 제자로 받아들였다. 학생이 귀했던 시대, 경쟁할 학생이 없었던 시대, '학생 품귀 현상'을 보였던 시대의 진기한 풍경이다.

고종의 교육조서가 세상을 떠들썩하게 만들고, 전국 곳곳에 공립·사립학교가 설립되었다. 한국 사람들도 신학문에 대해 관심을 갖기 시작했다. 일군의 아이들이 학교로 달려갔다. 대부분 평민들이었다. 나무 장수, 농사꾼, 장사치, 신기료 장수, 기생, 백정 등등. 거기에 양반의 자식도 포함되어 있었다. 근대 학교는 사농공상이 처음으로 한 공간에 총집합된 종합선물 세트였다.

학생 수가 늘어나고 신학문에 대한 관심이 증가함에 따라 학교들도 궤도를 수정한다. 입학시험을 실시한 것이다. 그렇다고 지금처럼 국·영·수를 중심으로 한 철저한 능력평가제는 아니었다. 우선 학교의 등급에 따라 나이 제한을 두었다. …… 그리고 시험을 보았다. 한문 강독과

한글 강독, 한문 글짓기와 한글 글짓기, 산술(수학), 체조였다.[33]

연애와 결혼에 대해서도 100년 전의 우리의 모습은 지금 상상하는 것과 너무 다르다. 그렇다면 100년 전 이상적인 연애와 결혼의 표본은 어떤 모습이었을까?

두 학생이 있다. 이인직의 신소설《혈의 누》(1906)에 등장하는 학생들이다. 남학생은 구완서이고 여학생은 김옥련이다. 이 둘은 미국 유학생이다. 외국에서 어렵사리 공부를 마친 이들은 어느덧 서로를 자신들의 반려자로 생각하고 결혼할 것을 다짐한다. 그런데 100년 전이었음에도 불구하고 김옥련은 자신의 아버지 김관일의 의사와 상관없이 구완서와의 결혼을 결정한다. 구완서는 옥련과 김관일과 모여 앉아 자신들의 결혼에 대해 이야기한다. 이상한 일은 아버지를 앞에 앉혀 둔 이들은 자신들의 결혼에 대한 얘기를 영어로 주고받는다는 것이다. 물론 아버지는 이들이 무슨 이야기를 주고받는지 알 수 없었다. 부모의 뜻과 상관없이 자신들의 뜻에 따라 결혼하는 것은 당연한 일이다. 하지만 아버지의 간섭에서 벗어나려는 그들의 의지는 언어까지 바꿔서 말할 정도로 구시대적 결혼제도에 대한 강한 저항감을 표출한다.

옥련과 구완서의 결혼관은 단순히 구습에 대한 반대가 아니라, 각자의 야망을 이루기 위한 최적의 배우자를 선택하고자 하는 욕망에서 비롯된다.[34]

---

33)《학교의 탄생》, 이승원, 휴머니스트, 2005, 36-37쪽.

34) 上同. 상대방의 얼굴도 보지 못한 채 어른들의 결정을 따라 결혼하거나 집안과 가문을 본 뒤 한 결혼. 잠깐의 만남에서 생긴 감정을 '사랑'이라 생각하고 한 결혼. 결혼 정보 업체의 회비에 따라 바뀌는 상대방의 조건에 맞춰 한 결혼. 더 나아가 다른 문화권에서 진행되는 다양한 결

사랑이란 것도 지금 많은 사람이 생각하는 것과 다른 모습을 지니고 있었다.

> 사랑에 빠진다는 것은 대개의 사람들이 모두 겪는 경험이라고는 할 수 없으며, 또한 결혼과 그렇게 밀접히 관련된 것도 아니다. 서구 사회에서 로맨틱한 사랑이라는 관념은 얼마 전까지만 해도 그리 널리 퍼져 있지 않았으며, 대부분의 다른 문화권에서는 한 번도 존재한 적이 없다. ······ 중세 유럽에서 사랑을 위한 결혼은 전혀 없었다. 실제로 "감정을 가지고 부인을 사랑하는 것은 간통"이라는 중세의 말이 있었다. 중세로부터 몇 세기 동안은 사람들은 주로 가족의 신분이나 재산을 유지하거나, 또는 농토를 경작할 아이들을 낳으려는 목적 때문에 결혼을 하였다. 물론 일단 결혼하고 나면 서로 사랑하게 될 수도 있었지만, 어쨌든지 그것은 사랑부터 하고 결혼하는 것이 아니라, 결혼하고 나서 사랑하게 되는 경우인 것이다. 부부 사이 말고도 성적인 접촉의 기회는 있었지만, 이런 것들은 우리가 사랑이라고 부르는 감정과는 거의 상관이 없는 것이었다. 사랑은 기껏해야 어쩔 수 없이 나약해지는 것이고, 잘못하면 질병의 일종으로 간주되었다.[35]

시간의 여행을 하다 보면, 당연하다고 생각하던 것이 그렇지 않다는 것을 깨닫게 된다. 기든스의 지적처럼 사랑이 로맨틱한 것도, 그리고 그것이 결혼으로 이어져야 한다는 것도 아니다. 인간에게 주어진 측면으로 생각하지 말고 더 넓은 사회적 영향력에 의해 규정되는 것

혼 양식과 형태······. 과연 어느 것이 더 좋은가? 어느 것이 더 야만적인가?

35) 《제3판 현대사회학》, 앤서니 기든스, 을유문화사, 1999, 26-27쪽.

으로 보아야 할 것이다. 이러한 영향력이 지금 여기서 문화를 연구하는 이유가 된다. 그러면서 우리는 우리 삶에 익숙한 것들을 의심하고 폭넓은 관점으로 관찰해야 한다. 그렇기 때문에 과학적·객관적·합리적 방법이 문화 연구에서 매우 중요하다.

시간 여행 작품

　　　　　인류는 상상 속에서 시간의 벽을 허물고 새로운 공간을 꿈꾸었다. 그리스어로 '없는'을 의미하는 'ou'와 장소를 의미하는 'topos', 그리고 라틴어 어미인 'ia'로 이루어진 유토피아라는 말은 영국의 인문주의자 토머스 모어(Thomas More)에서 시작되었다. 유토피아를 글자 그대로 번역하면 '존재하지 않는 곳'이다. 그런데 영어에서는 그리스어 'ou'와 'eu'가 발음이 같아 그리스어로는 'Eutopia', 즉 '좋은 장소'를 의미하는 단어로 들린다.

　　과거로부터 유토피아를 주제로 한 대표적인 서양의 문학작품을 살펴보면 다음과 같다.《유토피아》1516년, 토마스 모어.《노바 아틀란티스》1627년, 프랜시스 베이컨.《태양의 나라》1623년, 토마소 캄파넬라.《타임머신》1895년, H.G. 웰스.《멋진 신세계》1932년, 올더스 헉슬리.《1984》1949년, 조지 오웰.《솔라리스》1961년. 스타니슬라프 렘.《뉴로맨서》1984년, 윌리엄 기브슨 등이다.

　　《유토피아》에서는 여가 시간은 많지만 게으름을 피울 시간은 거의 없다. 술집도 없고 카드놀이와 사냥도 허용되지 않는다. 사냥의 잔인한 장면을 보면 감정을 무디게 만들고 연민의 정을 죽인다고 생각했다. 자신을 다른 사람의 시각에 비추어 보는 능력은 유토피아 주민들이 공평하게 살 수 있는 가장 본질적인 부분이다.

《노바 아틀란티스》에서는 현미경의 도움으로 혈액과 오줌이 검사되고, 식품 실험실에서는 에너지 드링크가 발명되고, 음향과 향수를 만드는 건물이나, 비행기와 잠수함도 등장한다.

《태양의 나라》에서는 기후를 조작할 수 있고, 인공 빛을 만들며, 돛이나 나루를 이용하지 않고 특정한 기계장치를 통해 나아가는 배들과 같은 기술적인 장치들이 등장한다.

《타임머신》은 400여 년이 지난 오늘의 우리 모습이다. "사람이 시간에서도 공간에서처럼 움직일 수 있을까?"라는 질문에 "글쎄, 그것은 적어도 생각에서는 분명 가능하지요. 그러니까 사람은 정신을 비우면 과거를 회상할 수가 있고 현재에서 벗어날 수도 있지요. 그리고 그 상태에서 미래를 상상해 볼 수도 있고……." 하지만 신체는 그렇게 만들 수가 없다.

《멋진 신세계》, 이 책의 제목은 셰익스피어의 《템페스트》에서 나온 것이다. 포드는 현대 소비사회의 중요한 창시자 가운데 한 사람이다. 그의 기업 정책은 서구의 경제를 혁명적으로 변화시켰다. 포드는 컨베이어 시스템을 생산 과정에 도입했다. 그래서 가장 짧은 시간에 자동차를 만들 수 있었다.

이렇게 생산된 것이 '작은 남자'를 위한 최초의 자동차인 전설적인 T모델 자동차였다. 동시에 포드는 노동자들의 임금을 최저생계비 이상으로 인상했고, 이를 통해 노동자들을 자신의 구매자로 만들었다. 헉슬리의 소설에서는 '포드'가 신이다. 사람들은 성호를 긋지 않고 (T모델에서 나온) 'T'를 그린다. 그리고 "맙소사" 또는 "오 주여(Lord)" 대신에

"오 포드(Ford)"라고 말한다.[36]

> "그냥 대지 위를 천천히 걸어라. 차가운 아스팔트가 아니라 아름다운 지구 별 위를 걷는다고 생각하라. 다음, 생각을 놓아 버리고 그냥 존재하라. 숨을 들이쉬면서, 마음에는 평화, 숨을 내쉬면서, 얼굴에는 미소. 그대 발걸음마다 바람이 일고, 그대 발걸음마다 한 송이 꽃이 핀다. 나는 느낀다. 살아 있는 지금 이 순간이 가장 경이로운 순간임을. 당신은 이미 도착했다(*You have arrived*)".[37]

– 틱낫한 스님의 글에서

편견을 넘어, 나, 여기 그리고 지금에서 출발

'왜'로 시작한 회의(懷疑)에서 '어떻게 할까'에 대한 책임 있는 대답을 강구할 때, 나 여기 그리고 지금이 가치 있다. 앞으로도 우리는 이 사회와 우리가 갖고 있는 편견들을 계속해서 깨뜨려 나가야 한다.

지금까지 살펴본 '시간과 공간 그리고 나는' 원래부터 존재하던 것이 아니다. 우리는 나 자신을 포함하여 시간과 공간의 제약을 초월해서 그 근본적 모습을 보아야 한다. 그리고 그에 맞춰 변해야 한다.

《주역》에 보면 "궁즉변 변즉통 통즉구(窮則變 變則通 通則久)"란 말이

---

36) 동양에도 시간을 넘어서는 작품들이 많다. 그러나 여기에서는 현대의 삶과 관련되어 비슷하거나 실현된 것을 중심으로 알아보았다. 《사람이 읽어야 할 모든 것》(크리스티아네 취른트, 들녘, 2003)을 참고했다.

37) 《마음에는 평화 얼굴에는 미소》, 틱낫한, 류시화 역, 김영사, 2002.

있다. 궁하면 변해야 하고, 변하면 통하고 통하면 오래 간다는 말이다. 이는 다시 사물의 이치를 깊이 생각하면 자신이 변할 수 있고, 변하면 장애나 어려운 상황을 뚫고 나갈 수 있으며, 뚫고 나가면 오래갈 수 있다로 확대할 수도 있다. 이는 변화의 의미와 가치를 우리에게 일깨워 주고 있다. 앞서 언급했던 헤라클레이토스도 "변화 자체를 빼고는 모든 것은 변한다"며 변화를 강조했다.

현대사회에서도 변화는 매우 중요하다. 변화라는 것은 이곳과 지금에 대한 근거 없는 반작용이 아니라 현대사회에서 생존의 조건이다. 예를 들어 40년 전 미국의 〈포춘(Fortune)〉지에 소개된 500대 기업 가운데 2005년까지 남아 있는 기업은 불과 30% 정도였다. 변화되는 세상에 맞춰 함께 변하지 않으면 미래 기업은 존재하기 힘들다. 그리고 내일의 직장에 어제의 인재는 필요없다. 슈퍼컴퓨터를 무너뜨린 PC, 제록스의 고기능 복사기에 제동을 건 캐논의 소형 복사기, 대형 백화점의 틈새를 비집고 들어가 성공한 할인점이나 홈쇼핑이 바로 변화하는 환경에 맞춰 자신을 변화시킨 것들이다. 이러한 파괴적 혁신(disruptive innovation)은 과거 존속적 혁신(sustaining innovation)과 대비된다. 이제는 파괴적 혁신을 아는 자가 미래를 지배하게 된다.[38]

모든 것은 변한다. 그리고 변화가 중요한 시대다. 의료계도 마찬가지다. 기술의 발달과 사회 구조의 변동에 따라 의사들의 전공 분야 중에 인기가 시들해진 것도 있고, 바빠진 분야도 있다. 과거에는 신경외과에서 뇌수술을 많이 했다. 그런데 요즘 뇌수술은 줄고 척추수술을 많이 한다. 뇌수술이 준 것은 운전문화와 자동차 안전장치의 발전으로

---

38) 《미래 기업의 조건》, 클레이튼 크리스텐슨 외, 이진원 역, 비즈니스북스, 2005.

두개골 골절이 줄었기 때문이다. 반면, 앉아 있는 시간이 많아진 현대인들에게 척추병이 빈번히 발생하면서 척추수술은 증가했다. 뇌는 물리적 타격이 줄어든 반면에 스트레스와 불안, 소외와 우울증이 증가해 정신과의(精神科醫)가 바빠졌다. 농기구와 어망을 쥐고 흔드는 농경·어업 사회는 '주먹 병'을 일으키고, 마우스를 움켜쥐는 정보·지식 사회는 손가락 인대를 공략한다. 비아그라 같은 혁신적인 약물이 생겨나면서 한의계 보약 수요가 크게 줄었고, 비뇨기과 의사들의 정력 주사 처방을 위축시켰다. 하이힐은 족부(足部) 정형외과 의사를, 고기 소비량의 증가는 치아 마모를 촉진하여 임플란트 산업을 키웠다. 이처럼 문명의 발달과 노동 구조의 변화는 질병의 경향과 의료 수요도 바꾼다.[39]

그러나 그 변화를 느끼고 변화를 주도하는 주체는 결국 내 자신에게 있어서는 나이다. 그리고 그것도 여기, 지금 이 순간에서부터 출발해야 한다.[40]

앞에서 나와 시간과 공간이 주는 편견과 오해를 알아 보았다. 이러한 출발지에 대한 반성 작업을 마치고 이제는 나, 여기 그리고 지금에서 출발하여 너, 저기, 과거와 미래까지 생각하는 문화 보기를 시작해야 한다.

우리 주변을 둘러싸고 있는 것에 대한 의심으로부터 다른 사람도

---

39) 조선일보, 2013년 3월 12일자, A29면.

40) 그래서《마음에는 평화 얼굴에는 미소》에서 틱낫한은 다음과 같이 말한다. 우리는 늘 미래에만 행복해질 수 있다고 믿는다. 우리의 최종 목적지는 무덤이라는 것을 모두 안다. 왜 서둘러 그곳으로 가려 하는가? 왜 지금 이 순간의 삶 속으로 발걸음을 옮기지 않는가? 우리는 언제나 달리면서 살아왔다. 몸은 이곳에 있지만, 마음은 늘 다른 곳에 가 있다. 과거나 미래에 가 있고, 분노와 좌절, 희망과 꿈에 사로잡혀 있다. 진정으로 도착해 현재의 순간 속으로 깊이 들어가야 한다. 그때 우리는 삶이 수많은 경이로 가득 차 있음을 발견한다. '지금, 이 순간'에 최선을 다하라. 미래나 과거에 사로잡힌 나머지 지금 이 순간에 살아 있지 못하게 되는 것이다.

옳을 수 있다는 생각을 가질 수 있다. 이러한 것이 바로 열린 마음, 문화 포용력, 전 세계를 내다보는 넓은 안목의 기초가 되는 것이다. 열린 마음 속에 자연스레 글로벌 마인드가 생겨난다. 글로벌 마인드는 다른 나라의 재화를 버는 것에만 능숙한 것이 아니라, 다른 나라의 것을 그들의 입장에서 생각해 보고, 이해하고 포용하는 자세다.

이러한 도정에서 우리는 세상의 많은 것들에 정답은 없다는 것을 깨달을 수 있다. 물론 정답에 대해서는 포기하지만, 좋은 답의 탐구와 추구까지 포기할 수는 없다. 그러므로 과학적·객관적·합리적 자세가 필요한 것이다.

자기 생각을 가져라!

아버지와 아들이 당나귀를 팔러 간다. 처음에는 아버지가 고삐를 잡고, 아들이 아버지 뒤를 따르며 당나귀를 몰면서 갔다. 그러자 주막집에서 한마디 한다. 그 소리에 아들이 당나귀를 타고 아버지가 뒤따랐다. 그랬더니 예의에 어긋난다고 노인정에서 한마디 한다. 그래서 아버지가 탔다. 그랬더니 빨래터에서 사람들이 아버지를 욕한다. 그래서 이번에는 둘이 다 탔다. 조그만 당나귀가 불쌍하다고 난리다. 그래서 당나귀를 짊어지고 갔다. 그리고 얼마 후 다리에 이르렀다. 갑자기 당나귀가 움직여 당나귀가 다리에서 떨어져 물속으로 빠졌다.

자기 것으로 한다는 것은 음식을 섭취하는 것과 같다. 자신의 신체적 조건과 상태에 맞춰 잘 먹고, 잘 소화해서 나의 몸을 튼튼하게 만들어야 한다. 지식도 이와 같다.

아버지와 아들을 보고 한마디씩 건넨 사람들의 말이 틀린 것은 아니다. 단지 그것을 자기 생각과 기준 없이 곧이곧대로 받아들였다는 것이 문제다. 주체적 수용은 자신의 조건과 상황에 맞게 외부의 것을 수용하여 발전시키는 것이다.

3) 과정: 과학적 · 객관적 · 합리적

(1) 이해

인류에 대한 이해

　　　　　　사전을 찾아보면, 인류[mankind, 人類]는 분류학상으로 영장목(靈長目) 사람과의 포유류에 속한다. 그러나 인류를 두발로 걸어 다니는 고릴라, 침팬지, 오랑우탄 같은 것을 포함한 호미니네(Hominidae)에서 구분하여 호모 사피엔스로 국한시키는 것에는 많은 이견이 존재한다. 또한 다른 사람에게 거짓말을 의도적으로 할 수 있는 지적 능력을 기초로 한 마음 이론(Theory of Mind)으로 인간과 다른 호미니데를 구분하는 것도 이견이 많다.

　　인류는 우리가 일반적으로 생각해온 것처럼 다른 동물과 그렇게 많이 다르지 않다. DNA 구조상 우리와 1% 정도밖에 차이가 나지 않는 침팬지는 혈액 구성이나 면역 체계의 측면에서도 매우 비슷하다. 그런 우리가 그들의 고통과 감정을 무시한 채 그들을 마구 다루는 것은 무엇에 근거한 행동일까?

　　1968년에 제작된 〈혹성탈출(Monkey Planet, Planet Of The Apes)〉이란 영화가 있다. 이후 2011년까지 다양한 형태로 제작되었다. 영화 속에서 인류와 침팬지의 위치가 뒤바뀐 장면은 어린 나이에도 내게 커다란 충격과 많은 생각을 갖게 했다. 그래서인지 평생을 침팬지와 함께한 제인 구달(jane Goodall)은 인류에게 다음과 같은 메시지를 전한다.

　　"인간이 품성을 지닌 유일한 동물이 아니라는 것, 합리적 사고와 문제 해결을 할 줄 아는 유일한 동물이 아니라는 것, 기쁨과 슬픔과 절망을 경험할 수 있는 유일한 동물이 아니라는 것, 그리고 무엇보다도 육체적으로뿐만 아니라 심리적으로도 고통을 아는 유일한 동물이 아니라는 것을 받아들인다면, 우리는 덜 오만해질 수 있다. 또한 인간에게 유용할 가능성이 있다고 해서 다른 형태의 생명들을 무한정 이용할 천부의 권리가 있다고 굳게 믿는 실수를 피할 수 있을 것이다."[41]

인류가 지나온 궤적을 살펴보면, 여기에는 다양한 모순과 주관적이고 편협한 행동들로 점철되어 있다. 그리고 그것은 가장 발전하고 가장 지능적이고 가장 우수하다는 현대 사회 속에서도 여전히 존재한다. 도대체 우리는 어떤 근거로 스스로를 그렇게 과신하는 것일까? 마빈 해리스(Marvin Harris)도 이러한 것에 의문을 제기하였다.[42]

1932년 그 당당했던 독일인들의 생활양식이 객관적이었다고 생각하는 것은 당연할지 모른다. 금발의 머리를 가진 아리안족의 야수숭배, 유태인과 집시 슬라브족에 대한 저주, 조국예찬, 바그너의 음악, 총통 앞에서의 거위걸음과 승리 찬양, 이 모든 것들은 '비지성적인 능력들'의 감퇴와 독일 국민감정으로 인해 생겨진 것들이라고 믿어도 당연하다. 엉클 조의 숭배(Uncle Joe Cult)와 더불어 티토 스탈린주의, 레닌의 시체 앞에서 무릎 꿇기, 크레믈린의 음모, 시베리아 노예 수용소, 당 노선의 교리화 등등도 이런 것들의 결과라 믿어도 당연하다. (p. 245)

---

41) 《희망의 이유》, 제인 구달, 박순영 옮김, 궁리, 2008.

42) 《암소 돼지 전쟁 그리고 마녀: 문화의 수수께끼》, 마빈 해리스, 박종렬 옮김, 한길사, 2000.

베트남전에서 보여준 우리의 도덕적 붕괴는 우리가 하고 있던 일에 대한 객관적 의식을 과신한 것 때문에 나타난 현상은 아니었다. 그 이유는 오히려 객관적 의식을 단순히 도구에 불과한 과업들을 수행하는 데 사용하는 것을 뛰어넘어 우리의 국가적 목표를 달성하고 정치의 실제적이고 평범한 취지를 위해 사용하지 못한 것 때문이다. 우리의 애국심의 상징들과 영광에의 꿈, 억누를 수 없는 자만심, 제국의 환상들에 의해 우리의 의식을 신비화했기 때문에 베트남전은 지속되었던 것이다. 분위기 상으로 정확하게 반문화 운동자들이 원하는 그런 사람이 되었다. 우리는 사팔뜨기 눈의 악마들과 볼품없는 키 작은 황색인들로부터 협박당하고 있다고만 생각했다. 우리는 우리에게 말로 다 할 수 없이 거룩한 위엄이 있다는 환상의 노예가 되었다. 간단히 말해 우리는 제정신이 아니었다. (p. 245)

우리 인류가 그렇게 자부심을 갖고 있는 현대사회에서 조차 무지와 갈등에서 완전히 벗어나지 못하고 있으며, 지금도 여전히 어디에서는 고문과 착취, 전쟁과 폭력이 더욱 세련되고 교묘해진 방법으로 진행되고 있다.

마빈 해리스는 원시적인 문화에서부터 현대문명에 이르기까지 이해하기 힘든 인류의 생활양식의 근거와 의식의 흐름을 과학적 객관성, 특히 인류학적 상상력을 동원하여 이해하려고 노력해야 한다고 강조했다. 실제 생활하고 있는 우리의 행동양식, 그 자체가 우리의 진실을 감추고 있을 수도 있기 때문이다.

우리에 대한 이해

우리는 어떠한가? 우리가 일상적으로 향유하는 삶에서, 우리의 문화가 진실 그 자체를 감추고 있는 것들은 없는가? 현재의 필요에 의해, 그리고 어떤 정치적 의도에 의해 조작되고 만들어진 것을 우리는 그대로 맹신하며 다른 것을 부정하거나 공격하고 있지는 않은가? 남과 북으로 갈라진 우리의 현실(그 과정도 의심해 봐야하지만)과 여기서 파생되고, 파편처럼 쏟아져 나온 무수한 가치와 판단의 근거들은 우리에게 어떤 영향을 미치고 있는가?

가까운 과거로부터 우리는 일제침략을 비롯하여 6·25전쟁, 냉전체제, 고속성장, 사회적 갈등으로 점철된 오늘을 살아 왔다. 소시민적 삶을 살고 있는 나 하나는 평범한 삶을 살아 왔다고 여길지라도, 우리는 다른 민족보다 더 충격적인 일을 집단적으로 겪었고, 그 충격에서 오는 정신적 특징을 지니고 있다. 그 가운데 어떤 것들은 우리의 참되고 창조적인 삶을 왜곡시키기도 하고, 우리 자신을 객관화하여 보는 것을 방해하고 있다.

그럼 이러한 진실을 더 정확하게 파악하기 위한 방법은 무엇일까? 우리는 문제를 근본에서부터 다시 인식하기 시작해야 한다. 참되고 창조적인 삶을 왜곡하지 않으면서 나약하고 미분화된 판단의식을 강화하고 현대문명의 모순을 타파하기 위한 구체적 현실분석을 위해, 정확한 지식을 얻고 지식을 확대하기 위한 과학적, 객관적, 합리적 방법을 강구해야 한다.

이러한 방법은 사실 기든스가 말한 '사회학적 상상력'과 통한다. 이것은 결국 우리의 일상을 새롭게 볼 수 있도록 친숙한 일상적인 삶으로부터 스스로 거리를 두고 생각하는 것을 요구한다. 이러한 과정에서 우리와 우리 사회를 객관적으로 보는 다양한 시각이 창출될 수 있다. 예를 들어,《피로사회》에서처럼 지금을 '성과사회'로 보고, 이전을 '규율사회'로 보며 우리를 분석할 수도 있다.

> 병원, 정신병자 수용소, 감옥, 병영, 공장으로 이루어진 푸코의 규율사회는 더 이상 오늘의 사회가 아니다. 규율사회는 이미 오래전에 사라졌고 그 자리에 완전히 다른 사회가 들어선 것이다. 그것은 피트니스 클럽, 오피스 빌딩, 은행, 공항, 쇼핑몰, 유전자 실험실로 이루어진 사회이다. 21세기의 사회는 규율사회에서 성과사회로 변모했다. 이 사회의 주민도 더 이상 복종적 주체가 아니라 성과주체라고 불린다.

과거 규율사회에서는 'No'가 지배적이었기에 광인과 범죄자를 탄생시켰지만, 성과사회에서는 우울증 환자와 낙오자를 만들고 있다고 말한다. 특히, 성과사회의 주체는 스스로를 착취하는 가해자이자 동시에 피해자의 역할을 하고 있으며, 사람들은 완전히 망가질 때까지 자기 자신을 자발적으로 착취하고 있다고 말한다. 물론 이러한 관점에 대하여 모두 찬성할 수는 없다. 그리고 "시대마다 그 시대에 고유한 주요 질병이 있다"는 것에도 이견이 존재할 수 있다. 그러나 과학적 · 객관적 · 합리적 방법을 통한 우리 보기를 통하여, 우리는 단순히 개인들과 관련된 것처럼 보이는 많은 사건들이 더 큰 문제를 반영하고 있다는 작은 진리를 깨닫고 지속적인 시도를 경주(傾注)해야 할 것이다. 그리고 이를 통해 나와 우리가 집단적으로 물들어 있는 우리의 상처를 치유하고 극복해야 할 것이다.

과거에 대한 이해

중국 고대에 주(周, BC 1046~BC 771)라는 나라가 있었다. 하루가 다르게 변하는 지금, 3000년 전의 그들은 어떤 글자와 도구를 사용했을까? 우리가 사용하는 것과 같을까? 3000년의 간극을 상상으로 넘는 것은 곤란하다. 과학적ㆍ객관적ㆍ합리적 자세로 접근해서, 올바로 파악해야 한다.

주나라 사람들이 살던 시기에는 종이가 발명되지 않았다. 그래서 아래 사진에서 보는 것처럼 중요한 기록들은 청동으로 만든 그릇의 안이나 밖에 글을 써서 남겼다. 금속에 썼기 때문에 여기에 쓴 글을 금문(金文)이라고 한다. 주나라보다 앞선 시기에 상(商, BC 1600~BC 1046)나라가 있었다. 당시 거북이 등뼈나 배뼈, 혹은 소의 견갑골(肩胛骨)에 쓴 글자가 지금 발견되어 전해 오는데, 이 글자는 뼈 위에 썼기 때문에 갑골문(甲骨文)이라고 한다. 금문과 더불어 대나무나 나무에 글을 쓴 죽간

(竹簡)이 있었고, 비단이나 기타 천 위에 쓴 백서(帛書)가 있었다.

지금 우리처럼 이동저장장치나 웹하드에 정보를 저장하는 것과 다르다. 물론 고대에나 지금이나 정보를 저장하는 주된 장소는 두뇌였다. 그래서 과거에는 주로 두뇌의 기억에 의존하여 지식을 전하고 전파하였다. 암기가 중요했다. 그러나 과학기술이 발달한 오늘에 와서, 저나마 하나씩 전뇌(電腦)를 휴대하고 다닌다.[43] 그래서 전과 달리 정보화 사회인 현대에는 지식을 이용하여 창조하는 것이 새롭게 각광받게 되었다. 노웨어(know-where)보다 노하우(know-how)가 더 중요한 시대가 되었다.

반면, 현대와 비교적 가까운 시대에 있었던 당(唐, 618-907)나라에서는 어떤 음식을 먹었을까? 어떤 생각을 했을까?

아래 사진은 고대 유적지에서 발견된 당나라 사람들이 먹던 만두와 과자다. 이런 것을 보면 우리와 별 차이가 없고, 어떤 것은 오히려 뛰어나기도 하다.

---

43) 컴퓨터를 중국어로 전뇌(電腦)라고 한다. 전기 뇌다. 그런데 이러한 뇌를 머지않아 몸에 이식하고 다닐 것이다. 그리고 지금도 하나의 컴퓨터를 가지고 다닌다. 바로 스마트폰이다.

미래에 대한 이해

　　　　　　자, 이번에는 반대로 미래의 상황을 한 번 생각해 보자. 미래에 자동차는 어떻게 변할까? 인터넷은? 스마트폰은? 더 나아가 과연 지구는 존재할까? 그리고……. 마음껏 상상해 보길 바란다.

　　여행은 공간 이동의 여행도 여행이지만, 시간 이동의 여행도 여행이다. 때로는 이러한 시간 이동의 여행이 우리의 삶을 더 튼실하게 해주기도 한다.

　　2500년 후의 사람들이 지금 우리를 어떻게 생각할지 상상해 보자. 예를 들어, 학교에서 나를 도와준 학생들과 함께 라면 파티를 준비하고 있었다. 그래서 학생들이 좋아하는 신라면 박스를 한쪽 구석에 쌓아 놓았다. 그런데 갑자기 뒷산에서 화산이 폭발해서 이 모든 박스가 용암으로 덮여 전부 매장되었다고 가정하자. 그리고 2500년 후에 누군가가 비행선을 타고 지나가다, 앞서 당대(唐代)의 음식이 발견된 것처럼 손상 없이 그대로 발견되었다면, 발견된 것을 뭐라고 생각할까? 빨간색 봉지 안에 꾸불꾸불한 것이 들어 있고, 그 모양이 어떤 것은 동그랗지만, 간혹 사각형 모양도 있다. 왜 그럴까? 그리고 그 속에 작은 봉투가 두 개 있는 것도 있고……. 이런 것을 가지고 그들은 어떻게 생각할까? 그때는 어떤 식으로 연구할까? 만약에 모두 빨간색 신라면을 준비했는데, 어떤 학생이 노란색 진라면을 가지고 왔고 그것마저 화산재에 덮여, 빨간색 속에 노란색이 발견됐다면, 미래의 사람들은 이를 어떻게 생각할까? 혹, 라면 속에서 다른 이물질이라도 발견됐다면…….

　　물론 이러한 주제를 가지고 하는 대화 속에서, 매우 다양한 얘기와 번득이는 생각들이 나온다. 나는 그 번득이는 대답을 뒤로 하고 학생들에게 2500년이 지난 미래에 우리의 후손이 우리를 보는 것처럼, 우리도 2500년 전의 조상을 보고 연구하고 있는 것은 아닌지 물어본다. 그 대상이 바로 중국의 공자나 노자 같은 인물이고, 서양의 소크라테스나 플라톤 같은 인물이다.

우리는 과거를 어떻게 생각하는가? 어떤 방법으로 생각하고 있는가? 이것과 2500년 뒤 라면 상자의 발견과는 어떻게 관련지어 생각할 수 있을까? 2500년이란 시간이 길다면 조선시대 초기인 500년 전, 혹은 더 줄여서 20년 전의 사건들을 우리는 지금 어떻게 보고 생각하고 있는가?

더 나아가 우리는 지금 우리가 살고 있는 현재를 어떻게 보고 있는가? 과거는 비판적이고 날카로운 이성의 잣대로 보는 반면에, 우리가 살고 있는 지금 이 순간은 익숙하다는 이유로 너무 쉽게 보고 있지 않은가?

(2) 이해의 자세

앞에서 이렇게 장황하게 말한 것의 핵심은 결국 어떤 대상을 바라다보고 관찰하는 우리의 자세를 말하고 싶었기 때문이다. 그리고 그 자세는 비과학적이 아니라 과학적이어야 하고, 주관적이 아니라 객관적이어야 하며, 비합리적이 아니라 합리적이어야 한다. 그래야 대상을 보다 정확하게 파악할 수 있다. 그러할 때, 우리는 눈에 보이는 것뿐만 아니라, 눈에 보이지 않는 것도 추측해서 어떠한 정보를 얻을 수 있다.

과거 고고학에서 사용되었던 연구 방법 속에서 구체적인 형체를 가진 가시적인 것, 예를 들면 당시의 의복이나 생활도구, 무기, 그림, 사람 모양의 인형, 건축물 등은 과거의 아련했던 사실들을 직접 알 수 있게 해 준다. 그러나 우리는 이러한 가시적인 것들을 통하여 눈에 보이지 않는 것들, 예를 들어 당시의 우주관이나 영혼관 혹은 종교관까지 추측할 수 있다. 물론 가시적인 것 중에서도 특히 서적[백서(帛書)나 죽간(竹簡) 같은 것들]이나 기록의 흔적들[갑골문(甲骨文)이나 금문(金文) 같은 것들]은 우리에게 더 많은 자료를 제공한다. 이와 같은 고고학적 발견물에 의하여 우리는 역사·사상·사회·문화 등의 여러 방면에 새로운 자료를 제공받게 되었다. 그리고 더 나아가 기존의 전통적 연구들 중 일부는 수정해야 하는 상황을 유발하기도 했다. 이것은 바로 우리가 과거를 무조건 의심[의고(疑古)]하거나 혹은 과거를 무조건 믿기[신고(信古)]만 하던 방식에서 탈피하여, 과학적이고 합리적이고 객관적인 방법으로 보다 정확하게 과거를 이해하고 연구할 수 있는 새로운 해석방법의 탄생을 유도했다.[44]

---

44) 이러한 고고학적 발견물을 연구하는 데에는 크게 '이중증거법(二重證據法)'과 '삼중증거법(三重證據法)'의 두 가지 방법이 있다. 전자의 경우는 70여 년 전부터 이러한 연구를 시작한 왕국유(王國維)의 견해다. 왕국유는 중국에서 중국고대사 연구에 지대한 공헌을 한 학자로 이미 정평이 나있는데, 그는 은허갑골(殷墟甲骨) 연구를 통해《사기(史記)》 은본기(殷本紀)에 실려 있는 내용이 기본적으로 신뢰할 만한 것이라는 확신을 학계에 심어 주었다. 그리고 그는《최근 이삼십 년 동안 중국에서 새롭게 발견된 학문(最近二三十年中國新發見之學問)》에서 "예로부터의 신학문이라는 것은 대부분이 새로운 발견에 기인한다(古來新學問 大都由於新發見)"고 이미 밝힌 것처럼 새로운 문물의 발견을 중요시했다. 또한《고사신증(古史新證)》에서 "나는 오늘에 살고 있으면서도 운 좋게 종이 위의 자료들 외에, 땅 속에 묻혀 있던 새로운 자료를 얻었다(吾輩生於今日 幸於紙上之材料外 更得地下之新材料)"고 말한 것처럼, 발견된 새로운 자료들이 과거부터 오늘까지 기록으로 전해 온 종이 위의 자료들과 서로 조화를 이루어, 그동안 이루어진 많은 연구들을 보충하거나 보다 정확하게 할 수 있을 것으로 생각했다. 그리하여 왕국유는 고고학과 그것을 기초로 한 새로운 학문의 연구에 '이중증거법(二重證據法)'이란 것을 제시한다. 그러나 왕국유가 말하는 이중증거법이라는 것은 전해 내려온 종이 위의 자료와 땅 속에 묻혀 있던 자료, 그중에서도 특히 문자(文字)로 된 자료들에 국한된다. 그러나 고고학 자료 중에는 문자가 아닌 (예를 들면 건축, 복식, 기구 등) 자료도 많

이해, 과학적

'과학적(科學的)'이란 말의 의미는 과학의 면에서 본 정확성이나 타당성이 있는 것을 말한다. 또한 과학의 본질에 근거한 것을 말한다. 그럼 과학이란 말은 무엇을 의미하는가? 과학은 자연세계에서 보편적 진리나 법칙의 발견을 목적으로 한 체계적 지식을 말한다. 독일어의 경우 'Wissenschaft'는 철학·종교·예술과 대립되는 개념으로 쓰이는 일이 많다. 그래서 사람들은 일반적으로 과학을 보편성이 인정되는 형식논리학이나 수학 같은 것이라 생각한다. 그러나 이러한 학문은 이상과학·형식과학·선험과학(先驗科學)이라고 하며, 경험적 사실을 토대로 하여 성립된 경험과학(經驗科學)과는 대립된다.

일반적으로 과학이란 이제까지 아무도 반증(反證)을 하지 못한 확고한 경험적 사실을 근거로 한 보편성과 객관성이 인정되는 지식의 체계이어야 한다는 것이 필수조건이다. 이러한 자연과학에서 실험이 가능한 것은 자연 현상이 조건만 설정해 놓으면 반복해서 일어나게

다. 그리고 이것을 근거로 문자 자료에 상응하는 예측도 가능하다. 일반적으로 발견된 문물이 물질적인 것에 불과하다고 생각하기 쉽지만, 물질문화라는 것이 당시의 정신문화를 배제하고 이루어진 것이 아니라는 사실을 알아야 한다. 이러한 측면에서 우리는 문자가 아닌 자료들도 보다 면밀히 연구하고 관찰해야 하며, 이를 통해 당시의 정신문화도 유추할 줄 알아야 한다. 이러한 관점에서 홍콩의 요종이(饒宗頤)는 '삼중증거법(三重證據法)'을 제안했다. 문헌 외에 다른 문물의 연구를 통하여 고대의 상황을 보다 정확히 이해할 수 있다는 것이다. 예를 들어, 고고학적 발굴에 근거하면 중국 대륙에서 철을 사용한 것은 춘추시대 후기였다. 그런데 곽말약(郭沫若)이《중국고대사회연구(中國古代社會研究)》에서 지적하였듯이,《상서(尚書)》 우공(禹貢)편을 보면 양주(梁州)의 공물 중에는 철이 있었다. 이것을 고고학적 발굴과 문헌적 자료를 근거로 유추해 보면, 우공편이 쓰인 시기는 아무리 빨라도 춘추시대 후기보다 앞설 수 없다는 결론이 도출된다(《中國古代社會研究》, 郭沫若, 人民出版社, 1977年, 78쪽. "比如 中國鐵器的使用似乎一直周初才萌芽了的, 而在梁州的貢賦上便已經有'鐵', 這和山海經的中山 經上假託夏禹王的話, 說'出鐵之山三千六百九十', 是一樣的荒唐, 同時正是一樣的爲後人所假 託"). 이와 같이 문헌 자료 이외의 기타 다른 문물을 통해서 새로운 사실들을 추론하고 확인 하는 데 과학적이고 객관적이고 합리적인 자세가 필요하다.《道家史 序說 I》, 김덕삼, 경인문 화사, 2004, 259-261쪽.

할 수 있기 때문, 즉 재현(再現)할 수 있기 때문이다. 과거에는 사회 현상을 연구하는 방법에 과학적 방법을 적용할 수 없다고 생각했다. 왜냐하면 자연과학 연구의 목적은 현상이나 법칙의 발견에 있을 뿐만 아니라 그것들을 설명할 수도 있어야 했기 때문이다.

사회 현상은 단 한 번만 일어나는 것으로 간주하여 실험이 불가능하다고 생각했다. 그러나 생물학에서의 실험과 비교해 볼 때 실험적 방법의 적용이 전혀 불가능한 것은 아니다. 특히 근대에 들어와 경제학 분야에서 과학적 방법이 이용되었다. 근대에 들어와 과학적 방법은 사회 현상을 연구하는 분야에서도 적극적으로 응용되어 18세기 후반부터 19세기 초에 걸쳐 스미스(Adam Smith)나 리카도(David Ricardo)에 의해서 국민경제의 과학적 연구방법이 개척되고, 콩트(Auguste Comte)에 의해서 자연과학적 방법을 모방한 실증철학(實證哲學)이 제창되었고, 현재 다양한 방법을 통하여 보편적이고 객관성이 인정되는 지식 영역을 확립해 나가고 있다. 그러나 사회 현상을 과학적으로 어디까지 설명할 수 있는지, 그리고 그 설명이 얼마나 정확한지에 대한 명확한 대답을 아직도 내놓지 못하고 있다.

이해, 객관적

소크라테스는 "그 무엇도 결코 내 허락 없이 나를 불행하게 할 수 없다"고 했다. 행과 불행은 결국 나의 주관적 판단에 의해 결정된다. 다시 말해, 행복도 불행도 모두 내가 어떻게 생각해서 받아들이느냐에 따라 달라진다는 것이다.

나와 악수한 사람들 가운데 누구는 내 손이 차갑다고 말하고, 누구는 따뜻하다고 말한다. 자신의 감각에 의거해 주관적으로 말하는 것이다. 이처럼 우리는 자신의 주관과 편견에 따라 세상을 보고 있다. 이러한 개인적 주관을 떠나 보편타당성을 가진 것, 또는 객관으로 존재하는 것을 말하는 것이 바로 '객관적(客觀的)'이란 것이다. 여기서 객관(客觀, object)이란 주관에 대응되는, 인식·지식에서 자아(自我)의 대상을 가리킨다.[45] 객관적 방법은 개인의 편견이나 독단을 배제하고, 경험(관찰·관측·실험)에 입각하여 수학이나 통계학을 써서 대상을 규정하고 확정한다. 예를 들어, 실증주의가 이러한 입장을 취한다.[46]

베이컨은 객관적으로 볼 수 있는 도구로서 '신(新) 귀납법'을 주장하기도 했다. 그리고 뉴턴 역학에서는 측정 가능한 기본개념으로서 시간·공간·질량을 설정하고, 다른 모든 개념은 이들 기본개념에서 유도된다. 숫자로 표현되는 개념은 주관성(主觀性)을 떠나서 객관적이며 누구에게나 똑같이 이해된다는 뜻에서 보편성(普遍性)을 가지고 있다고 생각했다. 마르크스(Marx, Karl)의 경우는 경제학에서 가치를 객관적 요소로 환원시키는 시도를 하였다. 즉, 노동·생산비 등을 객관적으로 투입된 비용으로 설정하여 가치를 설명하려 했다.

문화 수용에서 객관적 자세를 취한다는 것은 어떤 문화 현상을

---

45) 객관은 인식론적인 뜻을 지닌 것인 데 반하여 객체(客體)는 형이상학적인 뜻을 갖는다. 객관이 인식하는 주관에 대해서 나타나는 상대를 뜻하는 반면에 객체란 행위 하는 '주체(主體)'에 대하여 나타나는 상대를 뜻한다.

46) 철학사에서 G.W.F. 헤겔은 자각적 자기운동의 Subjekt로서의 '절대정신'의 변증법적 전개로 일체의 자연과 역사를 설명하였는데, 이리하여 모든 것을 Objekt로써 고찰할 수 있는 Subjekt의 개념이 명확하게 확정되었다. 이와 같은 사실은 자연 현상이나 심리 현상뿐만이 아니라 사회 현상이나 역사 현상까지도 모두 Objekt로 보고, 또한 Objekt로서 고찰할 수 있는 기초가 확립되었다는 것을 뜻한다. 이리하여 19세기 중기 이후, Objekt를 고찰하는 근대 과학은 모든 영역에 발을 들여놓을 수 있는 권리가 보장되어, 여기에서 일체의 것을 Objekt로 고찰할 수 있는 근대과학의 객관주의(objectivism)가 성립되었다.

관찰할 때, 개인적 주관을 버리고 보편타당한 자세로 관찰한다는 것이다.[47] 즉, 탐구 대상에 대해 어떠한 주관적 평가나 이해관계도 개입시키지 않는 것이다. 또한 인식 주체의 가치판단이나 선입관은 객관적 사실을 왜곡한다고 생각하는 것이다. 그러나 문화를 이용하고 창조하는 데에는 문화의 객관적 관찰을 토대로 결국은 주관적인 판단과 선택을 해야 하지만, 그 과정은 지극히 객관적인 것에 근거해야 한다.

이해, 합리적

일반적으로 '합리적(合理的)'이란 말의 사전적 의미는 도리에 맞아 정당한 것, 또는 논리적으로 필연성에 들어맞는 것을 말한다. 즉, 비합리적이고 우연적인 것과 대립되며, 이성적·논리적·필연적인 것을 중시한다. 인식론적 견지에서는, 경험론과 대립하여 모든 인식은 생득적(生得的)이고 명증적(明證的)인 원리에서 유래한다고 하는 입장으로, 데카르트(René Descartes), 스피노자(Baruch De Spinoza)가 그 전형이라고 할 수 있다.

합리적이란 말은 모두 동일한 의미로 사용되는 것은 아니지만, 우리 삶 속에서 참으로 많이 사용된다. 합리성의 어원은 그리스어로 Logos, 라틴어로 Ratio이다. 이는 정신, 이성, 비율, 측정, 법칙, 근거, 말, 사고, 설명, 정당성을 뜻한다. 합리성은 '한정성'을 지닌다. 수학에서 무리수($\sqrt{2} = 1.414213\cdots\cdots$)와 달리 유리수를 생각해 보면 된다. 그러므

---

47) 예를 들어 한국의 대학입시를 좀 더 냉철하게 객관적 시각으로 본다면, 많은 사람들이 생각하듯이 한국의 대학 입시는 무서운 교육열의 표현이라기보다, 오히려 '학력열', '학교열', '학벌열'에 불과할 뿐이며, 교육과 '학교', '학벌'을 혼동한 소치에서 비롯되었음을 알게 된다.

로 이것은 측정 가능하고 표현 가능하며 계산 가능하다. 언어와 관련
지어 생각해 보면 합리성은 화자가 말을 통해 무엇을 말하려는 지에
대한 그 말의 의미의 명확성을 특징으로 한다. 우리가 흔히 사용하는
변별력(辨別力)이라는 말을 보면 칼처럼 매섭게 구별하는 힘이란 뜻을
내포하고 있다. 결국 이러한 능력을 통해 우리는 언어를 정확하게 사
용할 수 있는 것이다.

　우리는 자주 동양의 문화를 비하하며 동양의 사상이 합리적이
지 않다고 생각한다. 하지만 이러한 판단 자체가 어쩌면 합리적이지
못한지도 모른다.[48] 예를 들어, 서양 지성의 상징인 아리스토텔레스
(Aristoteles)처럼 합리적인 사람도 강한 북풍이 불 때, 남자 아기를 임신
하게 된다고 확신했다.[49] 게다가 수세대에 걸쳐 세속적인 교육을 받은
현대 미국인들도 아직까지 완벽하게 합리적으로 생각하는 것은 아니

---

48) 《생각의 지도》, 리처드 니스벳, 최인철 역, 김영사, 2005. 동·서양문화의 차이점에 대하여 정
　　확히 '어떤 면에서', '어느 정도' 다른지, 그리고 그러한 차이의 '원인'은 무엇인지를 상당히 체
　　계적으로 설명하려고 노력했다는 점이 돋보인다. 이러한 방법 역시 '합리성'에 익숙한 서양인
　　들의 특징 가운데 하나일 것이다. 여기서 우리는 이러한 문제를 가지고, 그럼 동양과 서양 가
　　운데 어느 방법이 더 우월한가라는 질문을 던지는 것은 '문화'를 다루는 지금, 그리 생산적 논
　　의는 아닐 것이다. 그보다 누가 더 자신의 처지에 맞게 잘 사용하고 있느냐가 더 중요하지 않
　　을까 생각한다.

49) 사실 아리스토텔레스는 "인간은 이성적 동물이다"라고 하면서, 합리적인 추론을 철학의 주
　　요한 방법이라고 생각했다. 이러한 추론에는 크게 개개의 구체적 사실에서 일반적 법칙을 도
　　출하는 귀납법(歸納法)과 어떤 전제에서 논리 법칙에 따라 결론을 도출하는 연역법(演繹法)
　　이 있다. 그 외에도 주어진 결과를 도출하기 위해 가설을 세우는 '발견의 이론'이라 불리기도
　　하는 귀추법이 있는데, 이것은 설명을 하기 위한 최선의 가설 설정이라고 생각되나, 귀추법
　　의 비약을 모든 이에게 납득시킬 논리 구조가 아직 발견되지 않았다. 가설이라는 것은 일종
　　의 '상상'이다. 이러한 상상은 바로 사회학적으로 사고하는 것을 배우는 일 혹은 넓은 관점에
　　서 바라보는 상상력을 기르는 것을 의미한다. 사회학자들은 개인적인 상황에 기초한 즉자성
　　으로부터 자유로울 수 있고, 또한 보다 넓은 맥락에 위치 지울 수 있는 사람들이다. 사회학적
　　인 연구들은 미국의 사회학자인 밀스(C.W. Mills)가 '사회학적 상상력'이라고 부른 유명한 구
　　절에 의존하고 있다(《제3판 현대사회학》, 앤서니 기든스, 을유문화사, 1999, 28-29쪽). 이러
　　한 상상력은 바로 본문에서 말한 객관적·과학적·합리적 시각을 발전시킨 데서 나온다.

다. 현대 미국인의 80%가 아직 신을 믿고 있으며 50%가 천사를 믿고 있고, 3분의 1 이상이 악마의 존재를 믿고 있다.[50]

(3) 생활 속 관찰

속도

　　　　　　　그러면, 우리 생활에서 살펴보자. 2001년에 상영되어 많은 관객을 불러 모았던 영화 〈친구〉에서 나오는 대사를 살펴보자.

> 중호:　상택아, 니 아시아의 물개 조오련하고 바다거북이하고 헤엄치기 시합하믄 누가 이기겠노?
> 상택:　조오련.
> 중호:　(동수와 중석을 쳐다보며) 그 봐라.
> 준석:　아이다. 거북이가 물속에선 얼마나 빠른데…… 거북이가 이긴다.

　　조오련은 수영을 잘한다. 그리고 거북은 땅에서 느리게 걷는다. 하지만 바다거북은 시속 24km로 헤엄친다. 그리고 4,800km까지 헤엄을 칠 수 있다. 조오련 선수보다 더 빠른 세계신기록을 시속으로 환산하면 7km 정도다. 물론 사람은 단 몇 분도 바다거북만큼 빨리 헤엄칠 수 없다. 과학적 · 객관적 · 합리적 방법이 필요한 경우다.

---

50) 갤럽(Gallup)과 카스텔리(Castelli)의 1989년 조사와 그릴리(Greeley) 1989년 윌스(Wills) 1990년 조사 참조.

토정비결

　　　　매년 새해가 되면 많은 한국 사람들이 보는 토정비결은 우리 인구 수 만큼 다양한 것이 아니라, 144개의 괘를 가지고 적용하는 것이다.

　　토정비결을 보면, 11로부터 처음 괘가 시작하여 863에서 마친다. 이것은 괘가 863개라는 것이 아니다. 백의 자리가 8개, 십의 자리가 6개, 일의 자리가 3개로, 토정비결은 8×6×3＝144개의 괘로 구성되어 있다. 즉, 토정비결에서 나올 수 있는 경우의 수는 모두 144개라는 말이다. 지구상에 살고 있는 사람이 144개의 패턴에서 운을 맞이한다는 것이다.

　　우리나라의 경우 인구를 5,000만 명이라 하면, 35만 명이 같은 운세를 갖게 된다. 그리고 그 운세도 성향에 따라 구분해 보면 60%가 좋은 뜻을 가지고, 13%가 도덕적인 충고를 전하며, 7%가 중립적인 조언을 하고 있다. 물론 경험적 확률과 통계가 반영되고, 이를 토대로 한 운세에서 자율적인 노력의 여지를 부과함으로 가치를 높였다.

　　이것은 빅데이터를 이용한 방법으로 발전할 수도 있다. 태어난 시간을 중심에 둔 사주뿐만 아니라 개인에 대한 다양한 자료와 성향 등을 종합한다면 언젠가 완벽한 예측을 할 수도 있을 것이다. 물론 빅데이터 활용은 이미 다른 분야에서 사용되고 있다. 예를 들어 빵집에서 사용하는 경우다. 즉, 날씨에 따라 어떤 빵이 더 많이 팔렸는지 데이터를 분석하고, 이에 근거해 빵을 준비해 놓는 것이다.

머피의 법칙

　　　　　　토정비결과 같은 '재수'와 관련된 것 중에 '머피의 법칙'은 우리 생활 속에 흔히 지적되는 비과학적 사건이다.[51] 일이 잘 안되고 꼬이는 경우 우리는 이를 머피의 법칙이라고 말한다. 재수 없는 일이 정말 계속해서 일어나는 것이다. 누구나 경험해 봤을 것이다. 내 차가 달리는 차로(車路)만 막히고, 슈퍼마켓에서 내가 선 줄만 기다리는 시간이 제일 오래 걸린다. 아침에 식빵을 구워 잼을 발라 놓고 먹으려다 잘못해서 떨어뜨리게 되었다. 그런데 하필 꼭 잼 바른 쪽이 땅바닥으로 떨어진다. 이때 우리는 이것을 머피의 법칙이라 부른다. 물론 그 반대도 있다. 일명 '샐리의 법칙(Sally's Law)'. 그런데 과연 이것이 정말 나만 재수가 없어서 발생하는 일일까? 아니면 어떤 과학적 근거가 있는 일일까? 이에 돌아오는 대답은 다 나름의 이유가 있고, 그 근거를 가지고 있다는 것이다.[52] 단순히 재수가 있고 없음의 문제만은 아니라는 것이다.

---

51) 미국 에드워드 공군기지에 근무하던 머피(Edward A. Murphy) 대위가 1949년 처음으로 사용하였다. 당시 미공군에서는 조종사들에게 전극봉을 이용해 가속된 신체가 갑자기 정지될 때의 신체 상태를 측정하는 급감속 실험을 하였으나, 모두 실패하였다. 나중에 조사해 보니 조종사들에게 쓰인 전극봉의 한쪽 끝이 모두 잘못 연결되어 있었는데, 이는 한 기술자가 배선을 제대로 연결하지 않아 생긴 사소한 실수 때문이었다. 머피의 법칙은 자신이 바라는 것은 이루어지지 않고, 우연히도 나쁜 방향으로만 일이 전개될 때 쓰는 말이다. 인터넷 자료와《두산 세계대백과》를 참고하여 정리하였다.

52) "버터 바른 토스트는 항상 버터 바른 쪽이 바닥으로 떨어진다"는 것은 우연이 아니라 물리적 환경 때문에 필연적으로 일어난다.

자연 현상과
확대재생산

아래 사진은 용오름 현상인데, 가끔 동해 바다에서도 발견되곤 한다. 이러한 것이 평지에서 생기면 시속 322km 정도에 이르는 토네이도가 된다. 태풍에 비해 지름이 1,000분의 1밖에 안 되지만 파괴력과 시속은 강력하다. 기록에는 미국 미네소타 주에서 1931년에 발생한 토네이도가 117명을 실은 83톤 열차를 감아 올렸다고 한다.

과거 동양에서는 누군가가 이것을 보고 '이무기가 용이 되어 하늘로 올라간다'라고 생각했을 것이다. 누군가 간절히 기도하고 있고, 그때 마침 용오름이 일어났다면, 그리고 그것을 주변 사람들도 함께 목격했다면, 분명 강한 확신을 가졌을 것이다.

유럽의 알프스 산처럼 높은 고산지대에서는 '브로켄 현상(Brocken spectre)'이라는 기후 현상도 관찰된다.[53] 그런데 이것을 자세히 보면, 마치 성모상 뒤에 후광이 비친 것 같이 보인다. 아니면 인도, 티벳고원 같은 곳에서는 부처님의 후광 같은 것으로도 볼 수 있을 것이다.

고산지대에서 주로 일어나는 브로켄 현상은 고산지대의 습기와 햇빛 때문에 발생한다. 이러한 현상이 과학적으로 밝혀지기 전까지, 신에 대한 믿음과 신에 대한 간절한 소원이 있는 사람에게는 자신의 눈 앞에 펼쳐진 브로켄 현상이 신의 재현이나 신의 증표로 보였을 것이다.[54]

---

53) 독일의 브로켄 산에서 주로 볼 수 있다고 해서 브로켄 현상이라고 명명되었다. 일종의 대기 광학 현상으로 사물의 뒤에서 비치는 태양광이 구름이나 안개에 퍼져, 보는 사람의 그림자 주변에 무지개 같은 빛의 띠가 나타나는 현상을 말한다.

54) 아직도 믿지 못할 기이한 현상들이 발생하고 있다. 2013년 2월 11일 교황 베네딕토 16세가 사임을 발표한 날 이탈리아 바티칸에 있는 성 베드로 대성당 위로 번개가 치고 있는 장면이

물론 현대에 와서 자연 현상에 대해서는 과학적 해석이 많이 확장되었다. 우리가 믿고 따르는 신앙은 과학외의 다른 영역이지만, 인간의 이지능력이 발달한 지금 막연히 믿음만 강요하는 것은 무리다.

《성경》은 최고의 경전이다. 그래서 완전하고 완벽하다고 믿는다. 그러나 내용상 모순성이 존재한다. 종교의 근간인 신앙과 현실 사회의 요구인 과학적 객관적 합리적 잣대의 조화가 필요하다. 그래서 조금 여지(餘地)를 두고 믿고 따른다면, 보다 행복한 신앙생활이 될 것이라 생각한다.

검을 가진 자는 검으로 망하리라(마 26:52). 검이 없는 자는 겉옷을 팔아 검을 살지니라(눅 22:36).

내가 세상에 화평을 주러 온 줄 아느냐? 아니다, 도리어 분쟁케 하러 왔노라(눅 12:51). 누구든지 네 오른뺨을 치거든 왼뺨을 돌려 대라(마 5:39).

내가 세상에 화평을 주러 온 줄로 생각하지 말라, 화평이 아니요 검을 주러 왔다(마 10:34). 화평케 하는 자는 복이 있다(마 5:9).

당시 여러 언론에 보도되었다. 왜, 하필 그때, 우연이라도 너무 절묘하다. 1981년 가을 조선교구 설정 150주년 경축행사 때, 많은 인파가 모인 여의도 광장에 새벽까지 비가 내리더니, 행사 전에 비가 멈추고, 미사가 진행될 때, 왜 하필 그때, 검은 구름 사이로 햇빛이 보이는데, 왜 그 모양이 커다란 십자가 모양인지. 그 현장에 있었던 나로서도 지금까지 이해가 되지 않는다. 신의 세계는 존재할지도 모른다. 문제는 약한 인간의 마음을 악용하는 것이다. 역사를 살펴보면 이러한 것을 이용하여 많은 종교지도자와 정치지도자가 백성을 지배하였다. 종교가 문제라기보다 그것을 악용하고 다른 목적으로 이용한 그것이 문제였다. 그래서 마르크스는 이러한 것을 비판하여 종교는 인민의 아편이라고 말한 것이다. 마르크스도 종교 자체를 부정하지 않았다. 종교와 아편 그 자체는 나쁜 것이 아니다. 그것을 잘못 사용한 것이 나쁜 것이다.

네 원수를 사랑하며 너를 미워하는 자를 선하게 대하라(눅 6:27). 노끈으로 채찍을 만드사 양이나 소를 다 성전에서 내쫓으시고…… 환전상의 돈을 쏟으시며 상을 엎으시고……(요 2:15).

어쩌면 우리는 맨 처음 무언가를 과장해서 만들고, 지속적으로 이것이 참이라 믿으려 하고, 여기에 더하여 신화와 전설을 보태고 있는지 모른다. 인간은 스스로 거짓말(신화 신앙체계의 행위들)을 만들고 그것이 거짓말인지 아닌지 중요하지 않다고 여기면서 다시 그것을 흠모하고 참이라 믿는다. 이것은 선결문제 요구의 오류, 즉 순환논증을 펼치고 있는 것이다.

그러나 우리는 이러한 행위가 오류임을 알면서도 받아들인다. 우리는 마음속으로 슈퍼맨을 기다리고, 스포츠나 사회 속에서 슈퍼스타를 만들면서 그를 통한 대리 만족을 느끼며 마음의 위안과 위로를 삼는다. 인간은 언제나 누구나 불완전한 존재이기 때문이다.

나의 감각으로 확인한 것도
확실하지 않다

아래 두 선이 있다. 어느 것이 더 길까?

이것은 바로 '수평-수직 착시' 현상이다. 가로 세로의 길이가 모두 같다. 앞서, 우리의 감각을 의심하였던 것에서 언급한 것처럼 우리의 감각은 불완전하다. 그리고 감각을 통해 사고한 생각도 믿기 어렵다. 그러므로 과학적 · 합리적 · 객관적 자세가 필요한 것이다.

인과관계

우리는 종종 관계없는 일에다 인과관계(因果關係)를 끌어다 붙인다. 그래서 판단과 결정을 흐리게 한다. 동양의 사상 가운데 음양오행(陰陽伍行) 사상도 그중에 하나다. 동양에서는 사물을 음과 양으로 구분하는 것에서 멈추지 않고, 모든 관계로 확장하여 생각했다. 그래서 먹는 음식, 입는 옷, 사는 집의 방위부터 왕조의 상징 색깔 등 음양오행론이 미치치 않는 곳이 없었고, 그 관련은 거미줄처럼 매우 조밀하게 이어져 전통사회를 가두어 놓았다.

현대에 와서도 우리는 자주 A와 B는 관계없는 일이지만, A가 일어나고 B가 발생하는 일이 반복되니까 으레 A가 발생하면 당연히 B가 일어날 것이라고 생각하며 B를 연상하곤 한다. 예를 들어, 얼굴이 잘생기면 성격도 좋을 것 같고 공부도 잘할 것 같은 착각도 이와 같다. 어떤 면에서, 동해 바다에 가서 기도를 하는데 바다에서 갑자기 하늘로 용이 솟아오르는 것을 보았다거나, 깊고 높은 산속에서 수도정진하고 있는데, 나의 신께서 저 앞산에 모습을 드러내며 나를 물끄러미 바라보며 환한 미소를 보내 주셨다거나……. 나의 바람과 기후 현상이 우연히 동시에 발생한 것인데, 이를 매우 특별한 인과관계로 연결하고 의미부여를 한다.

원래 본질이란 찾기 어렵다. 단지 우리가 생각해 낸 여러 이미지들을 연결시켜 생각해 낸 것인지도 모른다. 이러한 생각을 한 사람이 영국의 철학자 데이비드 흄(David Hume)이었다. 그리고 그의 이러한 생각은 1902년 러시아의 생물학자 파블로프(Pavlov)의 실험을 통해 증명되었다. 즉, 개가 종소리만 듣고도 침을 분비한다는 조건 반사처럼, A와 B는 관계없는 일이지만, A가 발생하면 B가 일어날 것이라 생각하며, B를 연상한다. 어떤 면에서 지금 우리가 소비하는 행위들도 이러한 것과 관련 있는지 모른다.

소비의 사회, 그 신화

인류 역사상 가장 부유하고 풍족한 시대를 살고 있는 우리는, 지금 이 시기가 가장 행복한 시기라고 자신 있게 말할 수 있을까? 물질적으로는 부유하지만 심리적으로는 언제나 피해의식과 경쟁의식, 그리고 결핍감에서 헤어나지 못하는 우리의 자화상에 이 시대를 살고 있는 그 누구도 만족스러워하지 못할 것이다.

합리적이란 도리에 맞아 정당한 것이나 논리적으로 필연성에 들어맞는 것이다. 그러나 우리를 되돌아보면, 합리적이기보다 비합리적이고, 이성적이기보다 비이성적인 것에 빠져 헤어나지 못하고 있다. 소비를 위해 일하고, 일에 지친 자신을 달래기 위해 소비하는, 어떤 것을 소유해야만 직성이 풀리고, 커다란 만족감에 휩싸이게 되는 모습.

사실 가진 것은 이미지, 신기루일 뿐인지도 모른다. 왜, 자동차 광고는 현대 문명의 수혜를 받은 도심 한복판의 멋진 집에서 출발하면서, 달리는 곳은 쾌적하기 그지없는 자연 속을 달리며, 꼭 미녀나 미남이 함께 오버랩 되어 나타나는 것일까? 이제 광고는 쓰임새가 아니라, 광고에서 표현된 이미지를 닮으라고 사람들을 세뇌시키면서 제품을 구입하게 만들고 있다.[55]

보이지 않는 시계, 가격표의 끝없는 할인과 '9'자의 행렬. 무의식 상태에서 쇼핑하고, 빅데이터에 자료가 쌓이고, 첨단과학에 의해 분석되고, 점점 더 충실한 '쇼퍼홀릭(shopaholic)'이 되어 간다.

나의 소비행위는 소비의 주체인 나로부터 비롯되어, 나의 욕구에 의해 결정되는 주체적이고 자율적인 것이라 생각하기 쉽지만 사실 그렇지 못하다. 우리 사회를 둘러싼 거대한 공급 시스템에 의해 조작된 행위일 가능성도 크다. 소비 행위의 80%는 무의식 상태에서 이루어진단다. 그리고 그 속에서 길들여져, 현명하다고 생각하는 소비자조차 파블로프의 개처럼 변했는지 모른다.[56]

진리를 찾기도, 제대로 알기도 어렵다 하여도 우리는 끊임없이 자기 자신을 과학적 · 객관적 · 합리적 방법을 통해 명확하게 보아야 한다. 대상을 부정하자는 것이 아니라 명확하게 파악한 상태에서, 자신의 주체적 논리를 가지고 이용할 것은 이용하고 활용할 것은 활용하면서 문화를 창조할 수 있어야 한다.

---

55) 예를 들어, 프라다는 자사 제품과 현대예술을 병치시킴으로써 사람들에게 신선한 미적 경험과 혁신과 창조를 전하면서, 문화의 선두주자라는 고급 이미지를 강화했다.

56) 이와 관련해서 《소비의 사회, 그 신화와 구조》(장 보드리야르, 이상률 역, 문예출판사, 2002)나 이것이 어렵다면 《럭스플로전》(라다 차다, 폴 허즈번드, 김지애 역, 가야북스, 2007) 등을 참고하거나 《광고, 상품, 쇼핑의 노예들: 미국인들이 원하는 것》(전영우, 청년사, 2006)과 《즐거운 불편》(후쿠오카 켄세이, 달팽이, 2012) 등을 읽어 보면 도움이 될 것이다.

추측하거나 사실에
근거해 비판하거나

랜트 프릿챗(Lant Pritchett) 교수는 "교육은 전부 어디로 사라져 버렸는가?"라는 제목으로 2004년에 발표한 논문에서 1960년에서 1987년 사이의 기간 동안 수십 개의 선진국과 개발도상국에서 모은 자료를 토대로 교육이 경제 성장에 긍정적인 효과를 끼쳤는지 여부를 살펴보았다. 그랬더니 교육은 우리가 믿는 것보다 경제의 생산성 향상에 그리 중요하지 않다는 것을 발견하게 되었다.[57]

그러므로, 부자 나라와 가난한 나라의 가장 큰 차이는 구성원 개인의 교육 수준이 얼마나 높은가에 있는 것이 아니라, 얼마나 각 개인을 잘 아울러서 높은 생산성을 지닌 집단으로 조직화할 수 있느냐에 있다. 또한 교육의 진정한 가치는 생산성을 높이는 데에 있는 것이 아니라, 우리가 잠재력을 발휘하고 더 만족스럽고 독립적인 생활을 할 수 있도록 하는 데에 있다.[58] 그런데도 우리는 막연히 교육이나 경제의 역할과 능력을 필요와 편의에 맞춰 재단했는지 모른다.

21세기는 세계화의 시대다. 토머스 프리드먼은 《세계는 평평하다》라는 책에서 세계화를 실감나게 주장했는데,[59] 이에 대하여 스페인 IESE 경영대학원 교수 판카즈 게마와트(Ghemawat)는 프리드먼의 조

---

57) 《그들이 말하지 않은 23가지》, 장하준, 부·키, 2011, 241쪽.

58) 위의 책, 250쪽.

59) 토머스 프리드먼은 세계는 평평하다면서, 투자엔 국경이 없고, 우리는 모두 평등하게 연결돼 있다고 주장했다. 그러면서 세계화의 10가지 이유를 제시하며 "자유로운 시장을 기반으로 모두가 이웃처럼 가까워졌고, 국경은 소멸했다"고 말했다(《세계는 평평하다》, 토버스 프리드먼, 창해, 2006). 그런데, 이러한 것에 반박을 하고 나선 이가 있다. 스페인 IESE 경영대학원 교수 판카즈 게마와트다. 그는 여러 자료를 통해, "세계화는 헛소리다", "프리드먼의 조사에는 아무런 팩트(fact)가 없다"고 비판하고 있다.

사에는 아무런 팩트(Fact)가 없다면서 세계화는 헛소리다(globalization is globaloney)라고 주장했다. 그가 제시한 팩트를 예로 들면, "전 세계에서 오가는 서신 가운데 국경을 넘는 비율: 1%", "전 세계에 고정 투자에서 외국인 직접 투자(FDI) 비중: 10%", "국경을 넘나드는 인터넷 통신 전송량: 17~18%", "1세대 이민자가 세계 인구에서 차지하는 비율: 3%", 미국의 국내총생산(GDP) 가운데 수출과 수입의 무역이 차지하는 비율이 20%에 불과, 2004년 미국의 모든 기업 중에 1%만이 해외에서 활동하는 것 등이다.

물론 세계화는 이미 시작되었고 진행 중이며, 앞으로 더욱 거세게 일어날 것이다. 그러나 게마와트의 주장이 파괴력을 가지는 것은 사실, 즉 객관적 자료와 과학적 분석, 합리적 사고가 프리드먼의 사실 없는 주장에 일격을 가했기 때문이다.

과학적 · 객관적 · 합리적
행위의 한계

물론, 과학적 · 객관적 · 합리적으로 행하기는 쉽지 않다. 물론 이러한 방법에도 한계는 있다. 당시에 과학적 · 객관적 · 합리적 행위였다 해도 기술이 발달하고 새로운 이론이 탄생하면, 이전의 결정이 틀리게 되는 경우가 허다하기 때문이다.

즉, 나름대로 충분한 근거들을 가지고 판단한 사항이 다른 결과를 가져오는 경우를 흔히 볼 수 있다. 예를 들어, 2차 세계대전이 끝난 후, 인구 폭발을 걱정할 정도로 전 세계 인구가 40% 증가하였다. 이를 지켜보던 많은 사람들은 식량과 자원의 부족을 걱정하며 인류에 불어

닥칠 대재앙을 경고하였다. 그러나 결과는 달랐다.

지금은 오랜 경기 침체 속에 불황의 그림자가 고착된 일본, 이런 일본은 과거 80년대의 화려한 발전에 힘입어 세계 최강의 경제대국이 될 줄 알았다. 예일 대학의 역사학자인 폴 케네디(Paul M. Kennedy)의 경우 그가 1987년에 쓴 《강대국의 흥망》에서 '팍스 자포니카'라는 말을 사용하며 일본 경제의 세계 재패를 예고했다.[60] 그러나 결과는 달랐다.

비록, 이러한 결함이 있었지만 과학적 · 객관적 · 합리적 방법에는 실패를 피드백하여 새로운 방법을 찾을 능력이 내재되어 있다. 사람도 마찬가지다. 실패한 사람은 포기하지만 않는다면 경험에서 뭔가 얻는 게 있다. 그래서 실리콘밸리는 실패자에게 투자한다고 한다. 실패의 경험을 사서, 똑같은 실패를 피하고 새로운 가능성을 찾으려는 것이다.

과학적 · 객관적 · 합리적
방법의 중시

과학적 · 객관적 · 합리적 방법은 앞으로 더 중시될 것이다. 예를 들어, 지도와 데이터의 무한 결합을 통해, 유동인구와 인근 상점의 매출을 분석한 데이터를 만들 수 있고, 이는 날씨 기상도처럼 만들어 이용할 수 있다. 과거처럼 막연한 경험에 의존하는 것이 아니라 분석된 자료를 기초로 한 지리 정보를 응용하게 되면서부터는 오직 상상력의 한계밖에 없다. 과거처럼 점집에 가거나 어떤 마

---

60) 《강대국의 흥망》, 폴 케네디, 이일주 역, 한국경제신문사, 1990.

술로 해결하는 것이 아니다. 피드백이 가능한 것은 실패에서도 성공만큼의 값진 교훈이 존재한다.

1997년 체스 컴퓨터 '딥블루'가 체스 세계 챔피언 가루리 카스파로프와 공식게임에서 승리했다. '딥블루'는 과거처럼 인간의 방법을 모방한 것이 아니라, 방대한 계산으로 하나하나 자세히 '경우의 수'를 검색했다. 창조적 방법은 직관에서 나오기도 하지만, 이처럼 계산된 노력과 준비에 의해서 나오기도 한다. 그리고 앞으로는 이러한 것들이 더 많이 일어날 것이고, 그 속에서 과학적 · 합리적 · 객관적 방법이 더욱 필요하게 될 것이다.

리처드 스웨더(Richard A. Shweder)의 말처럼 인간의 머리는 "과학적인 사고 과정에 한계가 있고, 추상적인 추론을 하는 데 정교함이 부족하며, 경험적인 사실에 대체로 무감각"한지도 모른다. 그러나 우리는 이러한 방법들이 조금씩 발전해 가는 것을 지켜보았고, 그리고 지금으로서는 우리가 한 사회의 문화 현상을 좀 더 정확하게 파악하는 데 이러한 방법밖에 없다는 사실도 인정해야만 한다.

과학적 · 객관적 · 합리적 방법으로 어떤 문화 현상을 분석하여 연구한다는 것은 그리 간단한 일이 아니다. 그러나 근대 이후로 사회과학에서 특히 경제학 분야를 중심으로, 이러한 방법들이 사용되어 온 것처럼 속도는 더디지만 조금씩 발전하고 있다.

인간의 욕구는 무척이나 주관적이다. 그런데 그 욕구와 대립되는 어떤 분배의 문제가 우리에게 과제로 떨어졌을 때, 우리는 이러한 주관적 욕구를 합리적으로 잘 해결할 수 있을까? 예를 들어 두 아이가 케이크를 더 많이 먹겠다고 싸울 때, 둘을 최대한 만족시킬 수 있는 방법은 뭘까? 그중에 한 가지 방법이 각자의 심리를 이용해서 한 아이에게 케이크를 자르게 하고 다른 아이에게 그중 하나를 먼저 고르게 하는 것이다. 이러한 상황에서 자르는 아이는 최대한 균등하게 자르려고 할 것이다. 이처럼 어렵기는 해도 우리는 문화 현상을 분석하여 연구하는데 과학적 · 객관적 · 합리적 방법을 포기할 수 없다. 지금 한국 사회가 안고 있는 분배의 문제, 처벌의 문제, 성장의 문제 등에서도 이러한 방법을 견지해야 한다.[61]

물론 문화 연구에 정답은 없다. 그러나 우리는 좋은 답을 고를 안목은 있다. 그렇다면 좋은 답을 위해 과학적 · 객관적 · 합리적 방법으로 사회 현상을 연구해 나가야 한다. 왜냐하면 해결책은 반드시 있기 때문이다.

앞서 언급한 것을 간단히 정리해 보면 다음과 같다. 지금까지 그냥 믿고 따르던 것을 의심하고 회의(懷疑)하다 보면 명확하게 알 수 있는 것이 많지 않음을 알게 된다. 모두 알 수 없는 세상, 서로 다른 생각들. 그 속에 자칫 불가지론으로 빠져 극단적 회의론자가 될 수도 있지만 그럴 수는 없다.

정답이 없을 수도 있다는 것을 인정하지만 그렇다고 좋은 답까지 포기할 수는 없다. 그 좋은 답은 각자의 상황에서 찾아야 할 것이다. 좋은 답은 반드시 있다. 자신을 파악하고 자신의 논리를 세우면서, 앎의 출발점을 '나, 여기 그리고 지금'에서 시작해 보자.

여기에서 확대하여 '나, 여기 그리고 지금'이 '너, 저기 그리고 과

---

61) 실상 기업에 애국이나 도덕이라는 잣대를 들이대기에는 글로벌 경쟁은 너무 치열하고 가혹하다. 모두 그런 것은 아니겠지만, 기업의 어떤 행위는 비애국적이어서가 아니라 살아남기 위해서 하는 경우도 있다.

거와 미래'로 발전되면 바로 그 속에서 문화의 다양성을 인정하게 되고, 이는 바로 다른 사람도 옳을 수 있다는 생각을 갖게 되어, 열린 마음과 문화적 포용력을 향상하며, 글로벌 마인드의 기초를 쌓게 할 것이다. 그리고 과학적 · 객관적 · 합리적 방법을 통해 접근하면 주체적 수용의 토대가 형성된다.

어쩌면 문화의 진정한 힘은 확장력에 있는 것이 아니라 수용력에 있는지 모른다. 즉 교류를 통해 다른 문화를 받아들여 자기 것으로 통합하는 능력이 중요하다는 말이다. 그러나 더 높은 단계는 단순한 통합과 수용을 넘어서 자신의 문화로 창조하는 일이다. 이러한 창조는 파괴에 의한 창조가 아니라 변형에 의한 창조로서 문화 전달자와 수용자 서로에게, 더 나아가 인류에게 상생적 이면서 평화적인 삶의 방법을 가르쳐 줄 것이다.

질문 100가지

우리는 다시 왜? 라는 질문을 던져야 한다. 예를 들어, 왜 나는 존재하는가? 왜 나는 열심히 살아야 하는가? 왜 나는 공부를 해야 아는가? 왜 나는 학교에 다녀야 할까 등.

왜라는 질문을 100가지만 적어 보기 바란다. 이런 질문에 대답을 하면, 사고의 폭도 넓어지고, 그 속에서 나의 정체성과 존재감, 나의 논리, 가치관이 새롭게 자리매김하게 될 것이다.

4장 창조

1. 창조의 필요성

원조(元祖)를 넘어
창조로

　　　　　　　　주체적 수용의 조건은 먼저 나 자신을 잘 파악하고, 자신의 논리를 세우는 것에서 출발한다. 남을 파악하기 위해서는 자신의 장점이 무엇인지, 단점이 무엇인지 등을 파악할 수 있는 자기 자신에 대한 이해가 중요하다.

　그리고 그 출발점은 '나, 여기, 지금'이어야 하고, 그 과정은 과학적 · 객관적 · 합리적이어야 한다. 앞서 언급한 것처럼, 중국을 바라볼 때도 우리보다 면적은 96배 넓고 인구는 27배 많다는 것 등을 근거로, 중국은 우리와 다른 이상한 나라가 아니라, 우리보다 면적이 넓고 인구가 많기 때문에 그만큼 다양한 일이 일어날 확률이 높다는 생각을 염두에 두어야 한다. 과학적 · 객관적 데이터를 통해서 중국을 바라보아야 한다는 것이다. 바로 이런 것들이 주체적 수용의 조건이 된다.

　그리고 이러한 주체적 수용은 창조로 향해야 한다. 주체적 수용에서 그대로 멈춘다면 의미가 없다. 이것을 창조로 이끌어야 한다. 그래서 '원조가 중요한 것이 아니라 창조가 중요하다'는 것처럼 주체적으로 수용하여 창조적으로 개발하고 이용해야 한다. 지난 과거의 문화는 모두 창조적 과정을 거쳐 탄생한 문화였다. 주체적으로 수용하여 창조의 길을 걸은 사람들은 전통의 틀을 깨고, 보다 향상된 생각과 기술을 이전의 것에 더하여, 새로운 지식으로 다음 세대에 전했다.

이러한 창조를 위해, 다양한 정보와 복잡한 문제 속에서 본질을 명확히 파악하고, 남들이 제시하지 못한 해결 방법을 생각하며, 여기에 자신의 색깔을 더하여 상상을 현실로 만드는 능력과 실력을 갖춰야 한다.

현재 한국의 국가 정체성과 세계의 흐름 등 상황적 한계를 인식하고 창조적 문화로 넘어가야 한다. 원조는 한국이 아니지만 우리가 이것을 이용하고 소화시켜 새로운 것으로 만들어, 세계 시장에 내놓겠다는 창조적 자세가 필요하다. 예를 들어, 누에가 뽕나무의 뽕잎을 먹고 만드는 것은 뽕잎이 아니라 귀하디귀한 비단이지 않은가? 이렇게 실크가 나오는 것처럼 다른 나라나 지역이 가지고 있는 문화적 잠재력을 뽕잎이라 생각하고, 우리의 생각을 새롭게 한다면 뽕잎보다 훨씬 부가가치가 높은 실크를 만들 수 있다.[1]

---

1) 박근혜 대통령이 취임하고 강조한 '창조경제(Creative Economy)'도 이와 맥락을 같이 한다. 취임식에서 "창조경제는 과학기술과 산업이 융합하고, 문화와 산업이 융합하고, 산업 간의 벽을 허문 경계선에 창조의 꽃을 피우는 것"이라고 말했다. 창조경제는 영국의 존 호킨스가 2001년에 처음 사용하였다. 그는 "창의력으로 제조업, 서비스업 및 유통업, 엔터테인먼트 산업 등에 활력을 불어넣은 것"이라고 했다. 기존의 산업과 경제구조를 개선하여 새로운 것을 만드는데 창조적 마인드가 중요하다.

Story Power

　　　　　　이런 측면에서 '스토리' 혹은 '이야기'에 초점을 맞춰 생각해 보자. 사실 지금 21세기는 어떤 면에서 이야기 자원을 확보하기 위해서 국가들이 치열하게 싸우고 있는 상황이다. 세상의 부(富)는 이야기 산업을 중심으로 재편성되고 있는지도 모른다. 그래서 정보사회 다음인 꿈의 사회는 상품을 매매하는 것이 아니라, 상품에 담긴 꿈을 사고팔게 될 것이란다.[2] 바로 상품에 담겨 있는 경험이나 감성 혹은 스타일과 같은 이야기를 사고판다는 말이다.

　　지금은 각종 이야기를 영화, 드라마, 애니메이션 등으로 새롭게 만들면서 고부가가치를 창출하고 있다. 어떤 면에서 21세기를 '이야기 전쟁'에 비유한다면, 이야기가 없는 곳은 문화 식민지로 전락되는 시대라 해도 과언이 아니다.

　　이야기의 힘은 마크 트웨인(Mark Twain)이 1876년에 발표한《톰 소여의 모험》에서도 발견된다. 개구쟁이 톰은 친구와 싸워 이모에게 담장에 페인트칠 하는 벌을 받았다. 시작은 벌이었지만, 톰은 여기에 이야기를 가미해 재미있고 즐거운 놀이로 변화시켰다. 같은 일에도 어떤 의미와 꿈을 담느냐에 따라 상황은 달라진다. 그래서 이야기의 힘과 능력이 중요한 것이다.

　　이야기의 힘은 캐나다에 살고 있는 카일 맥도널드가 2005년 7월 12일에 시도한 '빨간 클립 프로젝트'에서도 감지할 수 있다. 빨간 클립에 자신이 가지고 있는 풍부한 상상력을 더한 맥도널드는 1년 반 만에 14번의 교환을 통해, 자기가 갖고 있던 빨간 클립을 그가 희망했던 집

---

2) 《드림소사이어티》, 롤프 옌센, 리드리드, 2005.

으로 바꿔 놓았다.

　산타클로스가 정말 있는가? 매년 차가운 바람이 불고, 하얀 눈이 내리는 겨울이면 동심 가득한 아이들은 빨간 옷에 눈 썰매를 타고 선물 자루를 등에 걸머진 산타가 올 거라 생각한다. 산타는 어느 나라 사람인가? 어디에 사는가?

　핀란드 수도 헬싱키에서 북쪽으로 900km, 비행기로 1시간, 열차로는 10시간을 가야 하는 핀란드 북쪽 끝 라플란드 주의 로바니에미(Rovaniemi), 그리고 여기서 다시 8km를 더 가야만 하는 이 오지의 산타클로스 마을에 사람들이 몰린다. 세상의 시선이 집중된다. 2011년 이 도시에 33만 명이 방문했고, 연중 40여만 명이 찾아온다. 그 가운데 86%가 외국인이다. 산타클로스가 로바니에미에 살고 있다고 한 20세기 초의 이야기가 바로 지금 로바니에미로 산타클로스를 만나기 위한 관광객들을 불러 모으고 있다. 이야기의 힘이다.

미국은 역사가 짧아서 그런지 몰라도 할리우드 같은 경우, 세계를 상대로 역사적 고사나 설화, 전설을 비롯한 다양한 이야기 소재를 찾아다닌다. 물론 이야기의 힘, 이야기의 경제적 가치를 간파했기 때문이다.

우리나라 영화 〈괴물〉은 유니버셜 픽쳐스(Universal Pictures)에, 〈시월애〉는 워너브라더스 픽쳐스(Warner Brothers Pictures Inc.)에 수십만 달러에 팔렸다. 그래서 〈시월애〉는 도리어 우리나라에 〈레이크 하우스〉라는 영화로 상영되었다. 미국처럼, 우리나라도 중국을 포함하여 세계에서 적극적으로 이야기 소재를 찾아야 한다. 이는 마치 18세기 산업혁명 시절 영국이 인도에서 값싸게 면을 사들여 면직물로 가공하여 비싸게 되판 것과 같다.

이야기 산업

이야기 산업의 대표적인 예는 《해리포터》다. 조앤 롤링의 《해리포터》가 없었다면 영국은 '제2의 외환위기'를 맞았을 것이라는 말이 있을 정도로 이야기의 산업적 · 경제적 가치는 놀랍다. 실제로 1997~2006년까지 약 10년 동안 판매된 《해리포터》의 판매액이 약 3조 원 정도 된다. 그리고 영화 네 편 및 관련 캐릭터 상품 매출액을 합치면 약 308조에 이른다. 그런데 이 308조는 우리나라가 이제껏 반도체를 수출해서 번 수익보다도 많다. 우리나라 반도체 수출 총액이 231조 원인데, 해리포터는 308조의 매출을 올렸다. 그래서일까? 조앤 롤링이라는 사람 때문에 영국이 제2의 외환위기를 맞지 않았다는 이야기가 설득력이 있는 것이다.

세계 최고의 부자라는 빌 게이츠 같은 경우도 주식 배당금으로 한해 약 450억 원 정도를 번다고 한다. 하지만 조앤 롤링의 경우 저작료만으로도 1,000억 원 정도를 번다고 한다.

우리가 이야기를 가지고 있지 않다 할지라도 개발하려는 자세를 가지고 접근한다면 많은 부가가치를 창출할 수 있다. 미국에서 이런 산업의 대표적인 것이 디즈니다. 디즈니의 경우 2006년 매출액이 353억 달러 정도라고 하는데, 그 당시 세계 최고 반도체 기업 인텔이 313억 달러 정도가 되었다고 한다.

그렇다면 디즈니의 수익성은 인텔과도 맞먹고 도요타를 압도하며, 앞으로는 점점 격차가 벌어질 수밖에 없다. 그렇기 때문에 좀 전에 언급한 것처럼, 21세기에 이야기 전쟁에서 밀린다면 문화 식민지로 전락하고, 경제적으로도 어려워진다고 말한 것이다.

이야기를 찾아

이런 관점에서 우리 이야기의 소재를 어디서 찾을까? 우리도 영국처럼 값싼 면을 찾아서 고급스런 면직물을 만들 수 없을까? 누에처럼 뽕잎을 먹고 실크를 만들 수 있는 것은 무엇일까? 뽕잎을 실크로, 값싼 면을 고급 면직물로 만드는 것은 바로 창조적 사고가 아닐까?

다음 사진(왼쪽)은 중국의 재신(財神)으로 중국 식당이나 상점에 들어가면 많이 볼 수 있다. 중국 사람들이 돈을 벌게 해달라며 입구에 두고 기원을 한다. 그런데 이는 바로 관운장(關雲長)이다. 즉,《삼국지》에 나오는 관우다. 의리의 관우(關羽), 용맹무쌍(勇猛無雙)한 관우가 왜 이렇

게 되었을까? 이야기의 힘이다.[3]

　위 사진(오른쪽)은 중국의 운남(雲南) 곤명(昆明)에 있는 석림(石林) 관광지의 모습이다. 이족(彝族)의 신화와 전설이 스며 있다. 구석구석 깊은 곳에 숨겨져 있는 문화 속에 우리가 활용하고 배울 수 있는 것이 있지 않을까?

---

3)　중국의 도교와 민간신앙 등을 포함하여 수많은 신명 중에 관우만큼 영향력이 큰 존재도 많지
　않다. 몇 세기 동안 관우는 출중한 영웅과 신명으로서 줄곧 중국인들의 숭배를 받아 왔다. 그
　의 사당은 헤아리기 어려울 정도로 많았다. 청(淸) 때에는 북경 안팎에만 관제묘(關帝廟)가
　200여 개나 됐다. 이로부터 과거 전국에 관제묘가 얼마나 많았는지 쉽게 상상할 수 있다. 만
　약 사당의 수로만 말한다면 아마 관제묘가 단연 으뜸일 것이다. …… 역사 인물로서의 관우와
　신격화된 우상으로서의 관우는 서로 다르다. 당(唐) 이전 관우는 민간에서 특별한 관심을 끌
　지 못했다. 관우를 성인, 우상, 신명(神明)으로 떠받들게 된 것은 송나라 때부터다. …… 중국
　에서 관우의 영향이 컸던 것은 역대 황제들이 그를 높이 받들어 모신 것 외에, 민간에서 유행
　했던 각종 소설 덕택이다. …… 관우의 늠름한 형상 역시 종교에서 자주 이용됐다. 불교에서
　는 가람신(伽藍神)으로 이용됐고, 도교에서는 관제성군(關帝聖君)으로 봉해졌다. 그리고 기
　타 다른 여러 가지 관우 신화들이 많이 생겨났다(《도교문화개설》, 우민웅, 김덕삼 · 권호 역,
　불이문화사, 2003).

　　위 사진에 보이는 상형문자는 중국 소수민족의 문자다. 그들의
문자를 해독하면서 그들의 이야기를 새롭게 확대, 발전시킬 수 있지
않을까?

**놓치고 있는
우리 이야기**

　　　　　　　　반면, 당신은 이순신 장군이 어디에서 태어났는
지 아는가? 현충사가 있는 충남 아산? 혹은 충무(통영)? 아니다. 을지로
와 충무로 사이에 있는 인현동1가 31-2, 서울 한복판에 있다. 그를 기
리는 표석만이 1985년 명보극장 앞에 외로이 서 있다. 아쉽지만 서울
곳곳에, 한국 금수강산 곳곳에 숨어 있는 이야기 소재는 많다.

　　과거 한때 "한국적인 것이 세계적인 것이다"라는 이야기를 많이
했었다. 그런데 정말 한국적인 것이 세계적인 것일까? 그럼 한국적인
것은 무엇일까? 예를 들어, 청국장? 좋다. 인정하겠다. 그런데 이 청국

장을 세계인들도 좋아할 것이라고 생각하는가? 어느 한국인이 뉴욕 아파트에서 청국장을 끓여 먹다가, 이웃 주민이 이상한 냄새가 난다고 신고를 해서, 소방관과 경찰관이 출동해서 난리 난 적이 있다고 한다.

김치도 한국적인 것이라고 해서 외국에 가지고 간다. 하지만 전통적인 김치의 냄새를 많은 외국인들은 못 견뎌 한다. 한국의 김치를 일본 사람들이 기무치(キムチ)로 불러 세계 시장에 내놓았다.[4] 매운 것을 덜 맵게, 짠 것을 덜 짜게 하면서 세계인들의 입맛 코드에 맞췄고, 가장 문제되었던 김치의 보관과 이동을 기술 개발로 극복했다. 그래서 김치를 나름대로 세계적인 식품으로 만들어 보려 했다. 앞으로 우리가 체계적인 준비를 하지 않는다면, 자칫하다가 기무치에게 김치의 자리를 넘겨 줄지도 모른다. 원조(元祖)라고 방심하다가 큰코다친 일이 역사에는 비일비재하다.

그렇다면 "한국적인 것이 세계적인 것"이라는 것은 문제가 있는 것이 아닌가? 한국적인 것이 세계적인 것이 아니라 한국적인 것을 세계적인 코드에 맞추어 '재창조'한 것이 바로 세계적인 것이 될 수 있다. 그래서 문화적 코드를 잘 읽어야 한다. 그리로 세계의 트렌드와 코드에 한국적인 것을 계속해서 접목시켜야 한다. 드라마 〈대장금〉도 그렇다. 한국의 전통음식을 세계적인 코드에 맞추면서 현대적 감각을 입혀 전파하게 된 것이다. 그렇기 때문에 호소력이 있었다. 영화 〈왕의 남자〉에 나오는 복장도 한국인과 세계인들이 보았을 때 어느 정도 인정할 수 있는 아름다움이 존재했기 때문에 통한 것이다. 남들 모두가

---

4) 일본 사람들이 자신들의 발음에 따라 김치를 기무치로 했다면 어떻게 생각해야 할까? 또한 초밥은 어떤가? 사전을 찾아보니 일본 요리라고 명시되어 있다. 일본은 스시[壽司]라고 부르는데 이것을 '수사'도 아니고 초밥이라고 한 것을 일본인들은 어떻게 생각할까?

세계화라고 외친다고 아무 생각 없이 그대로 따라했다가는 낭패 보기
십상이다.

현대사회의 변화,
세계화

주체적 수용의 대상을 더 넓혀 시대적 흐름과
함께 생각해 보는 것도 좋을 것이다. 현대사회에는 과학기술의 발전,
고령화, 녹색 산업의 중시라는 트렌드를 비롯하여 다양한 변화가 일어
나고 있다. 그 가운데, 현대사회의 변화를 세계화, 정보화, 민주화 그리
고 융합을 중심으로 좀 더 자세히 알아 보자.

세세화는 다양한 변화를 초래할 것이다. 국가 간, 민족 간의 교류
역시 활발해질 것이다. 그러한 예가 필리핀 등과 같은 동남아 지역사
람들과 하는 국제결혼이나, 좀 더 좋은 교육을 위해 해외로 떠나는 유
학생 수의 증가다. 더군다나, 2050년을 기점으로 동남아 혼혈 인구가
10명 중 2, 3명꼴로 늘어난다는 통계도 나왔다.

앞으로의 세계는 국가의 개념은 희박해지고, 이익을 중심으로 한
다국적 기업들이 국가의 자리를 대신하게 될 것이다. 즉, 사람들이 더
이상 애국심 때문에 자신을 희생하지 않고, 자신의 이익을 중시하는
개인주의가 정착되어 갈 것이다. 이익이라는 실제적 목적을 중심으로
뭉친 기업은 추상적인 국가보다 사람들에게 더 큰 혜택을 주었고, 그
것은 개인주의를 점차 심화시키는 촉진제가 되었다. 예컨대, 브라질의
축구 스타 호나우딩요는 더 이상 브라질을 위해 공을 차지 않는다. 그
는 자신이 소속된 클럽의 우승과 자신의 몸값에 더 관심이 있을 뿐이

다. 국제적인 축구 스타들은 국가 대항전과 클럽 대항전이 같은 날에 있다면, 클럽 대항전을 뛰는 것이 보통이다. 왜냐하면, 축구는 더 이상 그들에게 애국심을 위한 도구가 아니라, 자신의 생업(生業)이기 때문이다.

과거에는 한국 내에서 모든 걸 해결하려 했다. 외국에서 원자재를 수입해, 국내에서 가공하여 다시 외국에 파는 것도 처음에는 매우 못마땅하게 생각했다. 그러나 이러한 가공무역은 이제 아주 보편적인 것이 되었다. 세계 속에서 치열한 경쟁을 하는 기업들에게 과거의 규칙은 과거의 것일 뿐이다. 기업은 생존을 위해 새로운 패러다임과 코드에 맞춰 살아야 한다. 이러한 세계화 속에 국가 개념은 약해지고, 기업의 가치와 개념이 더 강해지고 있다. 세계화 속에 다양한 문화 교류가 이루어지고 있는 현 시점에서, 우리에게 맞고 우리에게 필요한 것에 근거해 세상의 것을 받아들여야 한다.[5]

정보화, 민주화

21세기는 정보의 시대다. 그러나 넘쳐나는 정보 속에서도 나에게 맞는 정보가 중요한 정보다.[6] 정보화로 인하여 문화는 특정한 곳에 특정인들만이 즐기고 공유하던 것에서 많은 사람이

---

5) 세계화는 창조성과 더불어 다양한 문화를 우리 사회에 전할 수 있다. 그러나 약자의 문화를 소외시키거나 자유로운 표현을 방해할 수도 있다. 그래서 문화 다양성은 보호되어야 한다. 차이는 있되 차별은 없어야 한다. 그래서 유네스코(UNESCO)는 2005년에 〈문화 콘텐츠와 예술적 표현의 다양성 보호 협약〉을 채택했다. 다양성은 미국의 발전, 기업 경쟁력 향상에 원동력이 되었다. 문화적 다양성은 창조적 상상력을 낳는 원동력이 된다. 앞에서 설명한 '문화와 문명'을 참고하기 바란다.

6) '고급정보의 장악'에서 설명하겠다.

함께 공유하는 것으로 변화되었다. 그리고 일(一) 대 다(多), 혹은 다(多) 대 다(多), 다(多) 대 일(一)의 교류를 가능하게 했다.

민주화는 점점 우리 사회의 깊숙한 곳까지 변화시킬 것이다. 민주화로 개인의 가치가 중시되고 개성이 존중되었다. 또한 민주화로 인하여 문화는 특정 계층뿐만 아니라 원하고 희망하는 사람은 비교적 쉽게 즐길 수 있는 것으로 더 빨리 변하게 될 것이다. 그리고 대중문화를 더욱 발전시킬 것이다. 이 경우도 역시 내가 중요하다. 이런 것들을 통해 나, 여기, 지금, 우리라는 주체가 강조되는 시대적 흐름을 살펴볼 수 있다.

과거와 다르게 '개천에서 용 났다'는 사례가 줄어들고 있다. 사회가 안정되고, 기득권 세력의 보수성이 더욱 짙어지면서 자연스레 일어난 일이다. 이것은 역사 발전 단계에서 발생하는 일반적인 과정이다. 반면에 노무현 대통령처럼, 아웃사이더 정치인이 대통령이 되거나, 가수 싸이처럼 일순간에 세계적인 스타가 될 가능성도 더 커졌다. 사회는 안정기에 접어들면서 '콩 심은 데 콩 나고, 팥 심은 데 팥 나는' 식으로 흘러갈 것이다. 그러나 '개천에서 용 나는' 혁명적 일이 횟수는 적지만, 일어난다면 전보다 더 강력한 형태로 일어날 것이다. 이것은 민주화, 세계화, 정보화로 다양한 힘을 한 곳에 집중할 수 있게 되었기 때문이다.

융합의 시대

앞서 언급했던 것처럼, 이제는 단절이 아니라, 충돌하면서도 서로 이해하는 시대가 되었다. 새로운 것을 연결하고 섞어 보는 융합적 사고가 필요하다.

건축, 조선, 공업 등의 발전을 보면, 여기에서도 한 가지 기술만이 아니라 관련 주변 기술이 반드시 필요함을 알 수 있다. 가령 집을 짓는 다고 할 때, 집 짓는 기술만 필요한 것이 아니라, 주변 환경, 전기, 가스 기술 등이 필요하고 더 나아가, 웰빙을 찾는 사람들의 기호를 충족시 키기 위해서 풍수와 집 외관의 예술성도 고려해야 하기 때문이다.

인류 발전에 기여한 창조자들은 음악에서 그림을 연상하고, 그림 에서 소리를 연상했다고 한다.[7] 이제는 융합의 시대다. 학문에서도 배 타적 영역 구분에 머무르지 않고 학제 간 연구가 활발히 진행되고, 음 악에서는 크로스오버, 음식에서는 퓨전 음식, 직업에서는 다양한 분야 에 걸친 지식을 통합하고 연계시켜 사고할 수 있는 인재의 출현 등, 융 합은 우리 사회 전 분야에 영향을 미치고 있다.

과거 융합은 일종의 잡종(Hybrid)으로 치부되었다. 이것도 저것도 아니면서 순수하지도 못하다고 평가받았다. 그러나 이제는 융합되어 나오는 시너지 효과 때문에 이런 능력을 스스로 가지려 한다. 어떤 면 에서 창조는 완전히 새로운 것을 만드는 것이라기보다, 기존에 존재하 는 것들을 새로운 방식으로 융합하는 것일 수 있다.

디지털 제품을 중심으로 생긴 '컨버전스(Convergence)'라는 문화 현 상은 여러 기술이나 기능이 하나로 융합되는 것을 의미한다. 즉, 한 점 으로의 집중, 집중성이라는 의미를 가진 컨버전스는 제품 간의 융합뿐

---

7) 음악에서 그림을 연상하고, 그림에서 소리를 연상하는 새로운 것을 계속 연결하고 섞어 보는 융합적 사고가 필요하다. 실제로 음악과 미술을 결합시킨 바실리 칸딘스키(Vasilii Kandinskii) 와 파울 클레(Paul Klee)의 추상미술이 있다. 특히, 클레는 20세기와 21세기의 현대 미술에서 가장 영향력 있는 작가라고 평가받는다.

만 아니라 다른 산업영역 간의 융합도 거세게 진행하고 있다. 과거 일
대일 사회에서 다(多) 대 일(一) 사회로 변환된 것처럼, 모든 것을 선택
하던 입장에서 복합적으로 모두를 원하는 시대적 조류가 '컨버전스'라
는 문화 현상에 내재되어 있다.

　　이러한 융합은 문화융합상품, 즉 '컬덕(cult-duct: culture 또는 cult +
product)'으로도 나타났다. 컬트는 원래 어떤 대상에 대한 맹신에 가까운
추종을 의미했다. 이것이 마케팅에 연결되어 특정 상품에 대한 마니아
층을 형성하게 된 것이다. 컬덕은 '재미'라는 요소를 강조한 사우스웨
스트 항공사나, 고급 취향과 도시적 우아함을 강조하는 스타벅스, 반
항적이면서도 시대를 앞서는 이미지를 구사하는 할리데이비슨의 경
우에서 쉽게 발견된다. 이러한 것으로 미루어, 지금의 소비자에게 중
요한 것은 사용가치가 아니라 기호가치인지 모른다. 그리고 우리가 소
비하는 것은 상품과 상품 사이의 차이인지도 모른다.

　　이와 같은 컬덕이나 컨버전스 문화 현상의 내면에는 과거의 '양
자택일'적 사고방식에서 융합 혹은 복합적 사고방식으로 전환되는 사
회적 현상이 내재되어 있다. 과거의 컨버전스가 서비스별, 정책별, 산
업별, 기기별로 일어났다면 앞으로는 '소비자'가 사용하기 쉽고 편리
하면서 그들이 원하는 방향으로 발전할 것이다. 기술의 수준이 비슷한
상황이라면 사용자의 기대치를 뛰어넘는 상상 이상의 융합 제품이 독
존하게 될 것이다. 과거 휴대폰과 MP3, PDA 등이 경쟁을 하였지만,
결국 스마트폰 안으로 융합되었다. 이처럼 융합은 성장을 넘어 생존의
문제가 되었다.

인류 사회의 변화

　　　　지난 2000년 동안의 인류사를 살펴볼 때, 세계 경제는 현대에 가까울수록 빠른 속도로 발전하였다. 기원 1년부터 1000년 동안 세계의 인구는 16.2%(연 0.015%) 증가한 반면, 서기 1000년부터 2000년 동안에는 세계의 인구가 2,200%(연 0.31%) 증가하였다. 1인당 소득도 전기에는 약간 감소하였지만, 후기에는 1,300%(연 0.26%) 증가하였다.

　산업혁명을 전후하여 지식의 양이 두 배로 늘어난 데 걸린 시간은 1750~1900년까지 150년, 1900~1950년까지 50년, 1950~1960년까지 10년이었고, 2020년이 되면 73일을 주기로 두 배씩 늘어날 것으로 전망된다.

　이제는 한 학기도 안 되는 시간, 즉 100여 일 사이에 엄청난 변화가 일어난다. 즉, 강의를 하고 있는 순간에도 새로운 지식과 변화가 일어나는 시대에 살고 있다는 것이다. 이러한 것은 사회적 · 경제적 변화와 매우 밀접한 관계를 맺고 있다.

　산업혁명이 본격적으로 시작된 1820년을 중심으로 1000년부터 1820년까지를 전기로 보고, 1820년부터 1998년까지를 후기로 보면, 전기엔 세계 인구는 약 390%(연 0.17%), 1인당 소득은 약 53%(연 0.052%) 증가했다. 반면, 후기에는 세계 인구는 약 560%(연 0.97%), 1인당 소득은 약 850%(연 1.21%) 증가했다.

　현재 우리가 사용하는 교육에 대한 인식이나 이론적 틀은 주로 산업혁명 이후 서구에서 형성되어 온 것이었고, 지금도 그 영향권 안에 놓여 있다. 산업혁명이후에는 시민사회가 형성되었고, 이들은 자신들을 위한 문화를 형성하였다. 물론 이것은 고급문화적 관점에서 본 것처럼, 귀족사회로부터 대중문화라 천대받았지만, 그럼에도 불구하고 자신들의 문화를 형성하여 인류 발전사에 새로운 장을 열었다. 또한 시민사회는 자신의 후손을 가르치기 위한 교육을 시행하였고, 이것은 교육의 대중적인 확산을 가져옴과 동시에, 인류 문명을 한 단계 발전시키는 데 기여했다. 이것은 커다란 변화를 일으켰고, 이를 통해 산업사회에 맞는 기능인을 순조롭게 배출하면서 인류 발전에 이바지하였다.

하지만 산업혁명 시기에 만들어진 지식과 매뉴얼을 중심으로 하는 암기 위주의 교육은 변화된 현대사회에서는 적절한 해결책을 제시하지 못하고 있다. 지금은 정보화로 지식의 양은 급속히 증가했고, 앎의 기준도 다양화됐다. 전자 기기와 인터넷의 발달이 가속화되어, 창조, 순발력, 협업, 기회 포착, 실행 등이 중요한 시대다. 그리고 이러한 것들은 서로 융합하여 매우 커다란 시너지 효과를 발휘하고 있다. 이러한 변화 발전은 과거에 상상하기 힘든 것이었다. 또한 세계화의 가속으로 인한 문화 교류의 급증과 집단 지성으로 바뀐 사회에서의 새로운 가치 창출 등이 혁명적 변화를 매우 빠르게 불러오고 있다.[8]

이상에서 본 것처럼, 21세기의 메가트렌드인 정보화 · 세계화 · 민주화가 서로 융합하면서 시너지 효과가 일어나고, 새로운 가치를 창출하고 있다. 이렇듯, 각각의 특징이 따로 오지 않고 서로 영향을 주면서 융합하고 있다. 그리고 이러한 변화의 양상에서 앞으로 창조의 물결은 더욱 거세게 몰아칠 것이다. 극단적으로 표현하면, 창의적이지

---

8) 이러한 사회적 변화에 부응하지 못하게 되자 현대의 교육 관련 문제들이 발생하게 된다. 산업혁명 시기에 만들어진 교육 패러다임의 틀을 벗고 새로운 틀을 찾아야 한다.

못한 기술은 기능으로 전락하게 될 것이다. 그럼, 이러한 창조는 어떻
게 이루어질까?

2. 창조의 과정

이제는 창조적으로 생산하는 마인드가 필요하다. 이제 우리는 아는 것을 넘어 새로운 것을 창조해야 한다. 창조적 문화를 만드는 조건을 살펴보면 여러 가지가 있다. 그러나 과거 창조적 업적들이 이루어졌던 상황을 살펴본다면 다음과 같이 정리된다. 물론 순서대로 진행되는 것은 아니며, 서로가 각 상황에서 거미줄처럼 다각적으로 영향을 주고받는다.

- 인식 훈련(선입견의 제거)
- 여유(다양한 실험과 도전 가능)
- 개방적 사고(다양한 문물의 수용)
- 고급정보의 장악(풍요 속의 빈곤)
- 학습(모방을 넘어 창조로)
- 집중(누구나 아이디어는 5~9개)
- 논리(정답은 없다. 그러나 좋은 답은 있다)

1) 인식 훈련: 선입견 제거

창조를 위해서는 먼저 인식 훈련이 필요하다. 이러한 인식 훈련은 사고를 여유롭게 한다. 이는 다양하게 생각하고, 눈에 보이는 것이 다가 아니고 그 너머에 또 다른 것이 있다는 생각을 우리에게 던져 준다. 그러면서 우리를 더 넓은 세계로 인도한다.

인식이란?

인식 훈련은 주체적 수용에서 '회의(懷疑)'하는 것의 기본 토대이고 핵심 사항이기도 하다. 물론 창조에 있어서도 인식은 여전히 중요한 요소다. 인식은 결국 수용과 창조에 있어 가장 핵심적인 요소라 할 수 있다. 우리가 인식을 어떻게 하느냐에 따라 In Put과 Out Put의 내용이 달라진다. 그럼 여기에서는 수용에서 언급한 '회의'를 확장해서 알아보겠다.

학생들과 가끔 다음과 같은 질문으로 대화를 나눈다.

예 1 **보이는 것과 존재하는 것**

강의실에 있는 분필을 손에 쥐고 학생들에게 묻는다.

문: 여러분 지금 이것이 무엇이죠?

답: 분필이요.

문: 존재합니까?

답: 예~

문: 뭘 근거로 존재한다고 말하죠?

답: (웃으며) 지금 눈에 보이잖아요.

잠시 후, 분필을 한 손으로 감싼 뒤 다시 묻는다.

문: 여러분, 분필이 존재합니까?

답: *&^%?

예 2 장자와 혜시의 대화[9)]

둘이 다리를 건너다가 물고기의 즐거움에 대하여 논하게 되었다.

장자: 물고기가 자유롭게 노닐고 있으니 그것이 물고기의 즐거움일세.

혜시: 자네는 물고기가 아닌데 물고기가 즐거운지 어찌 아는가?

장자: 자네는 내가 아닌데 내가 물고기의 즐거움을 모른다는 것을 어찌 아는가?

혜시: 내가 자네가 아니니 본래 자네를 알 수 없네. 자네도 물고기가 아니니 물고기가 즐거운지 알 수 없는 게 분명하네.

장자: 처음으로 돌아가 말해 보세. 그대가 방금 말하기를 '자네가 어찌 물고기가 즐거운지 아는가?'라고 말했을 때 그대는 이미 내가 그 것을 알고 있음을 알아차리고 물은 걸세. 나는 물고기가 즐거운지 를 다리 위에서도 알 수 있다네.

예 3 굴뚝 청소부

문: 두 사람의 굴뚝청소부가 청소를 마치고 내려왔다. 한 사람은 얼굴이 더러웠고 한 사람은 얼굴이 깨끗했다. 이 중 과연 누가 세수를 하게 될까?

---

9) 《장자》추수(秋水)편.

답: 얼굴이 깨끗한 사람이다. 상대방의 얼굴을 보고서, 자기도 더러우리라고 생각할 것이기 때문이다.

인식이란 무엇인가? 인식(認識, cognition)의 사전적 의미는 사물을 인지(認知)·식별(識別)하고, 기억·사고(思考)하는 작용 및 그 결과를 말한다. 또한 '인식론'을 뜻하는 영어의 'epistemology'는 그리스어의 'epistm(지식)+logos(논리·방법론)'에서 유래되는데, 지식을 받아들이는 논리 방법이라고 할 수 있다.

예 3)의 경우 강조하는 것은 인식하는 주체와 인식되는 대상 간의 문제다. 즉, 인식하는 주체와 인식되는 대상으로 양분되면 인식된 게 사실과 일치하는지 여부를 확인할 길이 없다. 그렇다 하여 인식되는 대상과 인식되는 주체가 하나가 될 수는 없다. 그래서 현대의 현상학이나 프래그머티즘 등의 철학에서는 전통적인 인식이 성립되는 전체적인 장(場)에 주목한 주관·객관적 인식론의 문제 설정을 뛰어넘거나 상대화하는 방향으로 나아간다. 그 점을 장자는 이미 예 2)의 경우에서 지적하고 있다. 인식의 상대성을 강조한 것이다.

반면 예 1)에서 우리는 과연 분필의 존재를 어떻게 알 수 있을까? 그런데 우리는 일상 속에서 분필이 존재한다고 믿으며 행동한다. 그러나 과연 분필의 존재를 우리는 무엇에 근거해서 확신하는 것인가? 혹시 기억에 의거해서 "좀 전에 보았다"는 것으로 그 존재의 이유를 말할 수 있을까? 기억은 불완전하다. 잘못된 기억이 얼마든지 생길 수 있다. 만약, 마술을 잘하는 사람이 이를 행했다면 우리의 판단은 여지없이 틀린 것이 된다.

혹 이러한 근거에서 더 나아가 우리가 이를 만지거나 보거나 해서 분필의 존재 근거를 언급한다면, 과연 우리는 분필의 색깔과 분필의 모습을 제대로 파악한 것일까? 우리는 분필 자체를 절대 제대로 파악할 수 없다. 단지 우리에게 전달되는 감각 자료(Sense data)만 파악할 뿐이다.

독일의 철학자 칸트(I. kant)는 우리에게 전달되는 현상의 배후에 '물자체(物自體)'가 있다고 생각했다. 칸트는 손에 있는 분필로부터 맛·색·냄새·모양·촉감 등 인간이 감지할 수 있는 성질(현상)들을 전부 제거한 뒤에는 물자체가 남는다고 생각했다. 그러나 오스트리아의 물리학자이자 철학자인 마하(Ernst Mach)는 현상의 배후에는 아무 것도 남아 있는 것이 없다는 현상주의(Phenomenalism)적 입장을 취했다. 소피스트 사이에서 인식 내지 지식의 문제가 철학의 주된 문제들 가운데 하나가 된 이후 지금까지 끊임없이 '객관적인 진리(眞理, truth)는 있는가? 진리는 상대적일 뿐인가?'에서부터 지식의 기원, 본질, 타당성 및 인식의 가능성과 방법 등을 다루어 오고 있다.

인식의 한계와 입장

이러한 인식도 현대에 이르러서는 인식이 성립되는 전체적인 장(場)에 대하여 관심을 갖게 되었다. 전국(戰國)시기에 살았던 장자는 다음과 같이 말한다. "다른 (인식의) 입장으로 본다면 간과 쓸개도 초나라와 월나라만큼 떨어진 것 같고, 같은 (인식의) 입장에서 본다면 만물은 모두 하나이다."[10] 이처럼 인간의 인식은 불완전하

---

10) 《장자》덕충부(德充符). "自其異者視之 肝膽楚越也 自其同者視之 萬物皆一也"

고, 인간의 지식에는 편협한 점이 있다.

그러나 여기서 우리가 더 주의하여 볼 것은 '입장'이란 것이다. 내가 어느 입장에서 대상을 바라보느냐에 따라 대상은 이렇게도 저렇게도 달리 보일 수 있기 때문이다.

어떤 측면에서 우리는 어떤 에피스테메에 있을 때, 혹은 어떤 장(場), 관점, 틀, 패러다임에 있을 때 다른 것을 올바르게 인식하기 힘들다. 좀 더 진솔하게 말하면 이러한 것이 바뀌고 새로운 장, 틀, 패러다임, 에피스테메에 들어갔을 때 그나마 과거의 것을 제대로 인식할 수 있다. 이는 내가 살고 있는 곳을 떠나 다른 곳에서 생활해 볼 때, 내가 살고 있는 곳을 잘 이해하게 되는 것과 비슷하다.

《인간 그 속기 쉬운 동물》을 쓴 사회심리학자 토머스 길로비치(Thomas Gilovich)가 명명한 편향확증(Con firmation-Bias)이란 말처럼 우리가 "확증적인 정보에 지나치게 높은 점수를 주는 것은 인식론적으로 불리한 정보를 무시해 버리는 쪽이 편안하기 때문"인지도 모른다. 즉, 우리가 생각하는 진리라는 것은 객관적이거나 보편적인 것이 아니라 어떤 측면에서 심리적인 게으름의 결과일 수 있다.

그 이유를 생각해 보면, 우리는 종종 내 자신이 믿고 싶은 것을 믿고, 그렇지 않은 것은 애써 믿으려 하지 않는다. 그리고 여기서 더 나아가 자신이 믿은 것을 굳건하게 하기 위해, 자신의 믿음에 유리한 정보만을 의도적으로 찾아 자신의 믿음을 확고하게 만들고, 그에 반하거나 대립되는 것은 무시하거나 배제하는 행동을 하기 때문이다.

나는 내가 현명하게 판단해서 선택했다고 생각하지만, 이미 나의 판단과 선택은 조작되었는지 모른다. 사회적 금기를 비롯하여 사회를 움직이고 변화시키는 가치관도 조작된 것인지 모른다. 나의 소비도,

내가 현명하게 고른 상품도 조작되었는지 모른다. 그래서 우리는 의심하고, 인식 훈련을 하고, 개방적 사고를 하면서,《성경》의 말씀처럼 깨어 기도해야 하는지 모른다.[11]

사회와 문화에 대한
인식

　　　　　　자, 그럼 이러한 인식적 방법을 사회와 문화에 어떻게 적용할 것인가? 사회를 문화를 우리는 어떻게 인식해야 하는가? 물론 여기서 말하는 인식과 좀 전에 말한 인식과는 그 의미가 다소 차이가 난다.

나는 여기서 과학적 방법에 근거하여, 객관적 자세로 바라보면서, 합리적 사고로 종합하여 사회를 바라보고 비판하는 것으로서의 인식을 말하고 싶다. 문화를 바라보고 분석하는 데 있어서도 주관적이고 비이성적인 자세를 탈피해야 한다.

물론 말은 쉽다. 그러나 우리는 앞서 우리의 감각을 의심해 보았듯이, 우리가 판단하는 근거조차 의심하는 노력을 기울여야 한다. 예를 들어 국가 논리에서 우리 한국은 주변국보다 수적, 양적 측면에서 열세에 있다. 그래서 자칫 하다가는 '그들의 논리'에 빠져 우리를 바라

---

11) 《이기는 패러다임》, 조지 소로스, 이건 역, 북돋움, 2010년. 소로스가 얘기한 거품이론도 같은 맥락에서 생각해 볼 수 있다. 소로스는 거품이 발생하기 위해서는 현실세계에서 유행하는 추세와 그 추세에 대한 착각이 결합되어야 한다고 책에서 주장한다. 부동산 거품을 그 예로 들수 있다. 이자율이 낮아지고 가격이 상승하면 부동산 호황이 촉진된다. 그리고 부동산 담보가치가 대출 시장과 상관없다는 착각이 등장한다. 뒤이어 사람들의 신용도도 올라가고 대출기준도 완화되면서 호황의 정점에서 대출 규모는 최대에 달한다. 그러다 반전이 일어나 거품이 꺼진다.

보게 되고, 급기야 우리 스스로를 공격하기까지 한다. 그들의 관점이 나의 관점 속으로 들어와 그것이 마치 나의 관점인 양 착각하게 하면서 나를 파괴하는 것이다.

예 **뿌리는 하나**

한국 사회를 바라다볼 때 한국인은 냄비근성을 가지고 있다고 비판한다. 그러나 이 냄비근성을 고칠 수 없다면, 그대로 잘 받아들이는 것도 한 방법이다. 내가 변하든지(나는 이를 노신의 《아Q정전》에 나오는 아Q의 사고가 그렇다고 생각한다.) 아니면 환경을 바꾸든지(절이 싫으면 절을 떠난다) 그럴 때 냄비근성은 임기응변, 순발력으로 성장할 수도 있다.

개인의 경우에도 이러한 것은 흔히 발견된다. 그러나 우리는 이것을 전혀 의식하지 않고, '인생을 살아가는 것이 아니라 인생을 살아주는' 것처럼 안일하게 살고 있다. 예를 들어, 내가 주체적으로 인식하고 수용하지 못하면 외부의 것에 동화되어 내가 흔들린다. 이왕이면 주체적으로 변하도록 노력해야 한다. 음식을 먹을 때 내가 먹고 싶은 것을 골라 먹듯이, 영화를 보고 TV를 시청할 때도 나의 주체적 시각에 의거해 보도록 하자. 한국의 연속극에 등장하는 주인공들의 생활자세가 일반 시청자들에게 마치 사실인 양, 마치 모든 사람이 그런 것인 양 생각되는 착각을 불러일으켰고, 드라마 속 삶과 자신의 삶을 혼동하게 하였다. 자신의 삶에 외부 정보를 받아들일 때는 좀 더 주체적으로 봐야 한다. 바로 나, 여기 그리고 지금이 중심이 되어야 한다.

한 가지 더 예로 들어 언급해 보면, 많은 사람들이 오늘날 벌어지는 일을 보고 말세라고 한다. 하지만 그 말세라는 탄식은 공자가 살았던 시대에도 소크라테스가 살았던 곳에서도 줄기차게 언급되어 왔다. 지금 "인문학의 위기다, 문학의 위기다"라며 아우성이다. 이러한 말들이 너무 많다 보니 오히려 위기의식을 제대로 느끼지 못하게 된다. 위기 불감증에 걸릴 지경이다. 오히려 이러한 위기는 "위기를 말하는 자의 위기일 뿐"인지도 모른다.

지구라는 곳에서 인류가 살아온 이후 위기가 아닌 때는 아마 한 번도 없었을 것이다. 늘 하부구조가 취약했다. 1930년, 40년대의 백석 시집《사슴》이나 미당의《화사집》은 겨우 100부를 찍었다. 그런 상황 속에서 20세기의 명편이 나왔다. 돈이 된다고 머리 싸매고 졸속 양산(量産)주의로 나가니까 도리어 문학이 황폐해졌다. 비록 풍요의 시대가 도래했지만 인문학은 그에 비례하여 풍요롭지 못했다. 사회와 우리 주변의 문화에 대한 인식에서 우리는 "어떻게 보느냐에 따라 다르게 보인다는 것"을 깨닫게 된다.

절대적인 정답은 그리 많지 않다. 상황과 시대에 따라 좋은 답을 찾아야 하는 수고와 부지런함이 필요하다. 심지어 시간과 공간조차 원래부터 존재하던 것이 아니라는 것을 인정하고, 삶과 사회를 바라보는 태도를 전환해 보자. 그러면서 일상에서 가장 불편한 것을 찾아내어 그것을 해결하는 데 집중해 보자. 이는 우리가 지금 여기에 살고 있기 때문이다. 그리고 이러한 삶 속에서도 자신의 의지를 확고히 해야 한다. 앞에서도 말했지만 질량이 커다란 물체의 주변 공간은 구부러져 있다고 한다. 열정이 가득한 사람은 환경을 변화시킨다. 뭔가를 성취하겠다는 열정만 있다면 어떤 환경에서도 해낼 수 있다.

인식의 차이

　　　　　　다양한 자유로운 사고를 하기 위해 언어 속에서, 일상 속에서 선입견을 제거해야 한다. 우리는 알게 모르게 머릿속에 많은 편견을 가지고, 그 편견으로 인하여 나와 지금과 여기를 구속하곤 한다.

예1 미술학도에게는 흰색 물감, 그러나 생각을 바꾸면 '화이트'

우리가 흔히 쓰는 수정액 '화이트'는 베티 그레이엄이라는 사람의 발명품이다. 미술학도 출신인 그는 비서로 일하면서 타이핑할 때 생긴 오타를 흰색 물감과 붓을 이용하여 수정하였다. 이것이 사무실에서 큰 인기를 끌었고 마침내 회사까지 차리게 되어 그녀에게 부와 명예를 안겨 주었다.

예2 절망 속에도 희망이

몇 년 전, 조류독감으로 전국의 닭들이 수난을 당하면서, 신문과 방송에서 조류를 먹어도 문제없다는 광고를 했다. 그런데 오히려 닭고기 가격이 더 뛰었다. 왜? 조류 독감으로 많은 닭들이 죽어 없어진 반면 사회적으로는 닭을 먹어 그들을 위로하자는 것. 그러나 도와줄 그들은 닭을 이미 다 죽일 수밖에 없었고, 조류독감의 피해를 입지 않은 자들은 덕분에 비싼 값으로 닭을 팔았다. 과연 누굴 도운 것인가?

예3 시인의 눈에도

가끔씩 나는 나무를 꿈꾼다
내 인생의 나뭇가지 하나는 결혼할 남자
거기 달린 잎들은 아이들이다

다른 가지는 작가로서의 내 미래

거기 달린 잎은 나의 시다

또 다른 가지는 화려한 학문경력

그러나 어느새 잎은 갈색이 되어 바람에 날아가고

나무는 모든 것을 잃고

헐벗고야 만다.

– 영화 〈실비아〉 가운데, 실비아의 서시, 실비아 플라스

투명한 물컵 위에

엉덩이를 드러내고

부끄럽디 부끄럽게

앉아 있는 양파 하나

–《시간의 자국 속》, 양파실험, 이상호

모가지만 잘려 와서

분노하는 우리들을

더욱 아름답다고

희희낙락 바라보는

저 인간들에게

우리들은

보복하기로 했다

(절대로 열매를 맺지 말자고 굳게 다짐했다)

–《시간의 자국 속》, 꽃의 보복, 이상호

[예 4] 광고 속에도, 나이는 숫자에 불과하다:
거부할 수 없다면, 차라리 즐겨라!

인간의 평균 수명이 늘어나면서 노년 생활을 걱정하는 사람들이 많아졌다. 노년도 청년 시절처럼 고단하기는 하지만 잘 준비한다면 그 걱정을 덜할 수 있을 것이다. 청춘은 어느 특정 기간을 지칭하는 말이 아니라 마음의 상태를 말하는 것이라고 한다. 몸은 비록 늙었지만 도전 정신과 열정을 가지고 있다면 그게 바로 청년이 아닐까?

[예 5] 일상 대화 속에도

- "호랑이는 죽어서 가죽을 남기고 사람은 죽어서 이름을 남긴다"는 말이 있다. 정말 그럴까? 오히려 호랑이는 가죽 때문에 죽고, 사람은 이름 때문에 죽는 것이 아닐까?
- "강한 자만이 살아남는다"라는 말보다 오히려 "살아남은 자가 강한 자다"라는 말이 맞는 말이 아닐까?
- 우리가 생각하는 산의 가장 높은 곳은 정상이면서도 정상은 결국 가장 낮은 곳을 향한 첫 시작점이다.
- 잔디 깎는 냄새를 맡고 좋아하는 사람에게, 당신은 잔디의 피비린내가 그토록 상큼합니까? 하면 너무 잔인한가?
- 꽃은 식물의 성기이고, 그런 꽃은 화려하기 때문에 꺾이고, 또 꽃은 화려할 때 진다.
- 우리는 무언가를 만들려고만 혹은 새로운 것만을 추구한다. 그러나 정책을 낳기만 하지 말고 섬세하게 기르는 방법이 우리에게 더욱 애절하게 필요한 것은 아닐까?
- 훌륭한 법보다 법을 지키려는 마음이 더 중요한 때이다.

– 하드웨어의 전환도 필요하지만, 소프트웨어의 충분한 이용 역시 중요
하다.

인식의 차이에서 나온 이런 발상도 생각해 볼 수 있다. 담뱃갑에
"당신이 지속적으로 담배를 피우는 한 국민연금은 안전하다"고 쓴다
는 것이다. 그 이유는 다음과 같다. "쓰디쓴 진실은 의료보험 시스템은
흡연자들을 아주 간절히 필요로 한다는 것이다. 통계적으로 볼 때 흡
연자들은 65세가 될 때까지 보험료를 꼬박꼬박 내고는 이후 얼마 안
있어 곧 사망한다. 75세에서 95세까지의 가장 값비싼 수혜기간을 그
들은 단 한 번도 제대로 누려 보지 못한 채 고스란히 사회에 기부하는
것이다."[12]

인식의 차이에서 오는 다양힘은 창조의 중요한 단서이다. 그리고
이러한 것으로부터 레드오션(Red Ocean)의 피 터지는 싸움에서 벗어나
블루오션(Blue Ocean)의 새로운 장을 발견할 수 있다.[13]

어린 시절 읽었던 트리나 폴러스(Trina Paulus)가 쓴 《꽃들에게 희망
을》은 성인이 된 지금도 전하는 바가 많다. 특히, 자기의 주관 없이 남
들 따라, 남들이 하니 나도 한다는 식으로 행동하는 것에 일침을 가한
다. 모두 혈안이 되어 애벌레 탑을 높이 쌓고, 서로 먼저 높이 올라가
려고 발버둥치는데, 이러한 것을 단념하고 변화와 성숙의 나비가 되는
과정을 거친 뒤, 애벌레들이 높이 올라가려 했던 곳을 날아가는…….
사실 거기엔 아무것도 없었다. 인식을 토대로 한 주체적 수용과 창조
적 개발이 필요하다는 것을 새삼 깨닫게 한다.

---

12) 《간은 할 일이 많을수록 커진다》, 에카르트 폰 히루슈하우젠, 은행나무, 2012.

13) 《블루오션 전략》, 김위찬, 르네 마보안, 교보문고, 2005.

일상의 새로운 인식

일상 속에서 실행하는 인식 훈련은 앞뒤가 뒤바뀐 것들을 살펴보거나, 아니면 우리의 삶에서 무엇이 더 중요한지 생각하게 한다. (수해민 여러분들에게 먼저 양해를 구하며, 과장된 이야기를 한번 해보겠다.) 여름이 되면 장마가 지고, 장마로 우리는 꼭 물난리를 겪는다. 그래서 많은 사람들이 피해를 본다. 우리는 수천 년 동안 이것을 우리의 약점으로 생각해 왔다.

그런데 이것을 자유로운 사고를 통해서 다시 한번 생각해 보자. 집 근처에 중랑천이 있다. 중랑천에도 해마다 여름이 되면 물이 넘치고 잠기는 곳이 있다. 매년 그렇다. 그런데 이러한 단점과 문제점을 인프라 구축 등을 통해 미리 제어하고 방지할 수 있다면, 그것을 우리는 축제로 즐길 수 있지 않을까? 많은 사람들이 이상하게 생각할지 모르겠지만, 사실 나는 중랑천에 물이 불어날 때면 고무보트라도 타고서 중랑천에서 한강까지 가 보고 싶은 생각이 든다. 래프팅이라고 하는 것을 한탄강 같은 먼 곳에서 할 것이 아니라 장마철에 중랑천에서 축제를 열면서 즐긴다면, 참 멋진 일이 아닐까?

눈이 온다고 사람들은 걱정이 태산이다. 그런 눈이 스키장에 내린다면 과연 사람들이 싫어할까? 같은 눈이라도 어떤 상황에서 내가 어떤 준비를 하고 있느냐에 따라서 달라진다. 겨울에 눈이 많이 내리면 아이와 함께 눈썰매를 끌고 아파트를 누빈다. 경사진 소방도로에서, 경비 아저씨가 한쪽으로 밀어놓은 눈 위로 눈썰매를 타고 신나게 달린다.

동네 공원의 연못은 겨울이면 물을 뺀다. 깊지도 않으면서 제법 구불구불 재미있게 만들어 놓았는데 관리가 힘든지 물을 뺀다. 이곳에 전통 썰매장을 만들어 주면 관계자가 귀찮겠지만, 아이들은 차 타고 멀리 썰매 타러 가지 않아도 된다. 생각을 바꾸면, 즐기고 활용할 것이 곳곳에 참으로 많다.

매번 "소 잃고 외양간 고치는" 방식에서 벗어나 우리의 단점을 극복하여 더 멋진 축제를 만들 수 있지 않을까? 미리 준비를 하여 세계적인 축제를 만든다면, 단점이 장점으로 승화되는 멋진 일이 되지 않을까? 청계천에 매년 많은 돈을 들여 물을 억지로 끌어올리는 것도 나름대로 의미가 있지만 그것보다도 더 자연스럽고 재미있는 멋진 일이 곳곳에 산적해 있다. 창조적 인식으로 접근하면 브라질이나 일본의 축제 그 이상의 것을 만들어 즐길 수 있다.

사회적으로도 미담이 많은 사회는 건전한 사회가 아니다. 신문과 방송을 통해 회자되는 미담은 당연히 이루어져야 하는 일이다. 그런데 이러한 것이 미담이 되는 것은 우리 사회에서는 이런 일이 이루어지기 힘든 구조를 가지고 있다는 것을 방증하는 것이다. 예를 들어, 가난한 청소부의 아들이 좋은 학교에 진학했다 하며 '개천에서 용 났다'며 미담으로 떠벌리는데, 왜, 가난하면 아니 청소부 아들이면 좋은 학교 못 가는가? 왜 그런 구조가 되어야 하는가? 그런 잘못된 구조가 먼저 지적되고 개선되어야 할 것이다. 적어도 돈 때문에 공부 못했다는 말은 나오지 않게 하는 것이 바람직한 사회가 아닐까? 이런 것은 미담이 아니다. 우리 사회의 가슴 아픈 치부에 불과하다.

또 한국에 교육열이 높다고 하는데, 정말 교육열이 높을까? 그것은 교육열이 아니라 학벌열, 간판열, 학력열이 높은 것 아닐까? 교육열이 높다면 과연 사교육에 휘청거리고, 여기저기서 어린 학생들이 자살하는 비극은 없어야 할 것 아닌가? 창조적 인식에 앞서 올바른 인식으로 나와 여기와 지금을 똑바로 봐야 할 것이다.

인식 훈련

아래 사진을 보고 다르게 인식 훈련을 해 보자. 아래 사진을 보면, 어떤 생각이 먼저 떠오르는가? 그냥 '꽃집에 꽃이 있다'라고 생각할 수도 있다. 그러나 창조적 사고를 하기 위해 좀 더 다양하게 생각해 보자. 창조를 위한 인식 훈련을 통해서 우리가 사고의 폭을 넓혀 다양한 생각을 할 수 있다면 이런 식의 멘트는 어떨까?

"생일 축하해!", 그 옆에

"나, 결혼 기념일 잊지 않았지?" 그 옆에

"내 감각 어때?" 그 옆에

"집안 분위기가 바뀐 거 같지 않아?" 그 옆에

"연주회 축하드려요!" 그 옆에

"빨리 나으셔야죠!" 그 옆에

……

꽃집에서 파는 것은 꽃이 아니다.[14]

　'당연히 꽃집이니까 꽃을 팔죠?'라고 생각하겠지만 그 꽃은 좀 전에 이야기했듯이 여러 의미를 가지고 있다. 그 의미를 극대화한다면 정말 꽃집에서 파는 것은 꽃이 아닐 수도 있다.

　아래 그림은 르네 마그리트(René Magritte)의 〈붉은 모델〉이라는 작품이다. 신발과 발을 접목시킨 작품이다. 발과 신발에 대한 선입견을 다시 한번 생각해 보게 하는 작품이다.

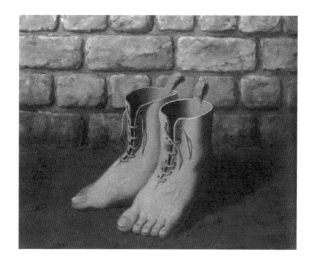

---

14) 《시선》, 박웅현, 예문, 2003.

'중국의 T자형 문, 문이 없거나 낮은 중국 화장실'은 왜 이런 모양일까?[15] 이런 식으로 우리 주변을 살피며 좀 더 질문해 보고, 생각해 보자. 여기에는 역사적 사실에 기반한 이유가 있을 것이다. 정답은 없다. 하지만 좋은 답은 있다. 좋은 답을 찾기 위해 다양한 것을 생각하고 찾아, 나름의 좋은 답을 마련해 보자.

우리 주변을 둘러싸고 있는 편견으로부터 벗어나 자유롭게 생각해야 한다. 그리고 그 속에서 창의적 사고를 키워야 한다. 라이트 형제가 새처럼 날기를 원해 새의 날개에만 집착했다면, 오늘날 우주 왕복선은 또 하나의 희망으로 남았을 것이다. 그러나 그들은 날 수 있는 방법을 새의 날개에서만 찾지 않고, 새와 인간의 차이를 과학적이고 객

---

15) 프랑스 베르사유 궁전에는 화장실이 없었다. 17세기까지도 오물과 쓰레기를 거리와 하천에 버렸다. 중세 유럽의 도시는 자치권을 확보하고 상인들에게는 부를 축적할 기회의 장소로, 장원에 있던 농노에게는 자유의 땅으로 인식되었다. 사람들로 넘쳐나는 도시에서 쓰레기를 창문 밖으로 버리기도 했고, 오물은 거리에 가득했다. 더구나 사람들은 잘 씻지도 않았다. 14세기에는 페스트, 즉 흑사병이 유럽을 휩쓸고 지나갔고, 3분의 1이나 되는 목숨이 사라졌다. 물론 물이 병을 옮긴다고 생각해서 더 씻지 않았다. 그 속에서 탄생하고 발달한 것이 하이힐과 향수다. 거리의 더러운 오물을 피하기 위해 초핀(Chopine)이라는 높은 굽의 신을 신었고, 진동하는 악취를 막기 위해 진한 향의 향수를 만들었다. 전화위복인가? 많은 것을 생각하게 한다.

관적인 방법으로 분석하고, 합리적으로 생각하고 연구하여 새로운 방법을 창조했다. 이는 더욱 발전하여, 새의 날개와 완전히 다른 원리인 프로펠러와 제트 엔진으로 하늘을 새보다 더 빨리, 더 높이, 더 멀리, 더 오래 날게 되었다.

위의 사진을 보자. '파란 비닐봉지를 씌운 자전거 안장'이 아니라 '파란색 시트 커버, 무공해 연료'라고 생각할 수도 있지 않을까? 생각의 단초는 동일하지만, 그 해석은 다양하고, 그로 인한 결과는 극과 극을 이룬다. 만약 거리를 청소하는 청소부라 하여도 단순히 먹고살기 위해서 혹은 해야 하니까 그냥 한다고 생각하는 것보다, 자신의 행동에 보다 높고 큰 의미를 부여하며 행한다면, 보다 더 행복해질 것이다.

위 사진에 나의 모습을 투영해 보자, 나의 현재 모습과 위치가 이 자전거처럼 초라해 보이는가? 그런데 과연 그럴까? 좀 전에 초라하게 보이는 자전거를 '파란색 시트 커버, 무공해 연료'라는 식으로 생각하면 얼마나 그럴싸하고 가치 있어 보이는가? 각 상황에 따라 가치가 더할 수도 덜할 수도 있다.

일본의 마츠시타 그룹은 우리가 잘 아는 파나소닉이나 내쇼날 같은 회사가 속해 있는 유명 그룹이다. 이 그룹을 만든 마츠시타 고노스케는 이미 고인이 되었어도 일본 사람들에게 여전히 존경과 사랑을 받고 있다. 어느 직원이 그에게 성공을 묻는 비결을 질문했는데, 그는 다음과 같이 대답했다고 한다. "나는 하늘의 은혜를 세 가지 받고 태어났다. 그것은 바로 가난한 것, 허약한 몸, 못 배운 것이다. 가난했기 때문에 부지런히 일하지 않고서는 잘살 수 없다는 것을, 몸이 허약하기에 건강의 소중함을 깨달아 운동하고, 초등학교도 졸업하지 못해 늘 배우려 했다. 불행한 환경에 감사하며 살았다."

내 자신이 지금 낡은 자전거와 같은 모습이라면, 있는 그대로 받아들이면서 인식 전환을 통해 나를 재발견해 보자. 그리고 여기서 출발하여 점점 발전시켜 나갈 때, 새로운 가능성과 그전에 없던 창조가 내 안에서 일어날 것이다.

이상에서 본 바와 같이 우리는 일상 속에서 선입견을 버리고 생각을 유연하게 가져야 한다. 이런 것이 결국은 다양한 사고와 창의적 마인드를 선사할 것이다. 그리고 이러한 창의적 사고를 생활화할 때, 우리의 일상과 우리 주변에서 할 수 있는 일이 참으로 많음을 발견할 수 있다.

2) 여유 : 다양한 실험과 도전

현대사회와 여유

　　　　　　창조를 하기 위해, 혹은 정답이 아니라 좋은 답을 찾기 위해, 그 다음으로 생각해 봐야 할 것은 바로 여유다. 대중매체에서 시도 때도 없이 뿜어 나오는 웃음소리와 경쟁적 '말발 세우기'가 우리의 눈과 귀를 마비시키고, 외부의 잡음을 헤드폰으로 차단한 채 자기만의 세계를 즐기는 우리의 일상 속에, 남의 이야기는 듣지 않고 자기 목소리만 내는, 겸허는 사라지고 자기만 옳다는, 성적 모험이 지적 모험을 대체한, 육체와 포르노와 인터넷이 상상력을 무력화시키고 있는 지금.

　　현대를 살고 있는 우리의 가장 커다란 문제점 가운데 하나는 고요함을 잃어버린 것이다. 일단 멈춰 보자! 지금까지 숨 막히게 달려 왔다면, 살아간 것이 아니라 살아 주느라 정신없었다면, 잠시 쉬면서 나를 찬찬히 살펴보자. 목표 없이 열심히 뛰는 것은 다람쥐가 쳇바퀴 속에서나 할 일이다.

　　쾌도난마(快刀亂麻)도 좋지만 조바심 내지 않고 기다릴 줄 아는 여유도 중요하다. 내 속에 잠든 나의 멋진 모습을 일깨워 보자. 아무도 찾아준 적 없는 나의 능력을 찾아 보자. 진정한 나를 만나고 그 속에서 나를 새롭게 발견해 보자.

　　고요함이나 멈춤에서 찾게 되는 여유를 구체적으로 살펴보면 물질적, 정신적, 시간적 여유로 볼 수 있다.[16] 이러한 여유가 있어야만 실

---

16) 여유는 물질적, 시간적 그리고 공간적으로 넉넉한 상태나, 느긋하고 차분한 마음의 상태를 말

험과 도전이 보다 수월해진다.

물질적 여유

우리 사회의 물질적 여유는, 과거 극소수 사람들만이 추구할 수 있었던 것을 보다 많은 사람이 추구할 수 있는 상황으로 변화시켰다.

과거 많은 예술가들의 삶을 살펴보면 그들이 경제적 · 물질적으로 여유롭지 않았다고 하는데 사실 그렇지 않았다. 성공한 예술가들은 대부분 여유로웠다. 그들을 후원해 주는 귀족들도 있었고, 동양의 경우에서 보면 적절한 지위를 가지고 있었다.

우리가 위대한 예술가들이 가난했다고 생각하는 것은 예술가와 귀족 혹은 부유한 계층의 사람들과 비교해서 생긴 오해다. 그리고 정말 절망적인 상황을 딛고 일어난 몇몇 감동적인 이야기를 예술가 전체의 이야기인 양 생각하는 습성 때문에 가진 편견이기도 하다. 같은 예술가들끼리 비교해 보았을 때, 여유로운 상황에 있었던 예술가가 훨씬 더 많은 창의적인 작품을 세상에 내놓았다.

문화가 성장하는 데 있어서 경제력과 이를 정착시키는 정책의 섬세함이 모두 필요하다. 레오나르도 다 빈치, 미켈란젤로, 단테 등 르네상스를 이끌었던 수많은 사람들도 경제적 후원이 있었기에 위대한 작품을 만들 수 있었다.

그럼, 여유란 무엇일까? 다음 사진은 빌 게이츠가 살고 있는 집의

한다. 여기에서는 공간적 차원의 여유를 제외하고, 물질, 시간, 정신적 여유에 중점을 두어 알아보았다.

거실 사진이란다. 물론 이런 식의 물질적 여유도 매우 중요하나. 어떤 측면에서 르네상스가 일어날 수 있었던 것도 유럽 전체 부의 절반을 차지하고 있었던 메디치 가문의 경제력이 있었기 때문이다.

그러나 이러한 것도 좋지만, 지금 말하는 것은 상대적 입장에서 본 여유일 뿐이다. A보다 B가 물질적으로 더 여유롭고, B보다는 C, C보다는 D, 그리고 E, F, G……

중요한 것은 '나와 여기와 지금'에서의 여유다. 그리고 그 속에서 진정한 여유를 찾아 창조로 이끄는 의지와 열정이다. 상대적 비교 속에서 자신을 보는 것이 아니라, 나와 여기와 지금의 상황에서 찾고 노력하고 이루어야 한다. 설령 내가 레프라라 해도 거부할 수 없는 나고, 지금 당장 빌 게이츠 정도의 여유가 없다 하더라도 인생을 포기할 수 없는 소중한 나이기 때문이다.

자신이 무언가를 창조하는 데 있어서, 물질적 여유의 다소(多少)는 창조하는 과정에서 불편의 다소에 불과할 것이다. 빌 게이츠도 처음부터 이러한 여유를 갖고 출발한 것이 아니다. 조앤 롤링도 많은 여유 속에서 《해리포터》를 완성한 것이 아니다. 자식이 추워하고 난방비도 걱정되어, 카페에서 커피를 마시며 글을 쓴 것이 바로 《해리포터》란다. 아시아에서 잘사는 나라 싱가포르. 물질적으로 여유롭지만 갤럽이 2012년 148개국 국민을 대상으로 조사한 행복도 조사에서 꼴찌를 했단다. 물질적 여유와 행복은 별개의 것이며, 우리가 일반적으로 생각하는 물질적 여유는 지극히 상대적이다.

시간적 여유

시간적 여유는 어떠한가? 우리는 늘 바쁘다면서 뛰어다닌다. 그런데 혹시 천년만년 살 것처럼 착각하고 있는 것은 아닐까? 얼마나 살 수 있을까? 얼마나 소모적인 바쁨이 많은가? 그리고 그 대부분이 의무방어적인 것이 아닐까? 바쁨을 위한 바쁨, 곰곰이 생각해 보라! 진정 우리에게 필요한 것은 바쁨의 종식이 아니라, 소모적인 바쁨을 제거하고 거부할 용기다.

오른쪽은 지나가다 우연히 찍은 것이다. 이 사진을 보고, 누구는 외제차라고 생각할지도 모르겠지만, 뒤에 'HYUNDAI'라고 쓰여 있다. 바로, 현대자동차에서 옛날에 만들었던 포니

픽업이다. 이것을 보면, 오래된 차니까 이것을 몰고 다니는 사람은 가난하다고 생각할 수도 있을 것이다. 하지만 여유를 가지고 바라보았을 때, 이 차는 우리에게 '낯선', '새로움'이라는 창조적인 생산을 할 수 있게 해준다. 이와 같이 우리는 우리가 가져야 할 여유를 적극적이고 능동적으로 찾아야 한다. 어디까지나 상대적이기 때문이다.

정신적 여유

정신적인 여유도 마찬가지다. 정신적인 여유가 없으면, 다양한 문화를 받아들이지 못한다. 게다가 그 주체가 무시된 상황에서 창조는 탄생할 수 없다. 마치 뇌가 스캔 당하는 것처럼 무비판적으로 문화를 받아들여, 정신적으로 황폐화되어 있는 우리의 자화상을 되새겨 봐야 한다.

우리의 뇌에는 다른 부위와 달리 우리가 휴식을 취할 때 활성화되는 부위가 있다고 한다. 바로 내측 측두엽과 전두엽 등 DMN(Default Mode Network)이라고 불리는 곳이다. 그래서 충분한 수면이 안겨준 뇌의 휴식 뒤에 창조적 생각이 생기고, 상관없는 일로 갖는 잠깐의 여유 속에서 새로운 실마리를 찾기도 한다. 이처럼 정신적 여유는 창조에 있어 중요한 요소다.

《대학》1장에 보면 다음과 같은 글귀가 있다.

"그칠 곳을 알아야 마음이 정해지고, 마음이 정해져야 마음이 고요해지며, 마음이 고요해져야 편안해지며, 편안해진 뒤에야 사려할 수 있고, 사려한 뒤에야 얻을 수 있다."

무언가를 창조한다는 것을 다른 각도로 말하는 것으로도 볼 수 있는데, 우리가 이성적으로 사고하여(慮), 원하는 바를 얻기(得) 위해서는 거쳐야 할 것들이 있다. 그것이 바로 그침(止), 정함(定), 고요함(靜), 편안함(安)의 과정인데, 이는 결국 정신적 여유를 말하는 것이다.

방송, 잡지, 인터넷을 통해 많은 사람들이 무방비 상태로 받아들이는 '현란한 영상'과 쉴 틈 없이 떠들어 대는 '그들의 사소한 일', 누군가 열광하는 '만들어진 현대판 우상에 대한 관심'……. 물론 이런 것도 중요하고 소중하다. 그러나 그보다 먼저 자기 자신에 대한 관심이 우선시 되어야 할 것이다. 이러한 것을 생각하지 않고 그냥 나에게 주입되고, 나에게 전해지는 것을 무비판적으로 따라가기만 바쁜 우리, 나의 생각은 전혀 없는 상태로, 나와 관련 없는 것들에 빠져 정신적으로 바쁨에 빠져 있는 우리라면 이것이 정말 '삶을 살아 가는 모습'일까? '삶을 살아가는 것이 아니라 살아 주는 것', 그런 그에겐 1년을 더 사나, 10년을 더 사나 매한가지다. 어차피 살아주는 인생이니까.[17] 여유라는 틀에서 객관적이고 냉철하게 생각해 봐야 할 것이다.

---

17) 19세기를 살았던 랭보(Rimbaud)는 40년을 채 못 살았다. 그러나 그는 살아 주는 삶이 아니라 살아가는 삶을 찾아 이탈리아에서는 항만 노동자로, 영국에서는 교사로, 아프리카에서는 총포 밀수입자로 살았다고 한다. 그래서일까? 사후 100년이 훌쩍 넘어 버린 지금에도 그의 시가 우리 가슴에 살아 있는지 모른다. 그에게 안정은 부족했을지 모르지만, 새로운 경험과 지식은 결코 짧은 인생의 것이 아니었다. 자신이 좋아하고, 원하는 일을 하며 사는 것은 실패한 인생을 만들까? 연봉 수십억에 멋진 배우자를 만나 사는 것은 성공한 인생을 담보할까? 인생에 부여하는 의미, 사회로부터 받아들이는 요구, 그리고 권리를 어떻게 생각하느냐에 따라 저마다 다를 것이다. 하지만 살아 주는 삶은 나의 인생이라 보기 어려울 것이다.

진정한 여유

　　　　　　　외적으로만 보이는 여유는 진정한 여유가 아니다. 정신적으로 내면적으로 자신만의 여유를 찾아야 한다. 과거 많은 창조자들은 이러한 여유를 스스로 확보했기에 위대한 유산을 창조할 수 있었다.

　우리가 빌 게이츠에게 배워야 할 것은 외면적이고 물질적인 여유가 아니라 그의 정신적 여유, 여유를 찾고자 하는 마음과 자세일 것이다. 빌 게이츠는 세계 최고의 부자가 된 뒤에도 1년에 두 번 일주일간 2층짜리 소박한 별장에서, 간단한 식사를 챙겨 주는 사람만 두고, 직원들이 작성한 보고서와 제안서를 읽는 '생각주간(Think Week)'을 갖는다고 한다. 이 기간 동안 일상의 모든 번잡한 일들을 뒤로한 채, 여유로운 정신과 시간의 상태를 유지하면서 무한한 창조의 가능성을 열어 놓고 있는 것이다.

　학생들에게 여유에 대하여 물어보면, 대부분의 학생들은 물질적으로 여유가 없다고 대답한다. 그러나 과연 그럴까? 현재 우리나라의 국민 소득도 그렇고, 우리나라의 무역 규모와 경제적 수준도 세계에서 10위권 정도에 있고, 국가 경제력도 수위에 올라 있다. 게다가 한국에서 대학을 다닐 정도면 특별한 경우를 제외하고는 대부분이 경제적으로 여유가 있다고 할 수 있다. 그리고 이것을 동시대에 살고 있는 다른 지구인과 견주며 공간적으로 비교해 보면, 지구상에는 우리보다 못사는 사람들이 참 많다.

　시간적으로 보면, 역사적으로 현재보다 못살고 힘들었던 때가 훨씬 많았다. 그러나 그럼에도 불구하고 주변에 잘사는 사람들이나 잘나가는 사람들과 자신을 비교하면서, 내 자신 스스로가 여유가 없다고 말한다. 이것은 조금 곤란하지 않을까? 지금의 궁핍함은, 더 나아가 창조를 하지 못한다는 핑계로서의 궁핍함은 궁색한 변명에 불과하다. 이러한 상대적 비교에 의해 나의 창조성까지 차단해서는 안 될 것이다.

한국 사상에 커다란 족적을 남긴 정약용은 강진에 유배되었을 때, 사의재(四宜齋)에 머물렀다. 이 사의재는 형편상 4년 동안 머물게 된 주막집에 딸린 한 칸짜리 방의 이름이다. 여기서 정약용은 《경세유표(經世遺表)》 등을 저술하며 제자를 길렀다. 그가 이곳을 사의재라고 명명한 것은 자신의 마음을 올바로 하기 위함이었다. 즉, 생각은 맑게, 용모는 단정하게, 말은 과묵하게, 행동은 중후하게 해야 한다는 것이다.

비록 정약용의 신세가 궁궐에서 넘쳐 나는 사치에 비할 수 없어도, 그는 정신적으로 누구보다 커다란 여유를 찾고, 이를 올바로 사용하기 위해 스스로의 마음가짐을 네 가지 마땅히 지켜야 할 것으로 다스렸다. 그에 비한다면 오늘 지금 나와 당신은 어떠한가?

최근 한국인들의 문화 유형은 경제적 여유로 영화나 음악회 관람객 수가 엄청나게 늘어났다. 그러나 삶의 질적인 측면에서 보았을 때 한국인들의 문화 유형은 과거보다 오히려 정신적 여유가 없는, 그 내면은 문화와 거리가 멀어 보이면서 급기야 인생 자체는 더 황폐해 보인다.

하던 일을 잠시 멈추고, 제자리에 앉아서 여유를 찾아 보자. 클라이맥스를 앞두고 숨 고르기를 하는 오페라의 간주곡처럼 잠시 멈춰 가는 삶의 지혜를 가져 보자.[18] 루게릭병을 앓은 물리학자 호킹(Stephen Hawking) 박사가 말한 것처럼 "자신의 발을 보지 마세요. 대신 머리를 들

---

18) 이런 간주곡에서 우리가 즐겨 듣는 유명한 곡이 탄생하기도 했다. 예를 들어, 비제의 〈카르멘〉, 마스카니의 〈카발레리아 루스티카나〉의 간주곡이 유명하다.

어 하늘의 별을 보세요."라며 스스로에게 말해 보자. 이처럼 자신을 가로막는 제약에서 자유로워질 때, 넉넉한 마음의 여유를 가질 수 있고, 비로소 창조적인 다양한 실험과 도전이 가능할 것이다.

　이처럼 창조적 여유를 가진 사람들은 자신만의 여유를 가졌고, 이러한 여유 속에서 다양한 실험을 할 수 있었다. 그리고 개방적 분위기에서 다양한 문물을 수용하고, 집중을 통해 창조를 할 수 있었다.

3) 개방적 사고: 다양한 문물의 수용

따로 똑같이

　　　　　　　우리가 사는 거리에는 '명품백'이라고 불리는 비슷한 종류의 가방이 물결처럼 넘실거리고,[19] 곳곳에서 똑같은 노래가 흘러나온다. 야구장에서도 마트에서도 심지어 교회당에서도 천편일률적이다. 각자 나름의 판단 근거에 의해 결정한 선택인데, 어딘지 일사분란(一絲不亂)한 게 이상하다. 아랍권에서 돼지고기 섭취를 금기시하고, 중국 운남성(雲南省)을 중심으로 살고 있는 납서족(納西族)은 얼마 전까지 모계사회의 형태를 유지했고, 인류는 시대와 장소에 따라 미

---

19) 명품을 소비하면 명품을 사용하는 계층에 속할 것이라는 환상을 준다. 그들과 하나의 집합
　　[set, panoplie]에 속하고 싶은 열망의 표현일 것이다. 그래서 장 보드리야르(Jean Baudrillard)는
　　이것을 파노플리 효과(Effet de panoplie)라고 말했다. 사람들은 사용가치로 소비하는 것이 아
　　니라 기호로 소비하는 것이다.

(美)의 기준이 달랐다. 그런데, 우리는 너무나 획일적이다. 우리와 '다른 것'은 '틀린 것'이 되었다. 그리고 우리를 '닫힌 사고'에 가두었다.

다름의 가치

나는 문화가 차이를 만든다고 생각한다. 그러나 문화의 어떤 요소들이 그런 차이를 낳는지 결정하기란 결코 쉽지 않다. 나는 그것이 무엇이든 한 문화의 위대한 전통에서 나타나는 포괄적인 특징들보다 훨씬 더 미묘한 어떤 것이라고 생각한다. 왜냐하면 서로 다른 시기에 서로 다른 수많은 결과들이 위대한 전통의 특정 부분과 양립하는 듯 보이기 때문이다.[20]

차이는 있되 차별은 없다는 말이 있다. 너와 나 사이의 차이는 존재하지만 차별받지 않는다. 문화도 같다. 문화는 차이를 만든다. 그러나 문화의 차이를 가지고 차별하는 행위는 바람직하지 못하다.

차이는 다양성을 만든다. 그래서 개방적 사고로 수용되는 차이는 사회에 다양성을 불러일으키고, 살아 있는 생물로 만든다. 우리 손가락만 봐도 그렇다. 길이도, 생김새도, 굵기도 다 제각각이다. 바로 이러한 차이가 인간과 동물을 구별하는 결정적 계기가 되었다.[21]

---

20) 《문화가 중요하다》, 새뮤얼 헌팅턴 외, 김영사, 2003, 356쪽.

21) 그래서 독일의 철학자 임마누엘 칸트는 '눈에 보이는 뇌의 일부'라고 손을 평가했다. 신체적인 능력이 다른 동물보다 나을 것이 없는 인간에게 높은 지능을 이용해, 가시적인 무엇인가를 만들 수 있게 한 것은 결국 손이었기 때문이다. 유인원과 같은 손을 가진 인간은 다양하게 생긴 손가락, 특히 다른 방향을 향하면서, 자유롭게 굽힐 수 있는 엄지 덕분에 다양한 움직임을 할 수 있었다. 또한 엄지 때문에 주먹을 강하게 쥐고 상대를 공격할 수도 있단다. 독일의 해부학자 알비누스는 이렇게 툭 튀어져 나온 인간의 엄지를 '또 하나의 작은 손'이라고 극찬했다고 한다. 우리 몸을 구성하는 206개의 뼈 가운데 25%인 54개가 양손(한 손에는 14개의 손가

또한, 다른 나라의 문화를 받아들이는 데 우리가 쉽게 저지르는 문제는 한국인 사이의 차이보다 한국인과 외국인 사이의 차이가 더 클 것이라는 생각이다. 그러나 한국인인 나와 당신 간의 차이가 오히려 지역과 국가를 중심으로 나누어진 그와 나의 차이보다 더 클 수 있다는 점도 인정하고 열린 마음으로 다른 문화를 보아야 한다.

길들여진 것
다시보기

⎹물⎸ 지구의 70%는 물로 덮여 있고, 약 14억km² 나 된다. 그러나 사람이 사용할 수 있는 것은 1%에 불과하다.

우리나라의 경우 '물 쓰듯 한다'는 말에서 짐작할 수 있듯이 우리는 그동안 값싸게 물을 사용했다. 그도 그럴 것이 장마 때가 되면 온 천지가 물난리를 겪으며 사방 물이 가득하니, 물은 공기만큼이나 넉넉한 것으로 생각해 왔다. 하지만 1993년에 우리나라는 유엔에 의해 물 부족 국가로 분류되었고, OECD 국가에서도 가장 심각한 물 부족을 겪고 있는 것으로 평가되었다.

물은 우리 몸의 70%를 차지하는 중요한 자원이다. 그래서 물로 인해 분쟁과 전쟁이 끊임없이 촉발되었다. 아무리 흔한 것이라도 보관하고 관리하지 않으면 소용없다.

락뼈, 5개의 손바닥뼈, 8개의 손목뼈가 있다)에 집중되어 있다. 그래서일까? 이러한 차이와 다름에서 오는 다양성 덕분에 손은 다른 신체 부위와 연계하여 3,000개가 넘는 표현을 할 수 있다고 한다. 그래서 대화를 손으로 할 수 있는 수화(手話)가 존재할 수 있는 것이다. 이처럼 차이는 다양성을 만들고, 다양성은 창조로 이어질 가능성이 많다.

논 논은 벼를 키워, 우리 식탁에 밥을 제공한다. 오래전부터 우리에게 매우 중요한 쌀을 만드는 터전이었다. 위 사진은 서울에 있는 논을 찍은 것인데, 도시화와 현대화에 밀려 논이 도시에서 밀려났고, 심지어 우리 땅에서도 줄어드는 형편이다. 그런데 과연 논은 쌀만 제공하는 곳에 불과할까? 현재 우리는 논의 가치를 쌀을 생산하는 것에 국한시켜 평가하고 있다. 도시화와 현대화가 우선시되는 사회적 분위기상 그 어떤 다른 가능성도 끼어들 여지가 없다.

그러나 논은 쌀을 키우는 것 외에도, 홍수를 조절하고, 대기를 정화하고, 지하수를 저장하고, 작은 생명을 키우면서 토양을 보전한다. 물론 현대의 논 농사는 이와사와 노부오(岩澤信夫)가 지적한 것처럼 농약과 비료로 범벅되어 있지만,[22] 그래도 논은 우리에게 생각 이상의

---

22) 《세상을 바꾸는 기적의 논》, 이와사와 노부오, 살림출판사, 2012. 기존의 농약과 비료를 사용하는 농사, 땅을 갈고 행하는 농사에 대하여 환경을 파괴하고 죽음의 역설로 가득한 농사라

많은 것을 제공한다. 2006년 농업과학기술원에 따르면 한국의 논은 연간 약 54조 원의 경제적 가치를 가지고 있다고 한다. 다시 봐야 할 일이다. 우리 주변엔 다시 봐야 할 것들이 참으로 많다.

개방적 사고로
생각하기

비록 지금 많은 사람들이 다 그렇게 생각해도, 누군가 다른 것을 얘기한다면 귀 기울일 수 있어야 한다. 개방적 사고는 선구자를 만든다. 200년 전에 노예해방을 외친 사람, 100년 전에 여성에게 투표권을 주자던 사람, 이들은 개방적 사고를 가졌지만 당시에는 비정상인처럼 비난받았다. 그러나 지금, 노예제도를 만들고, 여성의 투표권을 박탈하자면 그는 바로 비정상이라고 취급받는다. 개방적 사고의 결과와 개방적 사고의 끝은 알지 못한다. 그러나 우리 사회는 이러한 개방적 사고가 이끌어 왔다.

개방적 사고는 다양성의 원천이다. 부계사회가 모계사회보다 더 우월하다거나, 일부일처제가 최고의 결혼제도라거나, 민간신앙보다 기성종교가 더 발전되었다는 것은 하나의 가정일 뿐이다. 그런데, 이런 것을 하나로 묶고 다양성을 훼손할 때, 우리 사회는 더 암울해질 것이다. 문화의 다양성은 인류의 공동 유산이다. 그래서 유네스코(UNESCO)에서는 문화 다양성을 인류의 공동유산으로 생각해 개인적 · 집단적 풍요를 위한 자원인 동시에, 현재와 미래 세대를 위한 혜택으

비판하며 혁신적인 자연농업을 제시했다. 30년 동안의 실행 속에 새로운 방안을 제시한 그는 한 가마에 22만 엔(약 300만 원)에 팔리는 쌀을 생산하는 토대를 마련하기도 했다.

로 인식, 여러 구성원이 평화롭게 공존하고 상호 작용하기 위해 문화 다양성이 증진되어야 함을 강조하였다. 이러한 다양성은 개방적 사고에서 가능하다.

개방적 사고는 개인의 자세에서도 매우 중요하게 작용한다. 인간은 혼자만 살아갈 수 없는 사회적 동물이기 때문이다. 그래서 다른 사람과의 교류를 통해 새로운 아이디어가 탄생하기도 하고, 조그만 창조의 씨앗이 '진화'해 발전해 갈 수도 있다. 그래서 우리는 많은 모임과 만남을 통해 의견과 생각을 교환하며 자신의 아이디어를 발전시킨다. 예를 들어 우리가 일상에서 자주 하는 회의에서는 개방적 사고가 필수다. 다른 사람이 아이디어를 말할 때 개방적 사고로 임해야 한다. 그렇다면 우리가 일상에서 싫어하고 시간 낭비라고 생각하는 회의도 머리와 머리가 만나서 '화학 작용'을 일으키는 최고의 창조적 생산과 팀워크(teamwork)를 가져다 주는 일이 될 것이다.[23]

개방적 사고는 개인뿐만 아니라 사회 전반에도 필요한 요소다. 이탈리아에서 일어난 르네상스도 개방적 사고가 사회 전반에 존재했기에 가능했다. 이탈리아는 유럽, 아프리카, 중국과 가깝고, 경제적으

---

23) 회의에서 몇 가지 준비와 원칙만 지킨다면, 회의는 시간의 낭비도 아니고, 회의 주최자의 독무대도 아닌 구성원 모두에게 의미 있는 일이 될 것이다. 관련된 자료 중에 《우리 회의나 할까?》(김민철, 사이언스북, 2011)는 제대로 된 회의를 만들기 위해 일곱 가지 예의를 제시한다. ① 지각은 없다. 10시 3분은 10시가 아니다. ② 아이디어 없이 회의실에 들어오는 것은 무죄. 맑은 머리 없이 회의실에 들어오는 것은 유죄. ③ 누군가 아이디어를 이야기할 땐 마음을 활짝 열 것. 인턴의 아이디어에도 가능성의 씨앗은 숨어 있다. ④ 말을 많이 할 것. 비판과 논쟁과 토론만이 회의를 회의답게 만든다. 회의실 안의 모두는 평등하다. 아무도 비판에서 자유로울 수 없다. 심지어 팀장의 아이디어에 대해서도 무자비해야만 한다. ⑤ 누가 말했느냐가 중요한 것이 아니라, 무엇을 말했느냐가 중요한 것이다. ⑥ 아무리 긴 회의도 한 시간을 넘기지 않는다. ⑦ 회의실에 들어올 땐 텅 빈 머리일지라도 회의실에서 나갈 땐 각자 할일을 명확히 알아야만 한다.

로도 발전해 있었다. 특히 무역을 하면서 다양한 문화가 들어올 수 있었다. 우리처럼 반도국가로서 개방적인 태도를 취하여 다양한 문물의 왕래가 가능했기 때문에 바로 창조적 분위기를 만들었고, 이러한 창조적 분위기 속에서 르네상스가 일어날 수 있었다.

편견을 깨고, 인식의 영역을 확대하자. 익숙한 것은 효과적인 것이 아니다. 경제학자 폴 데이비드(Paul A. David)의 말처럼 일반적으로 우리는 "어떤 경로에 의존하기 시작하면 그것이 비효율적이라는 사실이 판명된 후에도 그 길을 벗어나기 힘들다." 그리고 우리는 여기서 더 나아가 과거에 지나온 경로와 습관에 의존해 미래의 진로를 결정하는 경우가 많다. 이처럼 익숙한 것이 편안하다는 안일한 습관에서 벗어나 개방적 태도를 갖고, 주변을 돌아보며 내가 더 발전할 수 있는 모습을 발견해야 한다. 자신 스스로에게 어제 같은 오늘, 오늘 같은 어제라며, 항상 틀에 박힌 태도를 취하며 신선함과 독창성을 잃고 타성[mannerism]에 빠져 있지는 않은지 자문해 보자.

4) 고급정보의 장악: 풍요 속의 빈곤

고급정보

장마가 들면 마실 물이 줄어드는 것처럼, 오늘날 우리 인류는 풍요 속의 빈곤, 다중 속의 고독에 직면해 있다. 정보도 마찬가지다. 말은 정보화 사회라고 하지만 지금 우리는 정보의 홍

수량조절 좌변기의 필요성을 느꼈다. 그러던 중 일본의 어느 호텔에서 수량 조절뿐만 아니라, 손 씻은 물을 다시 활용하는 좌변기를 보았다. 고급정보는 직간접 경험을 통해 얻어진다. 두루 살피고 널리 배워야 한다.

수 속에서 풍요 속의 빈곤을 겪고 있다. 정보는 넘쳐나지만 그 모든 정보가 좋은 정보는 아니다. 나에게 맞는 정보, 필요한 정보만이 좋은 정보고 중요한 정보다. 그렇기 때문에 주체적으로 나에게 필요한 정보를 찾는 것이 중요하다.

어떤 면에서 우리는 중요한 정보를 얻기 위해 학교도 다니고 공부도 하는 것이며, 외국어도 배우는 것이다. 외국어 학습을 정보와 관련하여 생각해 보자. 예를 들어 한국어만 안다면, 한국어를 사용하는 사람 정도의 정보를 아는 것에 불과할 것이다. 하지만 중국어를 안다면 여기에 더하여 중국 인구 13억 명의 정보를 가지게 되는 것이다. 그리고 이처럼 많은 정보량은 나의 경쟁력이 될 수 있다. 이런 측면에서 영어가 중국어보다 많은 사람들에게 환대를 받는 것은 당연하다. 왜냐하면, 영어가 중국어보다 활용범위가 넓어 영어를 이용해 고급정보를 더 많이 얻을 수 있기 때문이다.

외국어를 익히는 것처럼, 고급정보를 많이 확보하면 그렇지 못한 경우보다 창조가 수월해진다. 물론, 고급정보를 장악하는 것에도 여러 다양한 방법이 있다. 한 가지 예를 들어 보자. 어떤 제품을 제조해서 판매하기까지 생산자는 사람들의 말을 많이 듣는다. 그리고 이를 명확하게 하기 위해서 설문 등의 방법을 사용한다. 그런데 과연 사람들의 말이 얼마나 제품 제조와 판매에 도움이 될까? 물론 그들의 말이 틀린 것은 아니지만, 일반적으로 사람들은 자신의 관심사나 취향에 대해 질문을 받으면 자신의 생각보다는 질문자가 원하는 답변을 하는 경향이 있다고 한다. 그래서 여론조사나 시장조사는 사람들의 '진심'이 아니라 '말'을 반영하고 있을 뿐이라고 지적한다. 이런 것은 고급정보가 못된다. 그런데 우리는 이런 식으로 민들이진 여론조사와 시장조사를 맹신하는 경우가 많다.

고급정보와 컬처 코드

이러한 것을 클로테르 라파이유(Clotaire Rapaille)는 《컬처 코드》라는 책에서 재미있게 파헤쳤다. 그는 제품의 판매와 마케팅을 위한 고급정보를 얻기 위해, 기존의 시장조사방법을 탈피하여, 각인 발견 작업과 같은 것을 통해 '진심'을 파악하였고, 이를 제품의 생산과 판매에 적용하였다.

이런 작업으로 탄생한 것 중의 하나가 크라이슬러(Chrysler)에서 만든 PT크루저(PT Cruiser)다. "사람들의 일차적인 답변을 그대로 받아들였다면 크라이슬러는 효율적이지만 따분한 세단형 자동차를 또 하나

생산했을 테고, 대중은 외면했을 것이다. 다시 말하면 크라이슬러는 사람들의 '진심'을 알아냄으로써 단순한 자동차가 아니라 하나의 '현상(Phenomenon)'을 만들어 낸 것이다."[24)]

지프 랭글러(Jeep Wrangler)의 탄생과 인기에도 이러한 방법이 반영되었다. 일반적으로 사람들이 대답한 자동차에 대한 연비, 가격, 편리함보다는 '사람들이 정말 원하는 것은 무엇인가?'를 찾는 방법으로 소비자의 내면에 있는 욕구를 찾으려 하였다. 미국인들은 지프를 서부개척 시기에 타고 다녔던 말과 같은 이미지로 '말 달리기'를, 유럽 사람들은 세계대전이 끝나고 난 뒤 유엔군이 타고 온 지프에서 '행군'의 이미지를 떠올렸다. 그것은 바로 사람들 각자가 가지고 있던 지프에 대한 '컬처 코드(Culture Code)'의 차이에서 나온 결과였다.

그렇다면 여론조사나 시장조사를 통해 얻은 사람들의 '말'은 그

24) 《컬처 코드》, 클로테르 라파이유, 김상철·김정수 역, 리더스북, 2008, 36쪽.

리 좋은 정보가 못된다. 제품의 성공을 위해서는 좋은 정보가 필수다. 그리고 그 정보는 찾기 어렵지만, 사람들이 정말 원하는 '진심'을 파악함으로써 가늠해 볼 수 있다. 그것이 바로 고급정보다.

현대사회와 정보

과거 80년대에는 재외국인 특례입학을 이용하여, 다른 사람들보다 쉽게 대학을 가는 사례가 종종 있었다. 이는 일찍이 우리나라 대입 제도의 허점을 이용하여 남들보다 수월하게 대학에 입학한 경우라고 할 수 있지만, 바꾸어 생각해 보면 이들은 특례입학이라는 고급정보를 남들보다 빠르게 입수하여 활용한 것이다. 더욱이 그것은 법에 저촉되는 상황도 아니었다. 윤리적인 평가는 잠시 미뤄두고 본다면, 이들은 80년대에 살면서 남들보다 먼저 고급정보를 얻어 이용했다. 지금 21세기에도 고급정보는 얻기 어렵지만, 가치는 크다.

현대사회에 정보는 많지만 고급 정보는 아직도 소량으로 유포되고 있다. 그런데 이러한 것은 앞으로도 계속될 것이다. 오히려 고급정보는 더욱 고급화되어 금전으로 환산할 수 있는 '경제'로까지 발전할 것이다. 정보가 곧 힘인 세상이다.

현대사회에서는 노웨어(know-where)의 삶도 중요하지만, 이보다 노하우(know-how)의 삶이 더 중요하다. 자신이 어떤 위치에 있는지가 중요한 것이 아니라, 자신이 어떤 위치에 있든, 주어진 정보를 잘 활용하여 기획력 있게 적용해야만 살아남을 수 있다. 많은 정보를 받아들이기만 할 것이 아니라, 나에게 맞는, 나에게 필요한 정보를 얻는 것이 중요하다. 그리고 이러한 고급정보를 파악하기 위해서는 학습이 필요하다.

5) 학습: 모방을 넘어 창조로

배움, 성숙한
지혜의 뿌리

창조는 바로 성숙한 지혜를 바탕으로 한다. 성숙한 지혜는 바로 배움에 뿌리를 둔다. 그러므로 먼저 배워야 한다. 인간의 상상력은 현실과 유리된 꿈이 아니기 때문이다. 좀 더 과장해서 말하면, 가스통 바슐라르(Gaston Bachelard)의 말처럼 "상상력은 반드시 물질적 현존(une presence materielle)을 필요로 한다." 즉, 상상력은 세계를 인식하고 구성하는 근본적인 힘이자 인식론적 토대인 것이다.

그래서일까? 창조 혹은 상상할 때 배운 것 혹은 아는 것을 넘어, 그 이상의 것을 생각하기는 힘들다. 아니 아는 것도 상상을 초월한 것이 많다. 상상하기 어려운 그 너머에 존재하고 있다.

배움과 상상을
넘어선 사실

밤하늘에 보는 별빛이 수백, 수천 년 전에 존재했던 것이라든지, 그리고 그 거리가 상상 밖의 거리라든지……. 우주의 거리를 잴 때 사용하는 광년이라는 것도 그냥 빛이 1년 동안 가는 거리라고 하지만, 빛이 초속 30만km라고 하니, 그 거리가 무려 96,608,000만km! 그런데 그게 겨우 1년!

초속 30km로 우주를 움직이는 우리가 살고 있는 지구는 지름이

광속으로 10.4시간 정도인 태양계 안에 있다. 그리고 초속 230km로 움직이는 태양계가 있는 우리 은하는 지름이 100만 광년 정도로 초속 90km 정도로 움직인단다.[25] 이 정도 되면 숫자는 이미 우리의 상상 범위를 넘어섰다.

그럼 지구를 떠나 화성 여행 도중 나타날 신체적 변화는 어떨까? '화성 500' 프로젝트에 따르면 키는 5cm 정도 커지고, 허리는 6～10cm 줄어들고, 근육은 중력을 받지 못해 퇴화되고, 뼈는 지구에서 평생 겪을 골밀도 감소를 경험하고, 전정기관의 혼란으로 방향감각을 상실하게 되는 등의 변화가 생길 것이라고 말한다.[26] 그렇다면 더 확대하여 현재의 물리법칙과 다른 법칙이 적용되는 세계에서 어떤 일이 벌어질까? 우리가 속해 있는 3차원을 벗어난 다른 차원에서는 어떤 일이 발생할까?

영상으로 잡힌 블랙홀이 별을 삼키는 장면처럼 상상을 초월한 일이 실제 벌어지고 있다.[27] 우리의 지식과 우리의 인지범위를 넘어. 상상하기 힘든 일들이 내가 숨 쉬고 있는 지금 어느 곳에선가 벌어지고 있다.

---

25) 《우주의 운명: 빅뱅과 그 이후》, 트린 후안 투안, 시공사, 2002, 57쪽.

26) 유럽우주기구(ESA)와 러시아·중국은 장기간 화성 여행이 인체에 미치는 영향을 알아보기 위해 '화성 500(Mars 500)' 프로젝트를 진행했다. 미 항공우주국(NASA)은 2035년 유인(有人) 화성 탐사를 계획하고 있다. 화성을 오가는 데 걸리는 시간은 대략 520일 정도로 추산된다. 프로젝트에 참가한 우주비행사 6명은 러시아 모스크바 인근에 마련된 우주선 모형에서 520일 동안 격리됐다가, 2011년 11월에야 처음으로 바깥 공기를 맡았다. 펜실베이니아 대학 의대 연구진은 '미 국립과학원회보(PNAS)'에 발표한 논문에서 프로젝트 참가자들에서 나타난 가장 눈에 띄는 변화는 운동 감소였다고 밝혔다(조선일보, 2013년 1월 15일자 기사 중에서).

27) 우리 은하에서 38억 광년 떨어진 한 은하의 중심부에서, 태양보다 최대 수십억 배나 무거운 거대 질량 블랙홀이 태양만 한 별을 삼키는 장면이 2011년 3월 28일 최초로 관측되었다.

배우고 익힘

그럼에도 불구하고 배운다는 것은 창조하는 데 있어 현재로서 가장 중요한 준비물이다. 《마지막 잎새》를 쓴 오 헨리(O. Henry)는 "나는 나의 발길을 이끌어 주는 유일한 램프를 가지고 있다. 그것은 경험이라는 램프"라고[28] 말했다. 그러나 우리의 삶은 유한하기에 모두 직접 경험할 수 없다. 학습으로 부족한 경험을 대체해야 한다. 절대적인 없음[무(無)]의 상태에서 유(有)가 나오는 것은 불가능하다.[29] 어떤 유에 기대어 유가 나온다. 어떤 유를 만드는 것으로 바람직한 것은 능동적이고 적극적으로 수용하는 학습이다.

그래서 유한(有限)하다는 시간적 제약 속에 사는 인류에게 학습(學習)은 중요하다. 특히, 공부를 하는 학생에게는 두말하면 잔소리다. 배운다는 것은, 즉 학습한다는 것은 바로 배우고 익히는 것이다. 배우기만 하고 익히지 않으면 그것은 진정한 나의 지식이 못된다.

과거 우리는 '학(學)', 즉 배움에 주로 비중을 두어 왔다. 그러나 학(學)도 중요하지만 습(習)도 이에 못지않게 중요하다. 이는 우리가 좋은 음식을 먹는 것[배움]도 중요하지만, 먹은 음식을 잘 소화하는 것[익힘]도 중요한 것과 같다.

---

28) 오 헨리의 경우 은행에서 직장 생활을 했는데, 그때 공금횡령을 해서 3년 동안 옥살이를 하였다. 그런데 그때의 경험은 그가 작가로 성장하는 커다란 계기가 되었다.

29) 《중국도가사서설Ⅰ》, 김덕삼, 경인문화사, 2004, 73쪽. '무(無)'에 대하여 방박(龐朴)은 다음과 같이 세 가지로 구분했다. 첫째, '亡 … 有而后无'. 이것은 '망(亡)'의 무인데 인류가 가장 먼저 인식하게 된 '무'로서, 있거나 잃어버렸거나 혹은 아직 나타나지 않은 '무'를 가리킨다. 둘째, '无 … 似无實有'. 원래 '망'의 기원은 '유(有)'에 있다. 그러므로 '망'의 관념 또한 '유'의 관념에서 발생한 것이다. 그래서 둘째의 '무'는 없는 것 같으면서 실제로는 있는 무를 가리킨다. 셋째, '无 … 无而純无'. 이것은 인류의 인식과정 속에서 만들어진 절대적인 '무공(空無)'의 관념'으로, 인류 문명이 어느 정도 발전된 이후에 생겼다. 앞서 말한 '유를 잃어버린 망'도, '잃은 것이 유인 무'도 모두가 절대적인 '공무의 관념'은 아니다.

'습(習)'이라는 글자를 살펴보면 새가 알을 깨고 나와서 수백[百] 번 날갯짓[羽] 하며, 비행 연습을 하는 것이 암시되어 있다. 익히고 나서 창조적인 비행이 가능한 것이다. 스스로 날 수 있는 능력이 생기게 된다. 운전면허를 따기 위해 연습하고, 면허를 따면 자기 마음대로 운전이 가능한 것처럼, 배워서 아는 것에만 그치는 것이 아니라, 배운 것을 익혀 내 것으로 만들고 새로운 것을 창조해야 한다.

혹자는 일본의 문화를 일컬어 '모방'의 문화라고 한다. 그래서일까? 일본의 배움이라는 단어의 의미는 좀 특별하다. 일본어에서 '배우다(學ぶ, 마나부)'라는 단어는 그 어원이 '흉내내다(眞似る, 마네루)'이다. 그러나 단순히 흉내내는 것을 강조한 것이 아니라, 직관적으로 비슷한 다른 것들을 만드는 것이라는 의미를 내포하고 있다. 즉 모방에서 창조로 이어진 배움이었다. 과거 중국에서 받아들여 발전시켰던 주판도 그러했고, 오늘의 도요타도 그러하다.

물론, 무조건적으로 남을 따라하는 것은 비판받아야 한다. 수용할 수밖에 없는 것이라면, 적극적이고 능동적으로 수용하면서 발전시켜 보자. 원조에 얽매일 필요는 없다. 원조를 뛰어넘어 '여기와 지금'에서의 가치나, 자신만의 그 무엇을 가지고 창조의 디딤돌로 삼아야 한다.

모방에서 창조로

배우는 동안 진행되는 모방의 기나긴 과정은 결국 창조로 이어진다. 이것은 화가나 작가가 좋은 작품을 만들기 위하여 많은 습작을 하는 것과 같고, 새나 아기가 날거나 걷기 위해 많은 연습을 하는 것과 같다.

사실 예술사 자체가 모방에서 창조로 발전한 하나의 역사였다. 인간이 그림을 그리기 시작한 것도 자연의 풍광을 모방하기 위함이었고, 인간이 글을 쓰기 시작한 것도 눈앞에 펼쳐진 사실을 널리 오래 보존하려는 욕망에서였는지 모른다. 그나마 음악은 문학과 미술보다 덜 모방적이면서도 추상적이었다.

모방의 예술은 다양한 미의 법칙으로 규제하는 고전주의와 이성을 인식의 유일한 수단으로 삼은 계몽주의에 의해 인간과 자연의 틀 속에서 성장했다. 그러나 모방의 수준을 넘어 창조의 대열에 들어선 것은 19세기부터 시작된 낭만주의에서부터다. 상상력은 전통적인 서구사회에서 오류와 거짓의 원흉이거나 영혼에 대한 범죄로 취급되었다. 이성의 손아귀에 놓여 있던 상상력이 완전히 해방된 것은 보다 자유로웠던 낭만주의 시대에 이르러서다. 낭만주의는 자신의 심성(心性)에 맞는 문화를 이루려 하였다.[30]

반복적인 익힘

창조란 고상하고 고귀한 일도 아니고, 일순간에 아무 노력 없이 무언가가 탄생하는 기적 같은 일도 아니다. 고되고 반복적인 연습과 노력 속에 탄생하는 것이다. 그리고 이러한 생활이 자신의 삶과 하나가 되어, 일상적으로 느껴질수록 결과는 좋아진다. 그래서 에디슨이 "천재는 99퍼센트의 땀과 1퍼센트의 영감으로 만들어

---

30) 물론 약간 다른 각도로도 접근할 수 있다. 《놀이와 예술 그리고 상상력》(진중권, 휴머니스트, 2005)에서는 "상상력이 풍부했던 중세를 극복하려는 17세기 합리주의자들이 인간의 사유를 냉철한 이성의 법칙에 묶어 두기 위해 상상력을 배제하고 억압한 것"이라고 말했다.

진다"고 한 말의 울림은 실로 크다.

영국 런던대학교(UCL)의 연구에 따르면 한 가지 습관을 익히려면 최소 66일이 필요하다고 한다. 또한 뇌가 새로운 행동에 거부감을 느끼지 않게 하려면 최소 21일가량 소요된다고 한다. 동굴에서 쑥과 마늘을 먹으며 삼칠일(三七日), 즉 21일만에 곰에서 여자의 몸으로 변신한 시간과 일치한다. 뭔가 내 몸에 좋은 습관을 길들여 볼 만하지 않은가?

한국 역사에서 글씨 잘 쓰는 것으로 유명한 한석봉도 부단한 연습을 통해 업적을 이루었다. 그는 《석봉필론(石峯筆論)》에서 다음과 같이 말한다. "오늘 한 글자를 쓰고 내일 열 글자 배우며 달마다 연습하니 해마다 성과가 나타났다(今日劃一字 明日學十字 月習歲得)."

아인슈타인은 상대성에 대한 논문으로 잘 알려져 있지만, 잘 알려지지 않은 248편의 논문을 썼다. 2006년 노벨 경제학상을 탄 에드먼드 펠프스도 반복적인 배움과 익힘의 결과로 영예를 차지하였다.[31]

모차르트의 천재성은 타고난 게 아니라 스물여덟 살 때 양손 모두 기형이 될 만큼, 어렸을 때부터 계속된 무서운 연습을 통해 키워지고 발현되었다. 그리고 그는 600편 이상의 곡을 작곡했다. 바하도 어떤 일이 있더라도 매주 한 편의 칸타타를 작곡했다고 한다.[32]

---

31) "대학원생 때 난 꾸준히 철학에 대한 지식을 쌓으려고 애썼다. 아침이면 스털링 기념 도서관 열람실에 가서 알파벳 A부터 책을 읽기 시작해 학술지까지 모두 읽은 다음 B로 넘어가곤 했다. Z까지 닿는 데 대략 석 달이 걸렸다. 그리고 나서 그 일을 처음부터 반복했다."《지식의 탄생》, 카렌 호른, 와이즈베리, 2012.

32) 한국의 유명한 피아니스트 백건우, 그도 연습벌레로 유명하다. 공연 30분을 앞두고, 무대 한 구석에 놓인 피아노 앞에서 여전히 연습에 매달린단다. 그러면서 그는 "생동감 있는 연주를 하려면, 작품이 살아 움직일 때까지 매달려야" 한다고 말했다(조선일보, 2013년 4월 1일자, A23면). 이러한 행동은 연습에서 분류하여 스포츠 심리학에서 말하는 '루틴'이라고 말할 수

지금까지 유일하게 노벨 문학상과 오스카상(각본상 〈마이 페어 레이디〉)을 모두 받은 버나드 쇼는 "젊었을 때 열 번 시도하면 아홉 번 실패했다. 그래서 열 번씩 시도했다"고 한다. 아마도 그는 수없이 행한 실패에서도 배웠을 것이다. 그럼, 앞의 실패는 실패가 아니라 창조를 이루기 위한 하나의 배움이었다. 어떤 것이든 피드백이 가능하다면, 그것은 실패가 아니다.

　　위인들을 보면, 우스갯소리로 '포기'는 배추 셀 때나 필요한 말이다. 쉼 없는 도전과 노력 속에 양적으로 축적된 것은 질적인 변화를 일으킨다.

고통의 재발견

　　　　　　　　이런 측면에서 "생산을 담보한 고통은 고통이 아니라 즐거움이고", "너도 나도 고통스러워하는 것은 고통이 아니라 인생이고, 삶일 뿐이다. 나의 인생 앞에 엄살 부리지 말자. 나만 당하여 괴로워하고 슬퍼하는 것만이 고통이다. 고통과 삶을 착각하지 마라. 그리고 그런 고통도 늘 기쁨과 희망을 수반한다"고 생각해 보자.

　　지금 나의 고통이 미래의 생산을 조금이라도 담보하고 있다면, 이런 고통을 고통이라 생각하지 않고 즐길 줄 알아야 미래가 밝을 것이다. 그리고 그 맛은 경험해 본 사람만이 안다. 더운 여름 도서관에 앉아서 공부해 본 사람, 피곤하고 지치지만 오늘 공부할 분량을 채워

도 있다. 골프 선수 타이거 우즈가 대회에 참가하여 티오프를 하기 75분 전부터 퍼팅 훈련과 벙커샷 등을 매번 규칙적으로 연습하는 것과 같다. 이는 심리적 안정과 경기력의 일관성을 유지하도록 돕는다.

본 사람, 귀찮고 안 해도 될 것 같지만 자기 관리를 위해 운동을 꾸준히 해본 사람. 시작은 고통이었을지 몰라도, 이것이 습관이 되었을 땐 기쁨이 될 것이다. 가히, 중독되고도 남음 직하다.

지금 산더미처럼 쌓여 있는 내 앞의 일에, 당장은 주눅이 들어도 다시 원기가 회복되면 조금씩 천천히 해나가자. 가만히 앉아서 고민하는 것보다 훨씬 바람직할 것이다. 그리고 바꿀 수 없는 것이라면 조금씩 천천히 해가면서 살살 즐기다 보면 어느덧 산더미 같은 일을 정복하는 희열에 빠져 있게 될 것이다. 근심은 손님처럼 왔다가 재빨리 주인이 된단다. 근심을 빨리 벗어 던지고, 즐겁게 행할 지어다!

일상의 관찰

다음 사진은 중국산 자동차 브랜드 치루이(奇瑞)에서 만든 자동차다. 한국의 자동차를 모방하였다고 비난받았지만, 이 자동차 회사는 이러한 윤리적 비난과는 별도로 모방을 통한 학습(?)을

거쳐, 중국 자동차 시장 Top 5로 급부상했다.[33]

과거 한국 기업 역시 일본 기업의 상품을 많이 모방하며 배웠다. 한국의 청정원이란 브랜드로 알려진 대상 그룹은 일본의 아지노모도 (味の素)를 모방하여 미원(味元)을 만들었다. 그런데 지금은 이러한 일본 기업을 뛰어넘어 동남아 시장에서 인기가 높다. 청출어람(靑出於藍)이라고 해야 할까?[34]

단오제 역시 원래 중국의 것이나 우리나라가 받아들여 강릉 단오제로 발전시켰고, 이는 유네스코 세계 문화유산에 지정되었다. 마음이 상하지만 한국의 김치에 경종을 울린 일본의 기무치도 그런 경우다. 여기서 감정적으로 일본을 비난하지 말고 이러한 것들에서 자극을 받아 우리 것을 개발해야 할 것이다.

이 모든 것이 원조가 중요한 것이 아니라, 배우고 익히는 과정을 통해 창조해서 이용하는 것이 중요하다는 것을 일깨워 준다.

이는 특히 한국처럼 주변 강대국에 비하여 영토가 작고, 인구가 적고, 역사가 짧은 상황 속에 더욱 의미가 깊다. 원조를 중시하고, 규모와 크기만으로 가치를 평가하는 것은 우리에게 매우 불리한 논리다. 이젠 원조가 아니라 창조, 규모와 크기가 아니라 내용과 질의 중요함을 논리로 앞세워, 작지만 강한 우리를 만들어야 할 때다. 그리고 그

---

33) 치루이는 재규어 랜드로버와 합작해서 중국에서 자동차를 생산할 예정이고, 브라질 최대 상업도시인 상파울루에 연간 17만 대를 생산할 자동차 공장을 짓고 있다. 2013년 현재 세계에서 가장 빠른 속도로 자동차 수출이 증가하고 있는 나라는 바로 중국이다. 2012년에는 2011년보다 30% 증가한 105만 6,000대를 기록했다.

34) 자동차에서도 이러한 일이 벌어졌다. '2013 디트로이트 모터쇼'에서 일본 '마쓰다 6'의 뒷모습이 현대자동차에서 2009년에 생산한 'YF소나타'와 똑같았다. 혼다의 '어코드'는 현대에서 2008년에 만든 '제네시스'의 뒷모습과 매우 흡사하다. 2012년에 나온 렉서스 GS도 YF의 뒷모습과 비슷하다고 평가받았다.

과정에서 꼭 필요한 것이 바로 배우고 익히는, 지루하고 고되지만 지불해야 할 수업료와 같은 '학습의 과정'이다.

6) 집중: 누구나 아이디어는 5~9개

집중의 중요성

열자(列子)라는 춘추전국시대(春秋戰國時代)의 사상가는 이동할 때 세 수레 분량의 책을 가지고 다녔다고 한다. 정보의 양으로만 따졌을 때 우리가 가지고 있는 책 몇 권 분량도 안 될 뿐더러, 현재의 이동저장장치에 비하면 턱없이 적은 양이다. 당시의 책, 죽간은 옆의 사진에서 보는 것처럼 대나무를 길게 잘라 나란히 묶고, 그 위에 글을 쓰거나 새겨서 둘둘 말아 보관한 것이니 저장할 정보량이 얼마 되지 못한다. 또한 무게는 무겁고, 가죽 끈은 쉽게 끊어지는 등 지금과 비교하면 불편한 점이 한둘이 아니었다. 그런데 놀라운 사실은 열자뿐만 아니라 당시의 사상가들이 현재의 우리와 비교하여, 그리 많은 정보를 가지고 있지 못했음에도, 그들이 말하고 생각한 것이 지금까지 우리의 정신세계를 지배하고 있다는 사실이다.

독일의 철학자 칼 야스퍼스(Karl Jaspers)는 당시의 시대를 일러 차축

(車軸)시대라고 말했다. 기원전 5세기를 전후하여 인문학의 혁명을 일으킨 일대 사건이 동양과 서양에서 일어났고, 지금까지 그 영향권에서 못 벗어나고 있다. 어떤 면에서, 넘쳐나는 정보의 바다 속에 살고 있는 오늘, 우리에게 필요한 것은 다양한 생각을 깊이 한곳으로 모으는 집중일 것이다.

현대를 사는 대부분의 사람들은 엄청난 양의 정보 속에, 매일매일 코앞에 펼쳐지는 과잉 정보를 처치하지 못하고 미치도록 바쁜 상태에 있다. 이러한 산만한 정보는 창의성을 파괴한다. 아니, 이보다 더 심각하게 세상 모든 정보를 누비는 현대인의 삶에 대한 반작용으로 '한 가지 정보에는 집중하지 못하는' 주의력결핍장애(ADD)를 앓고 있다고 주장하는 이도 있다.[35]

우리가 살고 있는 사회는 기하급수적으로 변화하고 있다. 그런데 우리의 사고는 진화론적으로도 과거처럼 변함없이 같은 속도로 변하고 있다. 완전히 새롭고 눈부시게 빠른 변화를 선형적 사고에 길들여진 우리 두뇌가 따라가지 못하고 있다. 이때 우리를 구할 수 있는 것 중의 하나가 바로 현명한 선택과 이에 따른 집중일 것이다.

집중을 위한 행동

학습과 연관되어 집중은 창조에 있어 매우 중요한 과정이다. 학습을 통해 다양한 기초 지식과 관련된 정보를 배우고 익혔다면, 이제 집중을 통해 힘을 모아 무엇인가를 탄생시켜야 한다.

---

35) 《창조적 단절》, 에드워드 M. 할로웰, 곽명단 역, 살림Biz, 2008. 'Cray Busy'가 원제인 이 책은 정신과 의사인 저자가 과잉정보를 처리하느라 눈코 뜰 새 없이 바쁜 우리에게 '집중력을 낭비하지 않는 법'을 얘기하고 있다.

학습을 통해 이루어진 양적 축적이 집중을 통해 질적인 변화를 일으키는 양질 전환이 일어날 것이다.

물론 집중이나 학습은 창조의 어느 과정에서나 중시되는 필요한 항목으로, 수레의 두 바퀴와 같고, 사람의 두 다리와 같다. 마치 거경궁리(居敬窮理)라는 말에서 거경(居敬)이 스스로 깨어 있으면서 끊임없이 학문에 힘쓰고 스스로를 성찰하여 한 군데 집중하는 것을 의미하고, 궁리(窮理)가 묻고 배우고 생각하는 것 등을 통해 이치를 추구하는 것과 같다.

동양에서 수양과 학문은 진보하는 자신을 만드는 방법이었다. 그리고 이를 실현한 선비는 매일 새롭게 자신을 창조했다. 그래서《대학(大學)》에서는 "일일신우일신(日日新又日新)"으로 언급했고, "선비는 사흘을 떨어져 있다 다시 만날 때는 눈을 비비고 대하여야 한다(刮目相對)"는 말이 중시되었다. 비록 개인의 학문과 수양에 그치는 것이지만 이 과정 역시 '창조'의 과정이자 결과였다.

좋은 창조를 위해서도, 아니 주어진 삶을 주체적으로 살기 위해서도 잠시 멈춰 서서 자기 자신을 되돌아보는(反省, Reflection) 시간이 절대적으로 필요하다. 이는 종교에서 말하는 명상의 시간이고, 참선의 시간이며, 성찰의 시간이기도 하다. 그리고《장자》가 말한 '좌망(坐忘)'의 시간이기도 하다.

이러한 것은 결국 과잉 정보 속에 자신을 통제 불능의 상태까지 몰고 간 현실에서 새로운 가치를 깨닫게 해줄 것이다. 창의적이고 생산적인 무언가를 바란다면, 최소한 자신의 삶에서 집중할 시간과 공간을 만들어 보기 바란다.

집중과 몰두

　　　　　　　　앞서 '학습(學習)'에서도 언급했지만, 창조에 있어 배우는 것과 익히는 것은 매우 중요하다. 세상을 놀라게 한 천재들은 그들의 광적(狂的)인 노력에 의해 뜻을 이룰 수 있었다. 광적인 노력은 '집중'을 불러일으키는데, 이는 어디까지나 즐거워서 하는 일이었다. 그래서 공자께서 "아는 자는 좋아하는 자만 못하고, 좋아하는 자는 즐기는 자만 못하다(知之者不如好之者 好之者不如樂之者)"라고 말하셨는지 모른다.

　　어느 일을 대면함에 있어 차마 참을 수 없는 기쁨과 열정 속에 자신을 온전히 던져 매진하는 것, 그리고 그 속에서 싹튼 집중. 그런 집중 속에 세상을 감동시키고 나를 변화시키는 창조물이 나왔다. 나를 잊는 몰두 속에서, 미친 것 같은 집중 속에서 빛나는 결과가 탄생할 수 있었다.

　　창조는 천재적인 영감이나 우연에서 비롯되는 것이 아니다. 지루하고 고된 준비와 반복의 학(學)과 습(習)에서 구체화되어 가는 과정일 것이다. 이러한 것을 지지해 주는 것은 일에 대한 집중이고 그 원천은 즐김 속에 피어난 미침[광(狂)]에 있는지 모른다.[36] 그래서 미쳐야 미친

---

36) 《죽비소리》(정민, 마음산책, 2008)를 읽다가 다음 문장이 마음에 와 닿는다. 박지원(朴趾源)의 〈炯言挑筆帖序〉에서 인용한 문장인데, 내용인즉 다음과 같다. "비록 작은 기예라도 잊은 바가 있은 뒤에야 능히 이룰 수 있다. 하물며 큰 도는 어떠하겠는가? 최흥효는 나라에서 글씨를 잘 쓰는 자이다. 일찍이 과거에 나아가 답안지를 쓰는데, 한 글자가 왕희지의 글씨와 비슷하게 되었다. 앉아서 하루 종일 살펴보다가 차마 버릴 수가 없어, 답안지를 품에 넣고 돌아왔다. 이는 얻고 잃음을 마음에 두지 않은 것이라 말할 만하다(雖小技有所忘然後能成, 而況大道乎? 崔興孝通國之善書者也. 嘗赴擧書卷. 得一字類王羲之. 坐視終日, 忍不能捨, 懷卷而歸. 是可謂得失不存於心耳)." 얼마나 준비했던 과거였을까? 그런데 이를 포기하고 왕희지 글씨를 닮은 자신의 답안지를 품에 넣고 돌아왔다니. 가히 미치지[광(狂)] 않고 이를 수 없는 경지다. 그래서 미쳤[급(及)]을 것이다. 최고의 경지에.

다(不狂不及)고 했나? 그런데 이렇게 미치는 데 천재적인 두뇌가 중요한 것은 아니다. 아무리 머리가 나쁜 사람일지라도 최소 5개 정도의 아이디어는 그의 머리 속에서 맴돌 수 있다. 사람이 머리에 담을 수 있는 아이디어는 5~9개란다.

집중과 두뇌

우리가 사는 사회에서 9개 정도의 아이디어를 자신의 두뇌에 담고 다닌다면 정말 좋을 것이다. 그런데 조앤 롤링이나 빌 게이츠 모두 9개의 아이디어를 가지고 있었을까? 현대사회에서는 한 분야에만 몰입해도 충분히 성공할 것이다.

내가 미리가 나쁘다고 포기할 것이 아니다. '5개 정도는 기본으로 된다, 그런데 난 좀 더 머리가 나쁜 것 같으니까 2개 정도에만 집중하자'거나, 모자란 기억력을 메모와 최신 전자기기로 보강할 수도 있다. 문제는 나의 의지고, 실천이다. 자신을 완벽하다고 생각하는 사람도, 과거에서 자유로운 사람도, 영원한 삶을 살 수 있는 사람도 없다. 자신의 상황을 객관적으로 파악하여 긍정적으로 실행해야 한다. 이것이 바로 합리화다.

이러한 합리화도 합리적 방법에 기초한다. 옳고 그름, 맞고 틀림을 구분하는, 중요하고 덜 중요한 것을 구분하는, 이치에 맞고 틀린 것을 구분하여 자기에게 가장 우선시되는 것을 골라 행하는 것이 바로 합리적 판단에 따른 행동이다. 이런 식으로 정리하여, 집중한다면 세상 많은 사람들에게 가능성이 활짝 열려 있다고 생각한다.

하나만 잘하는 것이, 10개를 모두 어설프게 하는 것보다 좋은 대접을 받는 시대가 이미 도래했다.[37) 이는 목표를 정해 뜻을 세우고 그 목표에 집중하는 것이다. 그래서 공자께서는 "재주가 있는 자는 노력하는 자만 못하고, 노력하는 자는 뜻을 둔 자만 못하다(才之者不如努之者 努之者不如志之者)"라고 역설하셨는지 모른다. 뜻을 두면 어딘가 집중하고 있다는 것이니까.

집중과 선택

2000년 이후 삼성 그룹은 50여 개(약 6조 원 규모) 부문의 매각을 진행했다고 한다. 성장이 둔화되고 이윤이 줄어드는 상황에서 필수불가결한 선택이다. GE도 같은 기간 370여 개의 약 100조 원에 해당하는 매각 활동을 벌였다. 성장 단계에 있다하여도 경쟁력 약화가 예상되거나 사업 포트폴리오에 맞지 않아 매각하는 것이다. 그래야 회사가 어려운 시기를 극복하고, 발전할 수 있다.

개인도 이와 같다. 정리할 것은 정리하고 집중해야 할 것은 집중해야 한다. 모두 다 너저분하게 늘어놓고 이 모든 것을 감당할 수 있는 사람은 아무도 없다. 집중이 필요한 때다.

추운 겨울에도 돋보기가 빛을 한곳으로 모을 때, 사물을 태우는 뜨거운 열이 발생한다. 그리고 그 하나가 Best One이어도 좋겠지만 Only One도 멋지다.

그리고 이런 것들을 남들에게 잘 보여 줘야 한다. 이럴 때 필요한 것이 바로, 논리 훈련이다. 이상의 것들을 모두 다 아우르면서, 멋지게

---

37) 한편으로, 이와는 별개로 70점짜리 10편을 제작하는 한국 영화산업의 구조와, 99점짜리 1편을 제작하는 일본 영화산업의 구조 가운데 어느 것이 좋을까? 생각해 보자.

포장하는 것이기 때문이다. 논리 훈련을 통하여 자신의 이론을 정교하게 해야 할 것이다.

7) 논리 훈련: 정답은 없다, 그러나 좋은 답은 있다

논리의 필요

중국 사상에서는 고정된 관점으로 대상을 보는 것이 아니라, 보는 각도의 차이에 따라 보는 것이 발달하였다. 《장자(莊子)》의 '무용(無用)의 용(用)', 즉 쓸모없음의 쓸모 있음도 이와 같은 이치이고, 《노자(老子)》의 '반자도지동[反者道之動, 되돌아가는 것은 도의 움직임이다]'도 이와 같은 방식으로 해석이 가능하다.

《장자》산목에 보면, 다음과 같은 우화가 실려 있다. 큰 나무는 쓸모가 없어서 오래 살 수 있었고, 기러기는 쓸모가 없어서 죽임을 당했다. 과연 어느 것이 옳은가? 장자는 용과 무용의 중간에 처하겠다고 말한다. 장자가 용과 무용을 설파한 것은 무용도 용이 될 수 있다는 것은 아니다. 용과 무용이라고 구분하는, 가치가 있고 없음으로 나누는 인간적 편견을 벗어나는 것이다.

중국은 크다. 넓다. 그때 우리가 그 크다는 논리에 빠지고, 넓다는 논리에 빠지면, 우리는 없다. 우리는 우리를 더 잘 분석하고, 그것을 기저로 우리의 논리와 체계를 만들어 우리를 가꾸어야 한다. 물론 장자 식으로 말한다면 이러한 틀에서 완전히 벗어나야 하지만, 사회는 아직 그러한 수준에 이르지 못했기에 우리는 우리의 논리를 세워야 한다.

논리란?

정보가 폭발적으로 증가하고 있는 현실 속에서 수많은 정보를 어떻게 체계적으로 정리할 것인지에 대한 고민도 결국 논리에서 그 해답을 찾아야 한다.

아무리 많은 정보도 제때 잘 사용하지 못한다면 무용지물이다. 그리고 제때 잘 사용하기 위해서 잘 정리해 두고, 잘 정리하기 위해서 잘 파악해야 하는데 이 모든 과정에서 논리 사고가 중요한 영향을 미친다. 정보화 시대에 많은 정보를 일이관지(一以貫之)하여 창조적으로 사용하게 하는 힘은 결국 논리 사고에 있다.

논리는 외부의 정보를 받아들이고, 정리하고, 이를 이용하여 창조하는 과정 속에서 중요하게 사용된다. 특히, 창조의 결과물을 만드는 데 관계하는 논리는 선물의 포장과 같다. 일반적으로 논리[論理, logic]라는 말은 말이나 글에서 올바른 판단이나 인식을 얻기 위한 사고나 추론에 관한 원리나 과정으로 사용된다. 그리고 말이나 글에서의 짜임새나 갈피, 혹은 사고나 추리 따위를 이치에 맞게 이끌어 가는 과정이나 원리로 사용된다. 그리고 사물 속에 있는 이치나 사물끼리의 법칙적인 연관을 지칭하는 것으로 사용된다. 결국, 논리라는 것은 자신의 주장이나 의견을 이치에 맞게 정리하는 것이다. 그리고 논리 사고는 어떤 주장을 받아들일지 또는 거부할지를 주의 깊고 신중하게 결정하는 것이다.

논리의 적용

그럼, 논리 훈련이란 무엇일까? 예를 들어, 컴퓨터에서 자료들을 정리한다면서 폴더를 만들 때, 어떻게 하는가? 보다 찾기 쉽고, 알기 쉽고, 빠르게 찾기 위해 폴더를 정리한다. 그렇게 찾기 쉽게 정리하는 것이 바로 논리다. 애매하고 모호한 것이 아니라, 명확해야 한다. 합리적이어야 한다.

얼마나 잘 정리하느냐에 따라 논리가 있다, 없다로 평가될 수 있다. 이처럼 내 생각에 내 삶에, 혹은 내 발표에 이런 것을 적용한다면, 바로 그것이 논리적 훈련이 되고 논리적 삶이 되는 것이다. 이러한 것을 바탕으로 외부 문화를 그냥 받아들이는 차원에서 벗어나, 적극적으로 이용하여 창조하여야 한다.

자, 이런 것은 어떨까? 아래 그림은 비트겐슈타인과 곰브리치의 애매 도형이다. 무엇으로 보이는가? 어떤 사람은 토끼로, 어떤 사람은 오리로 볼 수도 있다. 그러나 정답은 없다. 이런 것들을 보면 대상도 중요하지만 대상을 받아들이는 수용자의 근거와 이를 펴는 논리, 사상이 더 중요하다. 그것에 따라 좋은 답이 결정된다.

나의 논리가 중요하다

지금까지 다양한 연구와 주장이 있어 왔지만, 모두 저마다의 한계를 지니고 있다. 그 한계는 얼마든지 깨질 수 있다. 과학 분야에서도 이런 일은 얼마든지 일어날 수 있다. 토머스 쿤(Thomas Kuhn)이 제시한 패러다임(paradigm)도 결국 이런 맥락 속에 있다. 그는 과학계에서 전반적으로 인정하는 모범적인 틀을 그 시대의 패러다임이라고 보았다. 그리고 이 패러다임에 나타나는 문제를 해결하기 위해 일어나는 다양한 시도를 정상과학(normal science)이라고 했다. 다양한 시도 속에서 어느 정도 일정한 성과가 누적되면 기존의 패러다임은 조금씩 부정되고 새로운 패러다임이 자리를 대체하지만, 이 역시 영원히 지속될 수 없고, 생성, 발전, 쇠퇴, 대체의 과정을 거치게 된다. 물론, 시대에 뒤진 이론들이 폐기되어 버렸다는 이유로 해서 원칙적으로 비과학적인 것은 아니다.[38] 그러므로 세상의 많은 것들에서 절대적인 정답을 찾기는 어렵다. 어떤 때는 '토끼'도 어떤 때는 '오리'도 될 수 있다. 중요한 것은 토끼라면, 왜 토끼인지, 오리라면 왜 오리인지 설명해 주는 논리에 있다. 창조의 과정은 전 과정에 걸쳐 이런 자신만의 논리가 단단히 서 있어야 한다.

---

38) 《과학혁명의 구조》, 토마르 S. 쿤, 김명자 역, 동아출판, 1996, 21쪽. 과학혁명에서는 패러다임과 패러다임 사이에 질적인 단절이 있다. 그러므로 패러다임 사이의 우열을 말하기는 힘들다.

세상은 But의 반전에 주목한다

마라톤 선수가 마라톤 풀 코스를 완주하는 건 뉴스가 아니다.

슈퍼모델의 다이어트 성공은 뉴스가 아니다.

호나우도의 브라질이 월드컵 16강에 진출한 것은 뉴스가 아니다.

하지만 자폐증 청년의 마라톤 완주는 뉴스다.

나잇살이 감춰지지 않는 두 아이의 엄마이며

평범한 마흔 살 아줌마가 몸짱으로 변신한 것은 분명한 뉴스다.

월드컵에서 단 한 번도 16강 진출을 못했던 한국이 4강에 올라간 것은 뉴스

중의 뉴스다.

고졸 학력이 전부인 말단 사원 출신이 CEO가 되어야,

다윗이 골리앗을 이겨야 세상이 주목하는 뉴스가 되는 것이다.

"작지만 강하다!(Small But Tough!)"

세상은 항상 '그러나(But)'에 주목한다.

남보다 부족한 점이 있다는 사실이 삶을 힘들게 하기도 하지만,

어쩌면 크게 주목받을 수 있는 기회일 수도 있다.

세상의 이목을 크게 받고 많은 사람들에게 힘과 용기를 줬던 이들은

바로 재능 대신 열등감을 선물로 받은 사람들이었다.

콤플렉스나 자신의 결함에 'And'를 붙이고 굴복하면 평생을 따라다니는 열등

감이 되지만,

'But'을 붙이고 끊임없이 저항하면 세상의 주목을 이끌어 내는 빅뉴스가 된다.

평균 시청률을 훌쩍 뛰어넘는 감동의 드라마를 만들어 내는 것이다.

But이 만드는 인생의 반전,

그것이 진정한 인생역전이다.

단점 뒤에 But을 붙여라.

단점으로 역전하라!

– 《최고의 선물》(여훈, 스마트비즈니스, 2005) 중에서

5장 나오는 말

중국에서 대학원 입학시험을 치르고 난 뒤, 함께 응시했던 스님과 북경을 여행했다. 중국 문학이 전공이셨던 스님은 대만에서 5년 정도 공부하셨단다. 그리고 중국에서 공부하고 싶어 북경에 오셨단다. 우리는 시험에서의 해방감을 느끼며 북경의 유명한 식당에서부터 뒷골목까지 샅샅이 뒤지며 다녔다.

그러던 어느 날 스님이 내게 이런 말씀을 건네셨다. "김 선생, 김 선생은 이곳 북경에 참 잘 적응하는 것 같아." 그러나 사실 나는 그리 잘 적응하지 못하고 있었다. 스님은 이미 중화 문명을 대만이라는 다른 곳에서 경험하신 터라, 스님에게 중국 대륙의 중화 문명은 또 다른 모습으로 다가왔다. 지저분하고 생활고에 찌든 거리, 뒹구는 먼지바람과 하나가 되어 떠다니는 북경 사람들의 고생스러운 삶. 여행을 다니면서 보았던 하층민의 고단한 삶과 그 속에서 지속적으로 경험했던 속고 속이는 사람들…….

적어도 중국 대륙에서 가장 발달되었다는 이 땅엔 아직도 대만처럼 여유롭게 베풀고 나누면서, 더불어 살기엔 힘들어 보였던 것 같다. 그때 스님이 내게 던지신 "대만에서 똑같은 물건을 만 원 주고 사면 기분이 좋은데, 여기서는 같은 물건을 깎고 깎아 오천 원 주고 사도, 왠지 기분이 씁쓸하다."는 말씀이 오랫동안 나의 귓가에 맴돌았다.

처음에는 물건을 살 때 끊임없이 흥정하는 것이 정겹고 재미있었지만, 관광으로 온 여행이 아니라 일상생활이 된 삶 속에서, 끊이지 않는 흥정, 사고 난 뒤 생기는 불신으로 마음이 개운치 못했던 것은 누구나 한 번쯤 경험했던 일이다. 비록 저렴하게 물건을 사지만, 싼 게 비지떡이라는 마음을 넘어 불쾌함까지 들게 한다면 이는 단순히 싸기 때문이라는 문제를 넘어 또 다른 문제를 떠올리게 한다.

문화라는 것, 그것은 똑같은 물건이라도 문화와 어떻게 조우하느냐에 따라 그것을 즐기는 사람의 마음을 상반된 상태로 만들어 놓는다. 이제는 문화의 원조 논쟁을 떠나, 문화를 어떻게 가꾸고 발전시켜 나가야 할지를 진지하게 고민할 때이다. 이러한 측면에서 앞서 말한 것을 토대로 우리가 생각할 '문화의 수용과 창조'에 대하여 세 가지로 정리해 보았다.

1) 장점과 단점은 손바닥의 안과 밖

거꾸로 보는 세상

장점만이 장점이 아니고, 단점만이 단점이 아니다. 장점이 단점이 될 수 있고, 단점이 장점이 될 수도 있다. 선과 악도 완전히 한 면만으로 존재하지 못한다. 함께 공존한다.

다음 사진은 산책길에 만난 노간주나무다. 다른 나무와 달리 어릴 적 시련을 겪어 그 흔적을 고스란히 지고 있다. 단점으로 보일 수도

있지만, 이 나무는 산책길에 우뚝 서서 '어릴 적 시련 덕분에 지금 더 멋있는 모습으로 성장했습니다'며 살며시 가르쳐 준다.

　장점과 단점, 쓸모 있음과 쓸모없음은 모두 보는 이의 마음에서 비롯된다. 이제 이러한 이분법적 편견에서 벗어나 광막(廣漠)한 세상을 보아야 할 것이다.

　세상 모든 것은 있음 아니면 없음으로, 완전히 제거하거나 완전히 독존하게 할 수도 없고 그런 경우도 없었다. 종교적으로 보면 "신과 악마는 함께 존재했고, 선과 악도 함께 존재했다. 절대 선과 절대 악은 이미 절대라는 불가능한 말 속에서 거짓으로 판명되었다." 때와 장소에 따라 적합한 것을 꺼내어 사용하는 지혜가 필요하다.

　캐나다의 카밀리앵 루아(Camillien Roy)가 지은《소설 거절술: 편집자가 소설 원고를 거절하는 99가지 방법》은 저자가 실제로 경험한 원고 퇴짜의 경험을 정리하여 한 권의 책으로 엮은 결과물이다.[1] 실패도 쌓이면 이처럼 세상을 놀라게 하는 성공작이 된다.

중국에 있을 때, 국제 학술대회에 참가한 뒤 주최측의 안내로 용문(龍門)석굴을 관람했다. 함께 갔던 일행들은 북위(北魏) 때부터 송(宋)대까지 1,352개의 동굴을 뚫고 만든 97,306체의 불상과 수많은 석탑에 감탄을 금치 못했다. 불상 하나하나의 모습은 정말 아름다웠다. 그러나 돌아오는 길에 되돌아본 벌집 쑤셔 놓은 것 같은 동굴 모습은 인간이 자연에 몹쓸 짓을 한 것 같다는 생각이 들게 해, 많은 생각을 갖게 했다.

만리장성에 가서는 개운치 못한 마음을 넘어 인간에 대한 비애까지 늘었다. 끊임없는 침략과 전쟁으로 얼룩진 인류의 역사나, 이를 막기 위해 희생된 무고한 사람들이나, 길고 긴 장성 곳곳에 쌓인 애환 등.

진정으로 소중하고 자랑스러워할 것은 강압에 의해 사람들의 피와 눈물로 이루어진 유산이 아니다. 정말 우리가 존중하고 아껴야 할 것은 즐거운 마음으로 만들고, 모두가 더불어 즐길 수 있는 것들이다. 그것이 바로 위대한 문화유산이다.

거꾸로 보는 우리

고등학교 때다. 지구과학 시간에 우리의 국토 가운데 70% 이상이 산이니, 그것을 평지로 만드는 어떤 발명품을 만들어 보라고 선생님께서 말씀하셨다. 나는 속으로 가뜩이나 좁은 우리

---

1) 《소설 거절술》, 카밀리앵 루아, 톨, 2012.

의 땅에 있는 산을 왜 제거하려 하는가 하는 의문이 생겼다. 산이 있으므로, 우리 국토의 표면적은 넓어졌다. 그리고 우리의 산들은 깎아지른 높은 산들이 아니고 야트막한 구릉 모양의 산이 대부분이다. 이런 산들은 산의 내부와 겉으로 많은 면적과 공간을 차지하고 있다. 그래서 한때 나는 그러한 공간을 이용하고, 많은 땅속 공간까지 고려하는 지하 개발을 아주 즐겁고 기쁘게 상상해 본 적이 있다.

남들이 단점이라고 하는 것도 조금 달리 생각해 보면 장점이 될 수도 있고, 장점이라 여기는 것도 조금 달리 생각해 보면 단점으로 쉽게 변할 수 있다. 우리 선조들은 이러한 이치를 깊은 성찰을 통해 이미 깨닫고 있었다. 물론 완전한 장점만의 예찬은 또 하나의 심각한 단점이 된다는 사실을 알고 오늘의 단점을 잘 다스려야 하고, 지금의 장점을 잘 보존해야 한다.

'빨리빨리' 하며 서두르는 것이 우리나라 사람들의 단점이라 지적되는데, 이것이 단점이 될 수도 있지만, 이것 때문에 우리 경제가 이렇게 비약적으로 발전할 수도 있지 않았나 생각한다. 한국 사람들은 임기응변이 뛰어나다고 이야기한다. 임기응변이 뛰어난 것이 단점이 될 수도 있지만, 때로는 임기응변을 잘하면 장점이 될 수도 있다. 변화하는 기업, 변화하는 세태 속에서 50년 전의 100대 기업과 지금의 100대 기업을 비교해 보면 많은 차이가 있다. 이러한 변화 속에서 살아남기 위해서는 임기응변도 매우 중요한 요소임에 틀림없다. 과거 아날로그 시대에는 오랜 시간 동안 쌓은 기술과 경험의 축적이 경쟁력이 되었다. 그러나 지금 디지털 문명의 시대에는 상상력을 남보다 먼저 개발하는 것이 경쟁력이다. 당연히 빠른 속도와 임기응변이 단점이 아니라 장점인 시대에 살고 있다.

우리는 모진 역사 속에서, 정말 지겹게 전쟁을 치러 왔고, 모질게 버텨 왔다. 누구 말대로 우린 이웃 나라 한번 제대로 침략해 본 적이 없는 무능한 민족인지도 모른다. 그런데 정말 우린 무능할까? 무능한데 이렇게 오랫동안 버텨 왔을까? 혹시 우리에게는 평화를 어느 누구보다 어떤 민족보다 사랑하는 유전인자가 들어 있는 것은 아닐까? 이런 무능함을 장점으로 부각시킬 수는 없을까? 자신의 장점과 단점은 손바닥 뒤집는 것과 같은데, 만약 반기문 유엔 사무총장이 사무총장이 되기 전에 출사표를 던지며, "반만년 역사를 가진 대한민국에 태어나, 지구상에서는 보기 힘들게 1,000번 정도의 외침을 당했지만 불굴의 역사로 오늘날까지 지속되며, 한 번도 이웃 나라를 침범하지 않은 평화를 사랑하는 민족, 한민족의 후예로 지금 이 자리에서 세계 평화와 인류의 발전을 위한 사무총장직에 도전한다"거나 "이젠 비이성의 잔혹한 폭력의 시대를 끝내고 평화적 공존과 공생이 자리하는 21세기가 되어야 한다"면서, "그 21세기는 반만년 역사 동안 수많은 외침을 당했지만 지금까지 화려하게 존재하고, 이웃 나라를 한 번도 침략하지 않으면서 잘사는 나라 대한민국이 이끌어 가야 할 것이다"며 스스로를 긍정적으로 보아, 불굴의 역사와 강인한 저력을 세계만방에 알렸다면 어땠을까?

변화를 직시하며 취사(取捨)를 정해 실천하라

다이소라는 가게가 있다. 한국의 천냥 하우스 같은 일본 상점이다. 그런데 다이소 사장은 "우리 회사 멀지 않아 망한다"고 생각했다. 저가 판매의 한계를 간파한 것이다. 그런데, 그는 이런 문제를 단점으로 보지 않고 역발상으로 생각하여 "망할 것을 준비해서 지금 빨리 물건을 팔아 빨리 수익을 올려야 한다"고 했다.

처음 가게를 운영할 때는 매일 아내와 가격표를 물건에 붙였다고 한다. 그러다 아내가 둘째 아들을 임신하게 되어 못 나오게 되니까, 혼자 일을 해야 했다. 그때, 불편한 것이 이만저만 아니었다. 그래서 고민을 해서 만든 것이 가격을 통일한 천 엔짜리 가게였다. 단점을 슬기롭게 극복하였다.

거기까지는 괜찮았는데 싸구려 가게라는 이미지를 갖게 되고, 어떤 사람이 물건을 사려고 할 때 옆 사람이 "천 엔짜리 사가 봐야 쓰레기밖에 안 돼"라고 이야기하는 것을 들었다고 한다. 그랬을 때 사장이 "아, 이제 나는 물건을 팔 것이 아니라 가치를 팔아야겠다"라는 생각을 가지고, 사장 자신이 천 엔을 주고 물건을 사와 천 엔에 팔더라도 고객 만족을 우선시하였다고 한다. 어쨌든 사장은 변화를 직시하고 있었기 때문에, 지금 이 상황 속에서 취해야 하는 것, 버려야 할 것이 무엇인지를 생각한 것이다. 단점을 장점으로 바꾸면서 이를 지켜 줄 품질에 대한 확신과 노력이 있었다. 우리도 단점을 장점으로 승화시켜 나에게 가장 적합한 문화를 만들어야 한다.

단점의 극복을 위해
장점을 이용하라

과거 한국은 올림픽에서 좋은 성적을 거두지 못했다. 그리고 그 원인은 동양인이기 때문에 가진 체력과 체격의 한계라 인식했다. 그러나 지금 올림픽에서 좋은 성적을 올리고 있다. 체력과 체격이 바뀐 것인가? 아니다. 단점을 장점으로 극복하는 전략과 훈련이 있었기 때문이다.

예를 들어 펜싱의 경우 과거에는 손기술이 중요했다. 그래서 팔이 긴 유럽 사람들에게 유리했다. 팔 짧은 한국인에게는 넘보기 어려운 종목이었다. 그러나 한국인의 특성에 맞게 빠른 발 동작을 보강하였다. 경기에서 한국 선수의 스텝 수는 최대 80회로 유럽 선수의 두 배나 된다, 1초에 5m나 이동한다. 그래서 좋은 성적을 얻었다. 그뿐만이 아니다. 월드컵 4강 신화를 이룬 축구도 부지런한 움직임과 강한 체력을 장점으로 특화해서 단점을 극복했다.

정상에 올랐다고 언제나 그 자리를 유지할 수 있는 것은 아니다. 양궁은 오랫동안 한국 스포츠에 많은 메달을 안겨 주었다. 양궁은 변화하는 시대에 맞춰 훈련하고 새로운 기술 개발을 끊임없이 해왔다. 그래서 30년 넘게 정상에 설 수 있었다. 체조의 양학선 선수도 그렇다. 누구도 모방할 수 없는 기술을 개발하여 최고가 된 것이다. 장점과 단점은 손바닥의 안과 밖과 같다. 그리고 그 장점의 우수함을 지키는 것도 창의적 자세에서 출발한다.

너무나 뻔한 얘기?

21세기는 평화의 세기가 되어야 한다. 이러한 일에 우리도 일조할 수 있을 것이다. 그런데 자기 것 하나 제대로 지키지 못하면서 인류의 평화를 말하는 것은 분수에 맞지 않는다. 분수에 맞고, 우리 몸속에 녹아 있는 좋은 유전인자를 잘 키우기 위해서, 먼저 우리는 스스로의 힘을 키워야 한다. 이러한 첫 출발이 바로 단점은 장점으로 감싸 나가며 우리의 가치를 높이는 일이다. 1997년 말 발생했던 IMF도 'I'am fighting'이라며 긍정적 마인드로 극복했다. 이제 우리의 단점을 긍정적 생각으로 접근해서 장점으로 승화시켜야 한다.

그리고 이를 위해, 학생은 열심히 배우고 공부하며, 선생은 올바로 가르치고 연구하며, 위정자는 청렴하고 결백하게 다스리며, 경제인은 사회와 함께 이윤을 생각해야 한다. 모두 저마다의 위치에서 성실하게 노력해야 한다. 내가 너무 뻔한 얘기를 했나? 장점과 단점은 손바닥의 안팎과 같다. 포기하고 비관만 할 일이 아니다.

2) 상상력이 생산력인 시대, 문화에 힘을

상상이 생산력인 시대

상상력이 생산력이 되는 시대다.[2] 마음껏 상상하자. 상상이 허구에 불과하던 때가 있었다. 그러나 지금은 개인의 상상력이 매일 쏟아지는 신상품을 따라가지 못할 정도가 되었다. 지금 우리는 상상 너머에 있는 지식과 사실까지 우리에게 쏟아지는 오늘을

---

2) 물론, 전통적인 실물경제를 부정할 수는 없다. 제조업과 실물경제에 근거하여 조화롭게 발전해야 할 것이다. 상상력이 생산력이기 이전에 상상력에게 권력을 주자던 때가 있었다. 바로 1968년 5월 프랑스에서 일어난 68혁명을 말하는 것이다. 그때의 슬로건이 '상상력에 권력을 (Power to the Imagination)'이었다. 권위주의와 보수체제 등 기존의 사회질서에 항거하면서, 여성해방, 남녀평등, 히피운동 등으로 퍼져나갔다.

살고 있다. 우주의 크기, 빛의 속도, 새로운 과학이론을 비롯해서 신문 지상을 채운 상상을 초월한 일들까지…….

상상력은 이제 경쟁력이 되었고, 경제력이 되었다. 상상을 기초로 한 창조는 풍부한 지혜와 인식적 훈련을 통해 이루어진다. 창조적 인간이 되기 위해서는 성숙한 지혜를 갖고 인식적 훈련을 꾸준히 하는 것이 필요하다.

미래에는 더 필요할 것이다.《퓨처리스트》라는 잡지에서 미래에 주목받게 될 능력을 발표했는데, 의외로 생각하기 쉽다. 즉, 자동화될 수 없는 능력이다. 예를 들어 직관, 영감, 판단력 등이 있지만, 역시 두드러지는 것은 상상력이다.

문화 역시 상상력과 같은 정신적인 영역과 관련이 있다. 많은 상상이 현실보다 더 나은 세상을 꿈꾸었고, 약자들은 상상을 통해 비참한 현실을 극복할 수 있었다. 그러나 문화적 변화가 근본적으로 일어난다 하여도 지금까지의 가치관을 부정하는 완전히 새로운 문화체제가 나오기는 힘들다. 큰 흐름에 변화가 일어나는 것일 뿐, 이전에 행해지던 가치관이나 상상력을 비롯한 많은 정신적 영역의 것들은 여전히 존재하기 때문이다.

다음의 사진을 보면 상상력이 생산력임을 절감하게 된다. 해안가 절벽에 10층이 넘는 호텔을 지었다. 호텔 옥상은 로비, 아래 1층은 온천탕. 객실에서 보는 풍광은 낭떠러지에서 보는 풍광 그대로다. 경계를 허문 상상은 생산력이고 경쟁력이다.

문화도 제조업처럼
생각

　　　　　　한국은 연간 근로시간이 2,193시간으로 OECD 회원국 가운데 가장 높다. 경제 성장의 시대에 장시간 노동은 당연하게 여겨지기도 했다. 지금까지 전체 취업자 2,424만 명 가운데 블루칼라가 노력하여 1인당 GDP 2만 달러의 국가가 되었다면, 이제는 1천만 명의 화이트칼라가 노력하여 사회를 발전시켜야 한다. 그러나 이러한 것도 일정 한계가 있고, 장시간의 노동 효용도 한계에 이르렀다. 예를 들어, 근로자의 건강과 안전 위협, 능력 개발 저해, 생산성 저하, 가정 피해, 취업의 어려움 등 다양한 문제를 야기하고 있다.

　　그러면 이러한 문제를 해결하면서 즐겁게 생산할 수 있는 일은 무엇일까? 우리의 주변을 돌아보면, 우리는 현대사회의 메가트랜드인

정보화, 세계화, 민주화 등으로 인하여 '거창한 이데올로기적 주장'보다는 우리의 평범한 삶의 문제가 더 중시되고 있다. 그리고 이것은 경제적 · 정치적으로 다양한 것을 창출하게 될 것이다.

문화도 제조업처럼 생각해야 한다. 단순히 과거처럼 순수주의에 젖어, 문화산업으로 이윤을 추구하는 것은 경제활동이지 문화 활동이 아니라거나, 문화의 중요성을 교환가치로 환원시켜 말하는 것이야말로 문화의 가치를 스스로 부정하는 일이라는 식의 얘기는 변화하는 세태 속에 다르게 정립될 것이다.

미래에는 더욱 더 거세게 문화와 경제, 문화와 산업의 융합이 일어날 것이며, 개인, 기업, 사회가 문화와 서로 결합하면서 새로운 형태로 탄생하게 될 것이다. 그러므로 문화를 만드는 일도 자동차를 만드는 일처럼 하나의 제조업으로 생각해야 한다. 과거 농수산물을 수출하던 한국이 이제는 한류라는 이름으로 문화상품을 수출하게 되었다. 1940~50년대 한치와 오징어, 1960년대 가발과 은행잎, 1970년대 합판과 의류, 1980~90년대 자동차, 철강, 선박 등이 주요 수출품이었다면, 2000년대 이후에는 반도체와 무선통신기기가 주요 수출상품이 되었다. 2012년에는 수출로는 세계 7위, 무역 규모는 8위로 괄목상대하게 비약하였다. 물론 이러한 변화의 동력에는 1964년 초, 무역정책을 수입 의존에서 수출 지향으로 전환한 것이 작용했다.

문화를 경제 발전의 중요 요소로 국한시켜 볼 수도 있다. 혹자는 의미가치 · 목적가치를 지닌 문화가 교환가치 · 수단가치를 지닌 경제보다 중요하다고도 말한다. 그래서 경제활동으로 돈을 벌어 문화 활동에 써야 인간다운 삶을 누릴 수 있다고도 한다.

21세기는 문화가 중요한 시대다. 앞서 언급했던 기소르망, 새뮤얼 헌팅턴 등의 얘기를 언급하지 않아도 문화는 이미 우리 삶에 깊숙이 자리 잡고 영향을 미치고 있다. 상상력이 생산력인 시대, 문화도 제조업처럼 생각하면서 우리가 하는 노동의 질, 생산성, 효율성을 높이고, 워크 하드에서 워크 스마트로 전환하여 무조건 열심히 할 것이 아니라 머리를 써서 창의적으로 똑똑하게 즐기며 해보자. 삶도 일도 즐거울 것이다.

3) 원조론에서 창조론으로 아름다운 나라를 만들자

전통과 원조

사람들은 천일염이 한국의 전통 소금이라고 한다. 그러나 100년 전에 한국에는 없었다. 일제가 대만의 것을 본떠 조선 말에 전한 것이다. 그래서 1907년 인천 주안에 천일염 염전 시험장을 설치하였다. 이전에는 바닷물을 끓여 만든 자염(煮鹽)을 생산하였다.[3] 서해안에 발달한 갯벌을 이용해서 얻었다. 그러나 날이 갈수록 발생하는 문제는 소금가마에 사용할 연료의 부족이었다. 염전 주변 목재는 이미 다 사라지게 되었다. 이러한 환경에서 전파된 것이 바로 천일염이다.

전통이란 무엇이고? 원조란 무엇인가? 전통의 기준이 모호하고,

---

3) 《작지만 큰 한국사, 소금》, 유승훈, 푸른역사, 2013.

영원한 전통은 없다.[4] 원조도 이와 같다. 원조를 주장하는 것은 게으른 논리에 지나지 않는다. 전통은 그 자체를 스스로 변화시키지 않는다. 단지 변화될 수 있는 잠재력을 내포하고 있다. 전통은 인간으로 하여금 그것을 바꾸도록 선동한다. 내적인 요인에 의한 변화, 전통 속에서 시작되는 변화는 그 전통을 물려받은 사람들에 의해 진행된다.[5] 그러므로 전통을 지키는 유일한 길은 변화를 갈망하는 노력과 행동일 것이다.

변화

변화는 우리 주변에 늘 새로운 변화를 불러일으킨다. 예를 들어, 1980년대를 전후로 당시의 사회적 분위기에 부응하여 사회과학 서점이 많이 생겼다. 다양한 사회과학 서적을 쉽게 구할 수 있었기 때문이다. 그러나 1990년대 중반에 서울대에 있던 '아침이슬', '열린글방'이 문을 닫기 시작한 이후로 '오늘의 책', '장백서원', '논장', '녹두', '청맥', '광장서적'이 문을 닫았다. 변화를 읽지 못한 결과였다.

변화는 주변에만 국한되는 것이 아니다. 지구촌 곳곳에 변화의 바람은 거세게 불고 있다. 특히 세계화의 시대에서 원조 혹은 자기의 특징이나 장점만 고집했다가는 낭패 보기 십상이다. 고집할 것은 품질이지 딴 게 아니다. 예를 들어 월풀 같은 경우가 그 예다. 세계 어디서

---

4) 앞에서 언급한 에릭 홉스봄의 《만들어진 전통》을 더 참고하기 바란다.

5) 《전통, 변하는 것과 변하지 않는 것》, 에드워드 쉴즈, 김병서 · 신현순 역, 민음사, 1992, 278쪽.

나 똑같은 모델의 냉장고와 세탁기를 선호할 것이라 자만하다 결국은 중국 시장에서 실패했다. 월마트도 그랬고, 까르푸, 소니, 노키아······.

그래서 150년 전통의 어느 다국적 기업 총수가 신문기자와의 인터뷰에서, 자신들의 회사가 150년간 존재할 수 있었던 것은 150년 동안의 전통이 아니라 150년 동안의 변화였다는 말이 의미를 가질 수 있는 것이다. 인간의 가장 강력한 사고 속에는 더 '참된' 진실, 더 분명한 정확성과 일관성, 그리고 인식되고 상상되는 것들을 알맞게 표현하고 싶은 끊임없는 노력이 내재되어 있는지 모른다.[6]

창조

원조는 그것이 가지는 숭고한 가치와 장점이 분명히 있다. 그러나 강대국들 사이에 있는 우리로서는 양적으로 보았을 때, 케케묵은 원조 논쟁에서 재미 보기 힘들다. 우리에게는 문화의 확장보다 문화의 올바른 수용과 창조가 더 깊은 의미가 있다. 우리의 위치와 미래의 변화를 파악하고, 제대로 된 무언가를 만들어야 한다.

이제 원조의 논리는 거센 시장 경제 속에서 안일한 주장에 불과하다. 누구의 문화든 누가 얼마나 잘 이용하는가가 더 중요하다. 중국 남창(南昌)이란 곳에 있는 다리 앞에 검은 고양이와 흰 고양이 상이 세워져 있다. 이 상은 등소평(鄧小平)의 실용주의 노선을 기념하기 위한 것이다. 흰 고양이든 검은 고양이든 쥐만 잘 잡으면 좋은 고양이라는 것이다.

---

6) 위의 책, 279쪽.

　《안자춘추(晏子春秋)》에 "귤이 회수를 건너면 탱자가 된다(橘化爲枳)"
고 했다. 하지만 쟈장미엔[炸醬面]은 서해를 건너 인천에서 세상 사람들
의 입맛을 매료시킨 자장면으로 부활했다. 위 사진은 북경대학과 청화
대학 근처에 있는 한국 제과점 상표 뚜레쥬르 매장이다. 이름을 多樂
之日(항상 즐거운 날)이라고 했다. 이처럼 이름을 짓는 것도 대상에 대한
객관적 사실을 파악하고, 그들의 문화를 이해하고 난 다음에 그들의
정서에 맞게 창조적으로 해야 한다.

　스웨덴의 앱솔루트 보드카(Absolut Vodka)는 폴란드와 러시아의 원
조 보드카를 제치고 세계 최고의 보드카가 되었다. 또한 중국식 식단
을 개발하는 등의 현지화를 통해 1998년도에 263개의 매장을 2010년
3,000개로 확장하며 중국에서 성공한 KFC의 사례를 보고 배워야 한
다. 즉, 자신의 것을 주장하기 전에 현지에 맞는 것을 준비해야 한다.
문화적, 행정적, 경제적 차이점을 분석하고 이에 맞춰 준비해야 한다

는 것이다.

역사를 살펴보면, 순수 자신의 노력과 창의만으로 이루어진 창조물은 존재하지 않는다. 우리가 자랑하는 고인돌의 문화도 고대 거석문화를 '흡수하고 전파'하는 가운데 세계 거석문화의 중심을 차지하게된 경우다. 세형동검도 북방의 동물 장식과 유럽의 안테나식 칼자루의장점을 살리고 우리 고유의 좁은 칼 몸(刀身)을 결합하여 창조한 멋진유산이다. 이 밖에도 신라의 금관, 백제의 금동대향로, 고려청자, 금속활자 등의 물질적 유물들이 우리의 노력과 창의만으로 이루어진 것은아니다.[7] 또한 정신적인 유물인 불교, 유교도 그렇고, 오늘날 한국 경제를 이끌어 가고 있는 반도체나 휴대폰, 자동차나 조선 산업 역시 그렇다.

과거 자원이 부족한 우리나라에서는 제품을 만드는 데 꼭 우리나라에서 나온 것으로 만들어야 한다고 생각했다. 그러나 지금 우리는외국의 저렴한 원자재를 들여와 국내에서 가공하여 고부가가치 상품으로 수출하는 것을 매우 자연스럽게 생각하고 있다. 곧 문화도 이런식으로 바뀔 것이다.

창조적 문화는 후세대에 전해질 확률보다 사라질 확률이 더 높다. 그러나 문화의 발전은 결국 이러한 창조적 작업에 의해서 이루어진다. 그리고 그것이 오랜 시간 속에 누적되다 보면 그 가운데 살아남아 후손에게 의미 있는 것으로 전해지는 것도 나오게 될 것이다.

이제는 바야흐로, 원조 논쟁을 떠나 누가 더 잘 이용하여 좋은 문화를 세상에 내놓느냐가 중요한 시대가 되었다. 창조적 사고와 생산적

---

7) 《한국 속의 세계》상 · 하, 정수일, 창비, 2005.

자세로, 국내는 물론 외국의 다양한 문화 원자재를 찾아 우리 것으로 만들어 보자.

아름다운 우리나라

북경에 사는 동안 많은 한국 분들이 다녀가시는 것을 보았다. 그분들은 중국 문물의 규모를 보면서 감탄해 마지아니한다. 지금 이 시간에도 많은 한국 사람들이 중국 문화의 웅장함을 감탄하며 관람을 즐길 것이다. 그리고 여지없이 조그만 나라 우리나라를 비하하거나, 조그만 나라이기에 당했던 과거의 설움에 가슴 아파할 것이다.

큰 것으로만 따진다면, 우리는 그리 할 말이 많지 않다. 때로는 억지로 만주벌판을 갖다 붙이면서, 과거 우리의 영토는 이처럼 크고 웅대했었다고 호기를 부릴 수도 있을 것이다. 그러나 그것도 잠깐, 갈라진 한반도에 그것도 모자라 이리저리 갈라지고 부서진 우리의 현실에 이내 우리의 감정은 사그라진다.

우리를 대변하면서 우리 자신의 정체성을 확인할 수 있고, 우리의 미래를 담보하면서 타자에게 객관성을 획득할 수 있는 우리의 논리를 가져야 한다.

수본진심제일정진(守本眞心第一精進)! 즉, 근본이 되는 참된 마음을 지키는 것이 첫째가는 수도 정진 방법이다. 남이 가진 것을 부러워하지 말고 내가 가진 천부적인 장점을 찾아 발굴해서 키워야 한다. 적어도 나는 나의 존재에 대해 그런 책임이 있고, 우리는 우리의 존재에 대해 그런 의무가 있다. 그런데 우리는 줄곧 내 자신에 숨어 있는 능력을 뒤로하고, 세상 사람들이 좋다는 것에 기웃거리며 흉내 내기에 열중하고 있다. 그것은 수본진심(守本眞心)하고 난 다음의 행보여야 한다.

이런 측면에서 크다는 것은 우리에게 부적합하다. 그것은 이웃 중국이나 소련 혹은 서방 몇몇 나라나 가능한 것이다. 그리고 크다는 것이 항상 장점이 되는 것은 아니다. 앞서 말한 고궁은 크지만, 그것은 황제 하나만을 위한 규모다. 그 공사를 하거나 거기서 생활하는 사람들에게는 기분 좋은 공간이 되지 못했을 것이다. 큰 것이 많은 사람들을 누르고 있는 꼴이 된다. 만리장성도 정말 크고, 길다. 그러나 우리는 만리장성을 보면서 크다는 논리에 빠져 부러워하지 말고 성을 쌓기 위해 숨진 생명을 생각해야 한다. 만리장성은 인류 역사상 가장 커다랗고 기다란 공동묘지일 뿐이다. 물론 나의 이러한 관점도 편협하다. 하지만 무조건 큰 것이 최고라고 생각하면서 우리의 작은 것들을 부끄럽게 여기는 것은 더 편협하고, 주체적이지 못하다.

나는 여기서 문화의 주체적 수용과 창조적 개발로 아름다운 나라를 만들자고 제안한다. 김구 선생은 〈나의 소원〉에서 우리나라가 세계에서 가장 부강한 나라가 아니라 가장 아름다운 나라가 되기를 원한다고 말한 바 있다. 우리는 이웃 중국보다 국토나 인구나 자원이나 많은 면에서 양적 열세에 있다. 그러나 더 염려스러운 것은 이러한 양적·외형적 열세가 아니라, 상상력과 실천의 부족이다. 그리고 중국이 생각하는 국가 마인드와 우리가 생각하는 국가 마인드는 같을 필요도 없고 같아서도 안 된다.

열두 띠에 얽힌 고사가 있다. 쥐보다 빠른 말, 똑똑한 원숭이, 힘이 센 호랑이 등등. 쥐는 이 시합에서 승리할 수 있는 방법을 연구했다. 자신뿐만 아니라 다른 경쟁자의 능력과 한계를 파악하고, 자신의 능력을 과신하지 않고, 단점을 인정한 뒤 다른 경쟁자의 장점을 이용하기로 했다. 수십 수백 배 큰 소. 쥐는 결코 소를 만만하게 여기거나 타도하려고 하지 않았다. 소를 이용하여 1등이 되었고, 열두 띠의 첫 번째 자리를 차지했다. 쥐의 슬기가 필요한 지금이다.

시도

내가 왜 이 위에 섰는지 이유를 아는 사람?

책상 위에 선 이유는 사물을 다른 각도에서 보려는 거야.

어떤 사실을 안다고 생각할 때 그것을 다른 시각에서 봐야 해.

틀리고 바보 같은 일일지라도 시도를 해봐야 해.

– 영화 〈죽은 시인의 사회〉에서

참고문헌

《노자》, 《논어》, 《대학》, 《장자》, 《주역》, 《중용》

《간은 할 일이 많을수록 커진다》, 에카르트 폰 히루슈하우젠, 은행나무, 2012.

《강대국의 흥망》, 폴 케네디, 한국경제신문사, 1990.

《계몽의 변증법》, 호르크하이머, 아도르노, 문예출판사, 1995.

《과학혁명의 구조》, 토마르 S. 쿤, 동아출판, 1996.

《관용에 대하여》, 마이클 왈쩌, 미토, 2004.

《광고, 상품, 쇼핑의 노예들: 미국인들이 원하는 것》, 전영우, 청년사, 2006.

《기호에서 텍스트로: 언어학과 문학 기호학의 만남》, 서정철, 민음사, 1999.

《그들이 말하지 않은 23가지》, 장하준, 부·키, 2011.

《나, 너, 우리》, 이리가라이, R., 동문선, 1998.

《나를 운디드 니에 묻어주오》, 디 브라운, 프레스하우스, 1996.

《놀이와 예술 그리고 상상력》, 진중권, 휴머니스트, 2005.

《닦고 씻고 화장하고 우린, 아직 더러운가》, 조르주 비가렐로, 돌베개, 2007.

《당신들의 대한민국》, 박노자, 한겨레신문사, 2006.

《대중문화와 고급문화》, 갠즈, H., 나남출판, 1998.

《대중문화와 문화 산업론》, 이강수 편, 나남출판, 1998.

《도가사 서설 I》, 김덕삼, 경인문화사, 2004.

《도교문화개설》, 우민웅, 김덕삼·권호 역, 불이문화사, 2003.

《드림소사이어티》, 롤프 옌센, 리드리드, 2005.

《럭스 플로전》, 라다 차다 & 폴 허즈번드, 가야북스, 2007.

《렉서스와 올리브 나무》, 토머스 프리드만, 창해, 2003.

《리오리엔트》, 안드레 군더 프랑크, 이산, 2003.

《마음에는 평화 얼굴에는 미소》, 틱낫한, 김영사, 2002.

《만들어진 전통》, 에릭 홉스봄 외, 휴머니스트, 2004.

《매체의 철학》, 김상환 편, 나남출판, 1998.

《명묵의 건축》, 김개천, 안그라픽스, 2004.

《문명과 야만을 넘어서 문화 읽기》, 이태주, 프로네시스, 2006.

《문명의 붕괴》, 제레드 다이아몬드, 김영사, 2005.

《문명의 충돌》, 새뮤얼 헌팅턴, 김영사, 1997.

《문화가 중요하다》, 새뮤얼 헌팅턴 외, 김영사, 2003.

《문화는 흐른다》, 피터 스턴스, 궁리, 2004.

《문화란 무엇인가》, 젠크스, K., 현대미학사, 1996.

《문화란 무엇인가 1》, 이브 미쇼 외, 시공사, 2003.

《문화를 보는 열다섯 이론》, 인간사랑, 1991.

《문화산업백서》, 문화관광부, 2001.

《문화 연구와 문화 이론》, 스토리, J., 현실문화연구, 1995.

《문화연구이론》, 정재철 편저, 한나래, 1999.

《문화연구입문》, 그래엄터너, 한나래, 2004.

《문화와 사회: 현대적 논쟁의 조명》, 알렉산더 & 사이드만 편, 사회문화연구소, 1995.

《문화와 생활세계》, 한국현상학회 편, 철학과현실사, 1998.

《문화와 진리》레나토 로살도, 아카넷, 2000.

《문화와 철학》, 한국철학사상연구회, 동녘, 1999.

《문화와 철학》, 김덕삼, 한국학술정보, 2005.

《문화이론과 문화읽기》, 원승룡 · 김종헌, 서광사, 2002.

《문화이론사전》앤드류 에드거, 피터 세즈윅, 한나래, 2003.

《문화 인류학의 명저 50》, 아야베 츠네오, 자작나무, 1999.

《문화의 발견: KTX에서 찜질방까지》, 김찬호, 문학과지성사, 2007.

《문화의 수수께끼》, 마빈 해리스 , 한길사 , 2000.

《문화의 위치》, 호미 바바, 소명출판사, 2002.

《문화의 진보에 대한 철학적 성찰》, 한국철학회 편, 철학과현실사, 1998.

《문화의 패턴》, 루스 베네딕트, 연암서가, 2008.

《문화의 해석》, 클리퍼드 기어츠, 까치, 1998.

《문화철학》, 한국철학회 편, 철학과현실사, 1988.

《문화철학이란 무엇인가》, 랄프 콘너스만, 북코리아, 2006.

《문화학이란 무엇인가》, 하르트무트 뵈메 외, 성균관대학교 출판부, 2004.

《미각의 지배》, 존 앨런, 미디어윌, 2013.

《미래기업의 조건》, 클레이튼 크리스텐슨 외, 비즈니스북스, 2005.

《미래를 읽는 기술》, 에릭 갈랜드, 한국경제신문사, 2008.

《비판 이론으로서의 문화 연구》, 애거, B., 옥토, 1996.

《블루오션 전략》, 김위찬, 교보문고, 2005.

《사람이 읽어야 할 모든 것》, 크리스티아네 취른트, 들녘, 2003.

《상상의 공동체》, 베네딕트 앤더슨, 나남, 2004.

《새로운 미래가 온다》, 다니엘 핑크, 한국경제신문사(한경비피), 2012.

《생각의 오류》, 토머스 키다, 열음사, 2007.

《생각의 지도》, 리처드 니스벳, 김영사, 2005.

《세계는 평평하다(증보판)》, 토머스 L. 프리드먼, 창해, 2006.

《세계를 바꾼 아이디어》, 펠리페 페르난데스 아르메스토, 사이언스북스, 2004.

《세계화의 덫》, 한스 피터 마르틴, 영림카디널, 1997.

《세상을 바꾸는 기적의 논》, 이와사와 노부오, 살림출판사, 2012.

《소비의 사회》, 장 보드리아르, 문예출판사, 1998.

《소비의 새 물결 트레이딩 업》, 마이클 J. 실버스타인, 닐 피스크, 세종서적, 2005.

《소셜 거절술》, 카밀리앵 루아, 톨, 2012.

《슬픈 열대》, 클로드 레비스트로스, 한길사, 1998.

《시선》, 박웅현, 예문, 2003.

《19분》, 조디 피콜트, 이레, 2009.

《씽크 이노베이션》, 노나카 이쿠지로 외, 북스넛, 2008.

《암소, 돼지, 전쟁 그리고 마녀: 문화의 수수께끼》, 마빈 해리스, 한길사, 2000.

《여론》, 월터 리프만, 까치, 2012.

《역사 속의 과학》, 김영식, 창작과 비평사, 1982,

《오리엔탈리즘》, 에드워드 사이, 교보문고, 2000.

《오래된 미래》, 헬레나 노르베리 호지, 녹색평론사, 1996.

《우리 시대 문화이론》, 앤드류 밀너, 한뜻, 1996.

《우리의 창조적 다양성》, 세계문화발전위원회 보고서, 유네스코한국위원회 역, 1998.

《우리 회의나 할까?》, 김민철, 사이언스북, 2011.

《우주의 운명: 빅뱅과 그 이후》, 트린 후안 투안, 시공사, 2002.

《유목민 이야기》, 김종래, 꿈엔들, 2005.

《유승호 교수의 사십 가지 달콤, 살벌한 문화이야기》, 유승호, 새로운사람들, 2008.

《이기는 패러다임》, 조지 소로스, 북돋음, 2010.

《이미지와 글쓰기: 롤랑 바르트의 이미지론》, 김인식 편역, 세계사, 1998.

《2001년 문화산업백서》, 문화관광부, 2001.

《일본문화의 이해》, 최관, 학문사, 1999.

《일상문화 읽기(자기성찰의 사회학 1 · 2 · 3)》, 일상문화연구회, 나남출판, 2004.

《자연의 변증법》, 엥겔스, 전진출판사, 1989.

《작은 것이 아름답다》, 슈마허, 문예출판사, 2001.

《작지만 큰 한국사, 소금》, 유승훈, 푸른역사, 2013.

《전통, 변하는 것과 변하지 않는 것》, 에드워드 쉴즈, 민음사, 1992.

《젊음의 탄생》, 이어령, 생각의나무, 2009.

《제3의 길》, 앤서니 기든스, 생각의나무, 1998.

《제3판 현대 사회학》, 앤터니 기든스, 을유문화사, 1999.

《주체적 중국문화학》, 김덕삼, 시간의물레, 2005.

《죽비소리》, 정민, 마음산책, 2008.

《중국 도가사 서설 I 》, 김덕삼, 경인문화사, 2004.

《중국 역사의 어두운 그림자》, 김택민, 신서원, 2005.

《즐거운 불편》, 후쿠오카 켄세이, 달팽이, 2012.

《지식의 탄생》, 카렌 호른, 와이즈베리, 2012.

《지식e 1》, EBS 지식채널e 제작팀, 북하우스, 2008.

《지식e 3》, EBS 지식채널e 제작팀, 북하우스, 2008.

《착한 아이의 비극》, 가토 다이조, 한울림, 2003.

《창의력이 모든 것을 이긴다》, 김광규, 길벗, 2005.

《창의성의 즐거움》, 미하이 칙센트미하이, 더난출판사, 2003.

《창조적 단절》, 에드워드 M, 할로웰, 살림Biz, 2008.

《철학으로 보는 문화》, 신응철, 살림, 2005.

《철학의 문제들》, 버트런드 러셀, 서광사, 1989.

《초일류 브랜드 100》, 에밀리 스, 앵거스 홀랜드, 프라임, 2007.

《최고의 선물》, 여훈, 스마트비즈니스, 2005.

《컬처 코드》, 클로테르 라파이유, 리더스북 출판사, 2007.

《판도라의 씨앗》, 스펜서 웰스, 을유문화사, 2012.

《포스트모더니즘과 문화》, 권영택 편, 문예출판사, 1993.

《프레임》, 최인철, 21세기북스, 2007.

《피로사회》, 한병철, 문학과지성사, 2012.

《학교의 탄생》, 이승원, 휴머니스트, 2005.

《한국 속의 세계》 상 · 하, 정수일, 창비, 2005.

《한국인의 문화적 문법》, 정수복, 생각의나무, 2007.

《한국인의 자서전: 뷔토스의 세계에서 질박한 한국인을 만나다》, 김열규, 웅진닷컴, 2006.

《행복의 건축》, 알랭 드 보통, 이레, 2007.

《현대를 생각한다》, 마페졸리, 문예출판사, 1998.

《현대사회와 대중문화》, 강현두 편, 나남출판, 1998.

《현대성과 정체성》, 스콧 래쉬 외, 현대미학사, 1997.

《현대성과 현대문화》, 스튜어트 홀 외, 현실문화연구, 1996.

《현대 중국의 전통문화와 문화접변》, 김덕삼 외, 심포지움, 2006.

에필로그

이제 일단락 지어야 할 것 같다.

이 책은 중국에서 유학 중이던 1990년대 중반부터 구상해 왔다. 8년 정도 공부하며 머물렀던 중국에서 우리보다 인구가 많고, 땅이 넓고, 역사가 긴 중국과 수와 양과 원조로 승부하기엔 역부족이라는 것을 깨달았다. 게다가 중국이 만든 논리를 가지고, 우리 자신과 중국을 바라보는 우리의 습관은 문제가 더 컸다. 우리의 논리를 만들어 응대해야 한다는 것을 절감했다. 이때, 가장 우선시해야 할 것이 바로 '우리'를 제대로 아는 것이었다. 구슬이 서 말이라도 꿰어야 보배이듯, 지식과 정보가 아무리 많다하여도 이를 어떻게 엮어 이용하느냐가 더 중요하기 때문이다. 중요한 것은 지식과 정보의 양이 아니라, 이를 수용하고 창조하는 주체 자신이다.

기존까지 문화와 문화의 창조를 보는 관점은 주로 대상에 비중을 두었지만, 이 책에서는 대상이 아니라 나와 우리라는 주체에 비중을 두어 생각했다. 그러면서 문화가 무엇인지, 문화를 어떻게 즐길지, 그리고 이를 어떻게 수용하고 창조해야 하는지에 대하여 주변의 일상 문화를 중심으로 쉽게 쓰려했다. 그러나 어떤 부분에서는 현학적 냄새가 풍기고, 어떤 부분에서는 명확하게 집어주지 못했다. 현학적 냄새가 풍기는 것은 다양한 계층의 독자를 생각했기 때문이고, 명확하게 집어주지 못한 것은 문제의 성질과 필자의 능력 부족 탓이다.

중국은 우리가 가지지 못한 것을 많이 가지고 있다. 그리고 그것이 부러울 때가 있다. 그러나 언제까지 부러워 할 작정인가? 물론《이솝우화》에 나오는 〈여우와 신 포도〉 이야기처럼 우리가 못 가진 것을 가진 중국을 굳이 부정하고 싶지는 않다. 더 나아가 그들이 가진 것을 가지고 있지 못하다하여 스스로를 부정하거나, 자학하고 싶지도 않다. 우리는 반만년 동안 강대국들 사이에서 자신의 특징을 잘 보존한 채 존재해 왔다. 우리에겐 꺼지지 않는 힘이 있다.

책에서 언급한 것처럼, 자신이 가진 것을 살피고 개발하여 그것을 소중하게 키웠으면 한다. 그리고 그 기저에 자기의 논리를 세우길 희망한다. 다른 문화를 단순히 이해하는 차원에서 벗어나, 적극적으로 수용하여 새로운 무언가를 창조하기를 소망한다. 또한 국가와 국가 사이의 관계에서만이 아니라, 집단과 집단, 개인과 개인에서도 주체적 수용과 창조적 개발이 고려되었으면 한다.

이 책에는 이전에 출간한《문화와 철학》의 일부 내용이 포함돼 있다. 하지만 대부분의 내용을 새로 쓰면서 많은 분들의 도움을 받았다. 지면을 통해 깊은 감사의 인사를 전한다.

김덕삼

《文受創: 문화의 수용과 창조》를 읽고

　《文受創: 문화의 수용과 창조》를 읽으면서 중학생 시절 국어교과서에서 읽었던 짧은 글이 생각났다. 한 유명 정신과 의사가 자신의 경험을 쓴 글이었다. 한 학생이 자신에게 상담을 요청했는데, 상담을 바란 이유는 자신의 내향적인 성격 때문이었다. 이에 글쓴이는 소심한 성격을 가진 것이 오히려 장점이라며 고민이 아니라고 하였다. 놀란 학생에게 글쓴이는 소심한 성격 덕분에 매사에 더 꼼꼼히 준비할 수 있었고 이로 인해 원하던 대학에 오게 되었으니 소심한 성격이 오히려 은인이 아니냐고 설명했다.

　나 또한 활발하기보단 내향적인 편이어서 이 점을 은근히 콤플렉스로 생각하고 있었다. 그러던 와중에 읽은 이 글은 당시 나에겐 내향성을 단점이라 생각하기보단 인식을 전환하여 오히려 장점으로 생각하게 해준 고마운 글이었다. 이 책에 '나의 단점은 손바닥의 앞과 뒤와 같은 관계다'라는 문장이 나온다. 손바닥을 뒤집기만 하면 앞이 뒤가 되고, 뒤가 앞이 되는 것처럼 나의 단점 또한 뒤집어서 이를 장점으로 생각할 수 있다는 뜻이다. 이처럼 고정관념에 사로잡히지 않고 이를 탈피하여 새로운 창조에 이르는 자세가 현대사회에서는 중요하다고 생각한다.

　이 책에서 말하는 문화의 수용을 통한 창조의 과정에서도 인식의 전환을 통해 선입견에 둘러싸이지 않은 주체적 수용과 창조의 과정에서의 개방적인 사고를 강조하고 있다. 현대사회는 정보화로 인해 세계화가 이루어지며 그에 따라 수많은 다른 문화들과 접하게 된다. 이러한 과포화 상태에서 무턱대고 받아들이거나 선입견에 둘러싸여 잘못된 판단에 이르지 않고 과학적이고 객관적, 합리적인 시각으로 이해하고 이를 토대로 주체적인 판단을 해야 할 것이다.

이러한 문화의 주체적 수용을 통한 창조는 개개인이 아니라 우리 민족 전체에게도 해당되는 자세라고 생각한다. 이 책에서 언급한 것처럼 백범 김구 선생이 우리나라가 세계에서 가장 부강한 나라가 아니라 가장 아름다운 나라가 되기를 원하고 오직 한없이 가지고 싶은 것은 높은 문화의 힘이라고 말한 것처럼 우리 민족도 다양한 세계 여러 문화를 주체적으로 수용할 줄 알아야 하며 이를 통해 우리 전통문화를 현대적 시각으로 재창조한다면 백범 김구 선생이 말한 문화의 힘을 가질 수 있다고 생각한다.

이예리